MATTHIAS MATUSSEK

Palasthotel Zimmer 6101

REPORTER IM
RASENDEN
DEUTSCHLAND

RASCH UND RÖHRING VERLAG

Bildnachweis:
Zenit/Ali Paczensky (S. 25), Zenit/Hans Peter Stiebing (Titel und S. 38), Jürgen Blume (S. 55, 63), Lichtblick/Detlev Konnerth (Titel und S. 73, 131, 136, 161), Oliver Hadji (S. 241), Lichtblick/Sabine Sauer (S. 265)

CIP-Titelaufnahme der Deutschen Bibliothek

Matussek, Matthias:
Palasthotel Zimmer 6101: Reporter im rasenden Deutschland/
Matthias Matussek. – Hamburg: Rasch und Röhring, 1991
ISBN 3-89136-409-1

Umschlaggestaltung: Peter Albers
Gesetzt aus der Baskerville Antiqua
Satzherstellung: KCS GmbH, Buchholz/Hamburg
Druck und Bindearbeiten: Fuldaer Verlagsanstalt, Fulda
Printed in Germany

Für Heidi und Joseph
und Thomas, Andreas, Johannes und Peter,
die ganze heilige Familie

VORBEMERKUNG

Das Buch erzählt eine persönliche Geschichte vom Jahr der deutschen Einheit. Eingestreut sind Reportagen, die im SPIEGEL veröffentlicht wurden.

INHALTSVERZEICHNIS

DER LETZTE VORHANG

»You must be very happy these days being a German«, sagte Paul Mitchell, und seine Stimme schwamm in einem Ozean der Rührung. »Finally the iron curtain comes down.« Der Eiserne Vorhang – das hatte ich lange nicht mehr gehört.

Es war ein heißer Tag in den Bergen von Santa Cruz, und die Situation hätte absurder nicht sein können. Im großen Audienzsaal seiner Hindukommune saß Baba Haridas, der weißbärtige Yogi, im Kreise seiner Jünger und gab profunde Antworten zu Fragen nach dem Sinn des Lebens. Da er ein Schweigegelübde abgelegt hatte, mußte er die Antworten auf eine Schiefertafel kratzen, und so fielen sie sehr knapp und enigmatisch aus.

Und im Kaffeeraum nebenan stand Paul Mitchell in seiner karierten Golfhose, und er schwengelte mir immer wieder überschäumend vor Glück den Arm, als hätte er einen einarmigen Banditen vor sich, eine Slot-Machine, die Gefühle ausspucken sollte, Tränen, Nationalstolz, schwarz-rot-goldenen Patriotismus und, humtataa, die deutsche Nationalhymne, seit er erfahren hatte, daß ich aus Deutschland kam.

Mitchell, der Yogi und ich waren aus dem gleichen Grunde hier oben in den Bergen: Das Erdbeben hatte uns zusammengebracht. Ein Erdbeben von der Stärke 7,0 hatte Santa Cruz und Umgebung abgeräumt, immer der Andreas-Spalte entlang, hatte Freeways gewellt, Masten geknickt, Dämme zerrissen und Häuser zerlegt, bis nach San Francisco, wo die Hafengegend zersägt wurde. An einem Tag wie jedem anderen, der sonnig war und schön, war die Erde gerissen und hatte den gerade noch Davongekommenen eine untilgbare Kränkung zugefügt: Sie hatte sie ihrer Souveränität beraubt.

Für einen kurzen Moment hatte die Katastrophe hier oben ein irritierendes Loch in den Fortschrittstraum geschlagen und durch dieses Loch einen Blick ins Absurde gestattet, ins Nichts, ins Zen.

Mitchell hatte sein Haus in Santa Cruz verloren. Der Yogi hatte mit seiner Kommune gerade eine Zeremonie beendet, in der es

darum ging, mit Weihrauch, Feueropfern und endlosen Fürbitten die Erde wieder zu heilen. Und ich war dabei, das aufzuschreiben.
Und plötzlich, am anderen Ende der Welt, gab es ein anderes Erdbeben. Mitchell, ein sympathischer Bursche mit Stirnglatze und gemütlichem Bauch, war bewegt. Für ihn wie für alle Amerikaner, selbst die Kinder der Counterculture, war Patriotismus etwas Selbstverständliches. Von diesem komplexen Bündel aus Schuldgefühlen und Verdrängungen, das meine Generation beim Wort »deutsch« empfindet, hatte er keine Ahnung. Er, der mit dem einfachen Antikommunismus der Kriegsgeneration aufgewachsen war, mit Spionagethrillern und Kennedys »Ich bin ein Berliner« und Reagans Wort vom »Reich des Bösen«, sah den »Eisernen Vorhang« fallen. Und geknechtete gute Menschen endlich in Freiheit. Deutsche. Die gespaltene Nation findet zueinander. Mitchell, der wirklich genug Probleme hatte – das Erdbeben hatte ihn obdachlos gemacht –, schaute nach Osten. Und ich schaute nach Westen – mein ganzes bisheriges Leben lang. Mir war das, was ich in den Nachrichten sah, unheimlich. Ich fühlte mich wohl in Santa Cruz mit seinen Palmen, den tausend verschiedenen Religionen, den Verrückten, den Burgershops und den Radiostationen, in denen immer wieder die »Greatful Dead« gesendet wurden mit ihrer Erdbeben-Hymne: »California earthquake, you never make us run . . .« Hier war ewiger Sommer. Und am anderen Ende der Welt November.
Was hatte ich mit Deutschland zu schaffen, mit DEUTSCHLAND? Die Bundesrepublik, meinetwegen, Städte wie Hamburg, München, West-Berlin, Oberhausen, in denen ich aufgewachsen war und studiert und sozusagen dezentral gelebt hatte. An den kleinen Brocken Deutschland hatte ich dabei nie gedacht. Und ganz bestimmt nicht an die DDR, die womöglich aus dem schlanken einen fetten Brocken machen würde! Ich war mit Jefferson Airplane, Greatful Dead und Jimi Hendrix groß geworden, mit weichen und harten Drogen, mit Kerouac, Burroughs, Ginsberg und der amerikanischen Gegenkultur, und nicht mit Brecht oder Heym oder Christa Wolf. Bob Dylan, sicher, aber bei »Liedermachern« bekam ich Krämpfe.

Die Counterculture war doch der großangelegte Versuch, mit Hilfe von Drogen die eigenen Konditionierungen zu überprüfen. Die Fernlenkungen durch Familie, Religion, Gesellschaftsschicht und vor allem so etwas wie »Nation« zu unterbrechen. Meine Internationale wurde von den »Mamas and the Papas« gesungen: »All the people around the world are dancing in the street.« Und Scott McKenzie pflanzte mir San Francisco ins Herz. Mit sechzehn zog ich aus einem wohlbehütenden Elternhaus in eine Wohngemeinschaft. Daß ich zwanzig Jahre später mit Scott McKenzie in einem Hotel in Hof zusammensitzen würde, um nach einer TV-Show im Chor mit ihm und John Philipps von den »Mamas and the Papas« und einem Schnulzenstar namens Howard Carpendale für einen urdeutschen Blödler namens Mike Krüger »Happy birthday« zu singen, wäre mir damals wie ein ganz böser LSD-Trip vorgekommen.
Mit der deutschen Nation hatte ich, bis auf die Spiele der Fußballweltmeisterschaften, nichts zu tun. Und mit der ostdeutschen ganz bestimmt nichts. Ich wußte nicht, wo Leipzig liegt. Dresden kannte ich nur von dem berühmten Bombenfoto her, und irgendwie dachte ich, es hätte sich seitdem nicht groß verändert. Allerdings interessierte mich am Zusammenbruch der DDR der Zusammenbruch einer Idee, eines Erziehungskonzeptes. Nicht der Aufbau Großdeutschlands, sondern der Abriß des Sozialismus faszinierte mich, als ich, schon den ganzen Sommer über, die Nachrichten über die Flüchtlingstrecks an der ungarischen Grenze verfolgte. Die wollten nur eines: raus und weg!
Mein Interesse am Scheitern dieses letzten welthistorischen Erziehungsexperiments hing mit meiner eigenen Erziehung zusammen. Ich bin in einem streng katholischen Elternhaus aufgewachsen und mit der Idee, die Welt zu verbessern. Mit sechs wollte ich Missionar werden. Mit zwölf war ich Ministrant. Und mit sechzehn, logischerweise, Atheist und Marxist.
Auf meinem ersten LSD-Trip zeichnete ich lauter erhängte Bischöfe, lauter kleine Männchen mit Mitra am Galgen. Ich klaute in erster Linie Bücher aus der Philosophie-Abteilung. Ich las Sartre und Kierkegaard, ziemlich ungeduldig, weil ich die Antworten, die ich brauchte, möglichst schnell haben wollte.

Und ich las Marx' »Lohnarbeit und Kapital«. Natürlich fiel es mir wie Schuppen von den Augen – da stand, in einem blauen Buch des Dietz-Verlages, die Lösung aller Probleme. Und ich trommelte die Wohngemeinschaft zusammen, in der ich lebte: Leute – lest das Zeug! Meine sozialistischen Grundüberzeugungen waren Anti-Establishment. Ich wußte Bescheid über die »Vergesellschaftung der Produktionsmittel«, über »Mehrwert« und »Befreiung der Produktivkräfte«. Baran/Sweezy sorgten mit ihrem »Monopolkapital« für verfeinerte Begriffe wie »Surplus-Vernichtung«.
Philosophiegeschichte war mir damals über Vulgärformen wie Lenins »Materialismus und Empiriokritizismus« vertraut. Für mich war der Sozialismus eine subkulturelle Gegensprache. An eine offizielle Spießerreligion mit dem Namen »Staatssozialismus« hatte ich dabei nie gedacht – Marx auf der Blümchentapete und gleich daneben der röhrende Elch über dem Sofa, pfui! In meinen sozialistischen Grundüberzeugungen konnte ich um die DDR einen Bogen machen. Gerade um sie: Ich kritisierte sie von links.
Mein Schwärmersozialismus war zwar auch eine Attacke auf meinen Vater, der als CDU-Bürgermeister Kommunalpolitik machte. Aber im Grunde genommen hatte der Marxismus meine jesuitische Internatserziehung eher ergänzt als bekämpft: das gleiche sophistische Rhetorik-Training, der gleiche Welterrettungs-Heiligen-Furor. Vielleicht gab es nun ein Leben ohne Gott, aber immerhin eines mit Marx, das genauso Sinn machte. Mein Sozialismus war eine schwarze, antibürgerliche Religion, aber er war Religion: Er kannte einen idealisierten Religionsstifter, Karl Marx, er hatte einen Paulus, der sich Lenin nannte, der die Religion dogmatisierte, popularisierte und verbreitete, und er hatte eine Utopie mitsamt einer Reihe von Märtyrern, die sich für sie opferten.
Es war die Zeit, wo einem beim Flugblattverteilen zugerufen wurde: »Geht doch rüber, wenn's euch hier nicht paßt!« Rüber in die DDR – eine abenteuerliche Vorstellung. Der Sozialismus für mich: ein Rollenkonzept der Revolte.
Theoretisch war ich stark. Am elitären Karls-Gymnasium in

Stuttgart leitete ich Schulungen, Lenins »Was tun?«, Marx' »Lohn, Preis, Profit«, und mein Lohn, Preis und Profit war das schönste Mädchen an der Schule, und daß sie die Tochter eines hohen Tieres bei Daimler-Benz, also des Klassenfeindes, war, erhöhte ihren rothaarigen siebzehnjährigen Hippieprinzessinnen-Reiz.

Mit dem praktischen Teil meiner sozialistischen Religionsausübung allerdings, mit demokratischem Zentralismus und »Kaderdisziplin«, hatte ich meine Schwierigkeiten. Haschisch war besonders bei den schwäbischen Maoisten verpönt. Und lange Haare hatte ich auch. Und da ich ein Delegiertentreffen der marxistisch-leninistischen Schülergruppen ausfallen ließ, um mit der Tochter des Klassenfeindes ins Bett zu steigen – die Wochenenden waren uns heilig –, wurde gegen mich verhandelt. Daß ich in der Zwischenzeit Wilhelm Reich gelesen hatte und dem Tribunal entgegenschleudern konnte: »Genossen, nur ein befriedigter Genosse ist ein guter Kämpfer«, verschlechterte meine Position erheblich. Ich wurde als Linksabweichler exkommuniziert – Wilhelm Reich war tabu, seit er 1934 aus der KPD ausgeschlossen worden war. Innerhalb weniger Monate hatte ich die absurde und tragische Ketzergeschichte des Sozialismus als pubertäres Rollenspiel durchlebt und abgeschlossen.

Dennoch war mir der Sozialismus als kulturelle Widerstandsformel geblieben. Ich war Sozialist, weil alle Antisozialisten, die ich kennengelernt hatte, ziemlich dumm waren. Mein Sozialismus war ein Schutz vor Verblödung. Erst in den Literaturseminaren an der Berliner FU, erst mit Adornos ästhetischem Dandyismus, der sich nur noch aus einem konsumkritischen Irrtum heraus für marxistisch hielt, hatte ich meine alte Schwärmerei für eine neue eingetauscht. Ich hatte mich in eine Schauspielerin verliebt und damit ins Theater und begann Kritiken zu schreiben. Ich fieberte nicht mehr dem Glück der Menschheit, sondern meinem eigenen entgegen, das ich bei Peter Steins »Sommergästen« erlebte oder bei Claus Peymanns »Käthchen von Heilbronn«, bei Zadeks »Möwe«, bei Flimms »Leonce und Lena«, bei Freyers »Zauberflöte« oder Grübers »Sechs Personen suchen einen Autor«.

Ich war pubertär, als ich mich für den Marxismus begeisterte und für die Vorstellung, das Glück der Menschheit zu gestalten. Drüben in der DDR aber schien, welthistorisch, eine ganze Gesellschaft in dieser pubertären Allmachtsphantasie erstarrt und vergreist zu sein. Nie erwachsen geworden. Winterschlaf hinter Betonbegriffen.
Daß *dieser* Eiserne Vorhang nun gefallen war, ein ideologischer, das interessierte mich. Daß ein kulturelles Geländer zusammenbrach, ein Ensemble kollektiver Symbole und elementarster Konditionierungen zusammenstürzte, das war faszinierend.
Was kannte ich von der DDR? Ein trostloses Zuchthaus mit lieben, sauberen, geknechteten Deutschen. Da war nichts mit Anarchie. Keine Luft zum Atmen. Als ich in West-Berlin studierte, besuchte ich des öfteren den Freund einer Kommilitonin im Ostteil der Stadt. Wir brachten immer Weingummi und Schokoladenkekse mit. Der Typ war ziemlich muffig, und irgendwie hatte er es fertiggebracht, daß ich regelmäßig ein schlechtes Gewissen hatte, wenn ich abends über die Friedrichstraße wieder in den Westteil der Stadt fuhr, nach Neukölln, in den dekadenten Luxus meiner Studentenwohnung mit Ofenheizung, Außenklo und Aldi gleich um die Ecke.
Die DDR, das waren die Staatsathletinnen mit den ernsten, kantigen Gesichtern, die bei den Olympiaden die Medaillen abräumten und uns vielleicht Bronze im Schießen auf den laufenden Keiler ließen. Die DDR, das war der Dresdner Mittelstürmer Sparwasser, der uns beinahe aus der WM rausknallte. Der »Eiserne Vorhang«, das hatte ich kapiert, war Sprachgebrauch der Revanchisten und Reaktionäre. Für mich gab es keinen Eisernen Vorhang. Aber für mich gab es auch keine DDR. Ein weißer Fleck. Kein Staat auf der Welt war mir gleichgültiger. Aus diesem Provisorium Bundesrepublik und dieser nichtexistierenden zweiten Hälfte sollte sich nun für mich Patriotismus ergeben?
Doch nun lag mir Paul Mitchell in den Armen, in der Hindukommune in Santa Cruz, und verlangte BEGEISTERUNG. Da war dieser Mann, ein Techniker im Wasserwerk, der gerade sein Häuschen verloren hatte, und freute sich, daß am anderen Ende

der Welt die beiden Germanies wieder zusammenkamen. Wieso konnte ich mich nicht freuen? Jay Leno riß in diesen Tagen den Witz: »Habt ihr schon gehört – die beiden Deutschlands vereinigen sich wieder. Jetzt fragt sich natürlich jeder, wann sie wieder auf Tournee gehen.«
Abends im Motelzimmer, das Elche an den Tapeten hatte und farbiges Kaminholz, das für farbiges Kaminfeuer sorgen sollte, sah ich die Fernsehbilder. Alle großen Anstalten hatten ihre Teams von der Erdbeben-Front abgezogen und berichteten in Sondersendungen rund um die Uhr. Peter Jennings von ABC-News und Dan Rather von CBS-News . . . Wahrscheinlich war ich der einzige Journalist, der nicht am Brandenburger Tor war. Ich fühlte mich auf verlorenem Posten. Unwohl. Ein brandneuer Dan-Quayle-Witz machte die Runde, der ziemlich genau meine Stimmung wiedergab. »Haben Sie schon gehört?« fragt ihn einer seiner Berater, »die Berliner Mauer ist gefallen.« – »O nein«, sagt Quayle, »nicht noch ein Erdbeben.«
Ich ahnte, daß mein Erdbeben, das noch vor wenigen Tagen die Nachrichtensendungen bestimmt hatte, Schnee von gestern war. Wer in Deutschland interessierte sich noch für Santa Cruz, wenn selbst die Cruzaner es nicht taten? Ich hatte eine sauber recherchierte, atmosphärisch dichte Geschichte im Gepäck, mit Palmen, Sonne, Endzeit, ein bißchen Wahnsinn und Poesie und Tanz auf dem Vulkan. Alles umsonst. Der schlimmste aller anzunehmenden Unfälle für einen Journalisten drohte: PAPIERKORB.
In der Transit-Lounge auf dem John-F.-Kennedy-Airport schmiß ich übernächtigt und mißmutig ein paar Quarters in das Münz-TV. Der Kasten brachte den Tanz auf der Mauer. Pete Jennings hatte ein Pärchen vor dem Mikrofon, Dampf stand vor den Mündern, der Junge ein Student aus dem Westen und das Mädchen eine Kindergärtnerin aus dem Osten, und Pete Jennings fragte das Mädchen, wann sie erfahren habe, daß die Mauer geöffnet wurde. Ihr Freund übersetzte: »Der Mann möchte wissen, wie es dir geht.« – »Gut«, sagte das Mädchen, »good«, übersetzte ihr Freund, und Pete Jennings wiederholte irritiert seine Frage, bis er merkte, daß keiner von beiden Englisch konnte, was

aber nicht weiter schlimm war, denn alles dampfte vor Glück, vor sprachloser Euphorie, und Bilder, sowieso, waren allen Kommentaren überlegen. Die Kommentare – die waren nur Soundtrack, Hintergrundmusik. Die Bilder übertrugen den sprachlosen Moment einer Revolution.

Die Bilder vom Brandenburger Tor, die gleißenden Lichter im Todesstreifen, die novemberfeuchte Sektkorkeneuphorie kollidierten merkwürdig in meinem Kopf mit den kosmischen Farbtrips, die mir mein Freund Gregory aus Santa Cruz am Tag zuvor auf seinen Computer-Bildschirm gezaubert hatte. Gregory, einer dieser Bit-Junkies und Cyberspace-Priester, der als Programmierer in Silicon Valley arbeitete und abends auf seinem Bildschirm Streifzüge ins Jahr 3000 unternahm, der Prophet der schönen neuen Welt, hatte mir sein Credo erläutert, eine neue Religion (ohne die es die Menschheit nicht aushält): Die menschliche Vernunft war »befleckt« von Vorurteilen, von Konditionierungen. Im Informationszeitalter, so Gregory, werden die wichtigsten Prozesse von Computern gesteuert, die den Menschen als Fehlerquelle ausschalten. Eine Epoche ohne ideologische Schleier, ohne eiserne Vorhänge, kühl, sachlich, effizient. Und nun brach drüben, am anderen Ende des Münz-TV, noch einmal mit Getöse das 19. Jahrhundert zusammen, mitsamt dem versteinerten Rest seiner Systemphilosophie.

Als die zwei Dollar, die ich in den Kasten gesteckt hatte, aufgebraucht waren, schmiß ich nicht nach.

In der »Spiegel«-Redaktion empfing man mich wie einen Leprösen. Nein, schlimmer: wie einen Urlauber. Ich war braungebrannt. Ich sah erholt aus, während vor allem die älteren Kollegen diesen überarbeiteten, asketischen, glühenden, schwarz-rot-goldenen Nachrichtenblick in den Augen hatten. Kurz: Ich war eine Provokation.

Den jüngeren Kollegen ging die nationale Mauertanzbesoffenheit ähnlich wie mir auf die Nerven, und sie waren ähnlich ratlos vor den Emotionen, die dort frei wurden. Doch sie alle hingen rund um die Uhr in der Mühle, und ich hatte das Top-Ereignis des Jahrzehnts verschlafen. Im Fahrstuhl fragte der Chefredakteur eisig: »Na, schönen Urlaub gehabt?« In seinen Augen las ich

die kalte Erwägung einer Gehaltskürzung und Verbannung zur »Szene«-Seite.
Als ich meinem Ressortchef kurz darauf mein atemberaubend gutgeschriebenes, ja genialisches Feature über das Erdbeben in Kalifornien auf den Tisch legte, knurrte er, wirklich und wahrhaftig, einen vertrauten Satz. Er sagte: »Warum gehen Sie nicht endlich rüber?«
Meine Reportage wanderte durch drei Ressorts. Keines wollte sie drucken. Ein Journalist, der nicht gedruckt wird, ist tot. Und ein Journalist, dem egal ist, ob er gedruckt wird, taugt nichts. Ich wollte gedruckt werden. Also ging ich rüber.

DIE PARTY IST AUS

Ich weiß nicht, was ich erwartet hatte – auf jeden Fall schien die Party vorbei zu sein. Der Tanz muß auf einem anderen Planeten stattgefunden haben. Oder er war eine Erfindung des Fernsehens, das all das Glück dieser einen Novembernacht abgesaugt, das Lachen ausgewischt und nur die Schlangen zurückgelassen hatte, die geduldig am Grenzübergang warteten.

Die Grenzvopos waren auf unangenehme Art leutselig. Sie wußten, daß sie ihre Rolle ausgespielt hatten. Sie sagten »biddeschöön« und »dangeschöön« und meinten: Wir tun ja nur unseren Job, und wir waren schon immer dagegen. Ich genoß es, ihnen zuzuschauen. Die gleichen Visagen hatten mich mal vier Stunden lang schmoren lassen und verhört, weil ich das Manuskript über einen ostdeutschen Regisseur bei mir hatte.

»So 'n Mist, was?« sagte ich fröhlich, als ich meinen Paß durchs Wagenfenster reichte. Da ihr Schikanetraining nun am bundesdeutschen Klassenfeind nicht mehr befriedigt werden konnte, konzentrierten sich die Vopos in den Folgewochen mehr und mehr auf Ausländer. Wann immer ein Wagen aus der Schlange gewinkt wurde, saß ein Türke oder ein Pole am Steuer.

Nach wie vor sah die Stadt menschenleer aus, stumm und abweisend. Und doch hatte sich alles geändert. Es war wie ein Geruch, an den man sich gewöhnt hatte und der nun fehlte: Die Angst war weg! Dieses Kribbeln im Bauch, das ewig schlechte Gewissen, das sich beim Blick auf Uniformierte meldete. Nun war es so, als ob der Agententhriller abgedreht war, und man fuhr durch die Stadt wie durch die Kulissen zum »Spion, der aus der Kälte kam«. Der Regisseur hatte »Cut!« gerufen, und irgendwo saß Richard Burton in einer Kantine herum und betrank sich.

Verfallene, dunkle, blatternarbige Häuser hinter dem Grenzübergang Heinrich-Heine-Straße, ein blindes Schaufenster, ein Fischladen, über dem »Gastm.hl des Mee.es« stand, häßliche Plattenbauwaben zur Leipziger Straße hin, am Möbelhaus am Spittelmarkt vorbei, wo die Cordgarnitur »Dresden« für 3800 Mark ausgestellt und schon verkauft war, aber Gardinenstangen

aus Messing gab es noch. Schließlich der Neubauprotz am Alexanderplatz, Fernsehturm, Kaufhalle und der Palast der Republik, der aussah wie ein überdimensioniertes Lampengeschäft. Jeder dieser Betonwürfel hatte seinen realsozialistischen Untertanen und Besuchern ins Gesicht geschrien: Du bist ein Wurm, ein Nichts, komm uns in die Quere, und wir zertreten dich. Nun war diese sozialistische Gotik nicht mehr gewaltig, sondern nur noch gewaltig häßlich. Neubauruinen einer Idee.
Im Selbstbedienungsrestaurant neben dem Eingang zum Palasthotel war die Kasse ausgefallen. Die Kassiererin hatte sich auf einen Schwatz in die Küche begeben. Eine lange Schlange aus stumpfen, mürrischen Gesichtern hatte sich gebildet. Das Essen auf den Tabletts wurde kalt, doch keiner muckste auf. Erst später wurde mir klar, daß die Schlange ein DDR-Ritual war wie bei uns das Autowaschen am Samstagnachmittag. Die Leere in den Gesichtern war meditativ und erinnerte mich an die Minen der Computerjunkies in Santa Cruz vor ihren Monitoren. Vielleicht war das das Wesen des realen Sozialismus – ein kosmisches Rauschen, eine Art Sendepause der Weltgeschichte.
In der Schlange stehend und nicht an die Schlange gewöhnt, spürte ich deutlicher als die anderen, die es offenbar längst vergessen hatten: Als Kunde bist du hier der letzte Dreck. Orangerotes Licht über müden Gesichtern an orangeroten Tischen. Einige wenige Schwarzmarkthändler trieben sich draußen in der dunklen Ladenpassage herum. Sie boten zehn Ostmark für eine Westmark. Es war lausekalt.
Ich verriet mich als Westler: Ich protestierte. Ich erntete giftige Blicke aus der Schlange, als ich fragte, ob man vielleicht seine drei Mark fünfzig für das Essen einfach hinterlegen könne. Der Spruch, der zurückkam, war mir mittlerweile bekannt: »Geh'n Sie doch rüber, wenn's Ihnen hier nicht paßt.« Offenbar ein Leitmotiv in meinem Leben. Niemand wollte mich haben. Die Stimmung im Osten – auf den ersten Blick war sie so freudlos wie eh und je. Man hatte das Gefühl, die wollten sich nicht stören lassen, erst recht nicht vom Westen.
Das Hotel dagegen war eine kapitalistische Raumstation mitten im realen Sozialismus. Wabenförmiger Sechziger-Jahre-Futuris-

mus. Im Fernseher am Ende der riesigen Empfangshalle lief ein alter Videoclip. David Bowies »Space oddity«. Drei späte Gäste dösten in den braunen Ledersesseln, einer trommelte mit zwei leichten Fingern selbstvergessen den Rhythmus. »Ground control to Major Tom. Check ignition, put the helmet on . . .« Ich schritt über die polierten Marmorböden, ich war Major Tom und nickte den Extraterrestrischen in den braunen Pagenuniformen freundlich zu, die mir mein Gepäck abnahmen.
Auch wenn die Preise der Raumstation kapitalistisch waren, auch wenn die ganze Sache ja überhaupt nur als kleine modellkapitalistische Devisenwiese gedacht war, so waren die Formalitäten an Bord doch immer noch sozialistisch. Wie früher mußten wegen der Visa die Pässe abgegeben werden. Wie früher mußten endlose Formulare ausgefüllt werden. Doch der Umgangston war auf grimmige Art mondän. Hier lebte eine Zwischenrasse, die Vornehmheit gepaukt hatte wie Kathrin Witt ihren Achterkringel im Pflichtprogramm. Die Vopos an der Grenze hatten zwar nichts mehr zu sagen, aber hier gab einem die Leichenbittermine der Hallendame, die jeden Ankömmling von Kopf bis Fuß streng durch ihre Schmetterlingsbrille musterte, wieder das unbehagliche Gefühl, daß man irgend etwas ausgefressen hatte. Ein Kennzeichen dieser Rasse schien zu sein, daß sie unglücklich war, wenn es nichts zu schulmeistern gab. In jedem Blick stand: SO WAS TUT MAN NICHT!
Eine Woche zuvor war von Stefan Heym der Aufruf an das DDR-Volk ergangen, einen neuen, besseren Sozialismus aufzubauen. Heym bremste auf dem Weg zu Großdeutschland, was mir sympathisch war. Nicht, weil ich Angst gehabt hätte vor einem wiedererwachenden militaristischen Nationalwahn. Sondern weil mir graute vor den grauen Gesichtern, die da auf Anschluß drängten.
Mir graute vor der Mitropaisierung des Westens. Davor, daß der Osten den Westen ästhetisch annektiert. Instinktiv war ich in diesen Tagen Heyms Meinung. Laßt die DDR DDR sein. Und laßt uns die BRD bleiben, die so mühsam durch Drogen, Apple-Computer und Sushi-Bars zivilisiert worden war.
Dennoch war mir Heym suspekt. Heym, der Schulmeister, fla-

nierte auf diesem zwischendeutschen, gut ausgebauten Belletristik-Boulevard, ein Profidissident, der nun jeden Abend in Ost-TV-Talkshows herumsaß wie der Großvater zwischen seinen Enkeln und ihnen den Lauf der Geschichte erklärte. Die geschniegelten und schnellgewendeten Teenager-Moderatoren aus »Elf/99«, dem Beatclub des Ostens, scharten sich zu seinen Füßen, und Opa erzählte vom bösen Kapitalismus. Jeder wußte, daß Heym hervorragend von der ostwestdeutschen Zwischenlage gelebt hatte, daß seine Honorarforderungen für Interviews oder Artikel exorbitant waren und er am besten in Form war, wenn er im Schweizer Skiurlaub über das Tierexperiment »Sozialismus« nachdenken konnte.
Die DDR war explodiert. Nun sah man Menschen, die über die Mauer krabbelten, die über den Ku'damm zogen, die alles in sich hineinschaufelten, was sie bisher entbehrten, und Heym, der alles hatte, sprach von seinen »vergierten« Landsleuten. Ähnlich äußerte sich auch die literarische Nervensäge, der gepflegte Dreitagebart Thomas Brasch, der bereits zehn Jahre früher »rübergemacht« hatte und der nun höhnisch über die Zurückgebliebenen und ihre »Bilka«-Tüten herzog – natürlich konnte sich Brasch längst die Delikateß-Abteilung im KaDeWe leisten.
Ich liebe Luxus und gönne ihn allen anderen. Aber ich mache keinem Vorschriften, wie er zu leben hat. Mich kotzten diese schwafelnden, satten Salonkommunisten an, die in einem fort über das Menschheitsglück rülpsten. Sie hatten die Haltung von Gutsbesitzern, die über die Tischmanieren von Halbverhungerten den Kopf schüttelten. Sie erinnerten mich an die Kellner im Palasthotel – Snobs! Erschwerend bei Heym war dieser moralisierende, gedankenunscharfe Predigerton. Franzosen hätten eine Revolution zur Orgie gemacht. In Deutschland wurde diskutiert, gedacht, getrauert, gemiesepetert, mit gelbem Neidblick auf den Nachbarn.
Am nächsten Tag fuhr ich ins Deutsche Theater, um Heiner Müller aufzusuchen, der für ein Interview immer gut ist, weil er absolut kein Talent zur Sentimentalität hat, dafür aber Witz und Intelligenz und ein eher kulinarisches Verhältnis zu Katastro-

phen. Er hielt sich auffällig ruhig in den Wendewochen. Er hatte sich nicht an den Kassandrarufen gegen den bundesrepublikanischen »Kolonialismus« beteiligt. Er hatte sich im Theater vergraben. Er probte den »Hamlet« in einem Bunker in der Reinhardt-Straße.

Nun saß er, das »Rumpelstilzchen mit dem Kopf eines Voltaire«, wie ihn ein Kollege einmal genannt hatte, in der Theaterkantine und genoß seine Zigarre und die Anarchie, die ihn umgab. »Großartiges Material«, sagte er und erzählte zwei Russenwitze, die ich noch nicht kannte. Wahrscheinlich war Müller der einzige prominente DDR-Intellektuelle, der Spaß an der Wende hatte.

Während die Bühnenarbeiter in der Kantine äußerst gutgelaunt von ihren Einkaufstrips in den Westteil der Stadt erzählten, hatte sich bei den Schauspielern, knapp eine Woche nach dem großen Auftritt der Künstler auf dem Alexanderplatz, Verzweiflung breitgemacht. Sie spürten, daß die Zeit der großen Reden vorbei war, daß sie nicht mehr gebraucht wurden, daß sie zurückzutreten hatten und Theater zu spielen, und mehr nicht. Johanna Schall, die Prinzessin der Schall-Dynastie, Enkelin von Bert Brecht, stand an ihrem Tischchen wie der Gestalt gewordene Ekel. Eine Glockenfunzel warf orangefarbenes Licht, das offenbar ein DDR-Gastronomie-Hit war, auf ihre verbitterten Züge, und sie war umgeben von Statisten mit verzweifelten Gesichtern – Marie Antoinette, die vom Sturm auf die Bastille erfahren hat.

Dennoch empfand ich eine reflexhafte Sympathie für die Künstler. Denn am Vormittag war ich durchs Theater gestreift und hatte die anonymen Briefe gelesen, die am Schwarzen Brett aushingen. Braune Jauche. In den Briefen wurde von »Lumpentheater« gesprochen und davon, die Künstler, diese »kommunistischen Schweine«, in den »Kohlebergbau« zu schicken. In den Briefen lag jahrelang angestauter Haß. Ich hatte mit Ressortchef Karasek telefoniert. »Das ist der nackte Faschismus«, brüllte ich ins Funktelefon. »Quatsch«, sagte Karasek, »das ist die nackte Wut. Glauben Sie, daß sich die Marktweiber, die die Bastille gestürmt haben, besonders gewählt ausgedrückt haben?«

Heiner Müller war auf Karaseks Seite. Er meinte, so was gehöre zur Hygiene einer Revolution. Er erzählte mir von »diesem kleinen Anwalt«, von Gysi, den er kürzlich besucht habe und der hinter seinen Aktenstapeln fast verschwand und resigniert sagte: »Alles Denunziationen, alles Denunziationen!«

Müller schlug ein angenehmeres Ambiente für unser Interview vor. Das Grand Hotel. Ein luxuriöser, gediegener Fünfsternepalast in der Friedrichstraße, mit chinesischen Teppichen und krummbeinigen Rokokomöbeln unter Topfpalmen, viel Marmor und Zinnleisten. Den gediegenen Luxuseindruck verpatzten nur die Schwärme von Journalisten und Geschäftsleuten mit ihren Funktelefonen – die Dinger waren auf Monate hinaus die einzige funktionierende Nachrichtenbrücke in den Westen. So sah die Lobby aus wie ein Freundschaftskongreß von Geheimdienstbeamten, und die Hotelstasi hatte offensichtlich längst kapituliert unter diesem unbekümmerten Ansturm von Gesetzesverstößen.

Aber es war Revolutionszeit, Anarchie, und das exzellente Personal des real sozialistischen Traumpalastes hatte die Fassung von Stewards auf der Titanic. Vom Restaurantfenster aus, zwischen Tafelsilber und Blumen, konnte man eine rote KP-Fahne sehen, die von einem Balkon am Haus gegenüber hing. In der Piano-Bar saßen die drei dauergewellten Hausnutten, und als ich davon sprach, daß diese Damen auch mal eine Geschichte wert seien, sagte Müller: »Vesuch's mal mit der Blonden aus Leipzig, die soll besonders gemein sein.«

Es schloß sich eine lustige kleine Fachsimpelei an, bis der Kellner leise zu uns trat und sagte: »Schön, daß Sie mal wieder bei uns sind, Herr Müller.« Er rasselte die vorrätigen Whiskysorten herunter. Müller bestellte den ältesten und eine Zigarre, und dann sprachen wir über die deutsche Revolution und die Rolle der Intellektuellen – und ihren Machtverfall.

»OHNE HOFFNUNG, OHNE VERZWEIFLUNG«

INTERVIEW MIT DEM DDR-DRAMATIKER HEINER MÜLLER

SPIEGEL: Sie proben hier am »Deutschen Theater« den »Hamlet«. Kann man in diesen Zeiten überhaupt Theater machen?
MÜLLER: Machen schon. Die Frage ist nur, ob man's noch verkaufen kann.
SPIEGEL: Die Straßen sind voll, die Theater sind leer.
MÜLLER: Das kann man so sagen. Nun funktioniert dieses Stück ganz gut. Weil es ein Stück über eine Staatskrise ist, über den Riß zwischen zwei Epochen und über einen jungen Mann, der in diesem Riß steckt. Die spannende Frage am Ende lautet: Wer übernimmt den Staat? Wer ist Fortinbras?
SPIEGEL: Kommt er aus Bonn?
MÜLLER: Zum Teil aus Bonn, zum Teil aus Cottbus. Das Problem ist, beide zusammenzubringen.
SPIEGEL: Ihre Proben haben lange vor dem 9. November begonnen. Hat sich die Arbeit in der Zwischenzeit verändert?
MÜLLER: Sie ist langsamer geworden. Die Schauspieler sind auf Demonstrationen beschäftigt. Und im technischen Bereich gibt es seit der Maueröffnung viele freie Stellen.
SPIEGEL: Vor ein paar Wochen noch wurde in Ost-Berlin geklatscht, weil der Landvogt in »Wilhelm Tell« als Parteibonze verstanden werden konnte. So einfache Theatersiege wird es in Zukunft nicht mehr geben.
MÜLLER: Und das ist auch gut so. Die Kunst hat vom Mangel gelebt. Peter Brook erzählt von einer Theateraufführung kurz nach dem Krieg: Da trat ein Clown vor hundert Kindern auf und hat nur Wurstsorten aufgezählt. Und bei jeder Wurstsorte haben die Kinder gejubelt, weil sie die nicht hatten. Das war bei uns die Funktion von Theater.
SPIEGEL: Wie reagieren die Theater auf ihre neue Autonomie?
MÜLLER: Vor allem zu langsam. Die Apparate sind zu schwerfäl-

Mit Heiner Müller in der Piano-Bar des Grand Hotels

lig, um spontan mit neuen Spielplänen zu reagieren. Aber diese Langsamkeit ist ein Grundproblem in der DDR. Ehe die DDR merkt, daß sie gekauft wird, ist sie schon verkauft. Deutsche kaufen Deutsche.

SPIEGEL: Ihre Schauspieler haben sich in einem offenen Brief an Helmut Kohl gegen dessen Wiedervereinigungsgedanken gewandt. Am Schwarzen Brett hingen dann die Reaktionen: Das Theater sei eine »Lumpenbühne«, den Schauspielern, diesen »politischen Umweltbeschmutzern«, wird empfohlen, in »den Kohlengruben« zu arbeiten. Überrascht Sie das?

MÜLLER: Nein, das sind ganz verständliche Reaktionen. Es gab ja diese kalkulierte Trennung zwischen privilegiert und nichtprivilegiert. Die Künstler gehörten zu den Privilegierten. Und die Unterprivilegierten waren die Mehrheit der Bevölkerung, die im Namen des Sozialismus entrechtet wurde. Die können jetzt nach 28 Jahren zum ersten Mal rüber, sind wie benommen von dieser Pracht und fühlen sich um ihr Leben betrogen. Die sagen sich doch: Diese Scheißkünstler konnten das schon immer, und ausgerechnet die wollen sich jetzt zum Sprachrohr machen. Das ist eine ganz normale Form von zivilem Bürgerkrieg. Das gehört zu jedem revolutionären Prozeß.

SPIEGEL: War der 9. November eine Revolution?

MÜLLER: Die erste deutsche Revolution von unten.

SPIEGEL: Und jetzt wird abgerechnet?

MÜLLER: Vor kurzem ging einer zu einem bekannten Anwalt, der hinter seinen Aktenbergen fast verschwand und stöhnte: »Alles Denunziationen.« Aber es ist wichtig, daß diese Verfahren jetzt laufen.

SPIEGEL: Welche Rolle sollten da die Künstler übernehmen?

MÜLLER: Eine so kleine wie möglich. Ich halte diese ganzen Aktivitäten für äußerst dubios. Denn natürlich hat keiner seine Privilegien abgelehnt. Auch die nicht, die jetzt drüben so tun, als seien sie Märtyrer gewesen. Es gibt Ausnahmen, Erich Loest etwa oder Jürgen Fuchs. Loest würde ich nie etwas von dem übelnehmen, was er sagt, so falsch ich es auch immer finden würde.

SPIEGEL: Und Sie selber?

MÜLLER: Ich habe mich nie als Märtyrer gefühlt. Meine Stücke waren vielleicht ein bißchen länger verboten, aber ich habe das nie als Passionsweg empfunden. Mein Privileg war, daß meine Stücke wenigstens im Westen gespielt wurden.

SPIEGEL: Bei Ihnen wurde nicht nur geklatscht, sondern auch gepfiffen, als Sie am 4. November auf der von Theaterleuten organisierten Demonstration auftraten.

MÜLLER: Ich bin kein Volkstribun. Ich kann nicht mit 500 000 Menschen reden und sagen: »Mein Volk«, weil es nicht mein Volk ist. Ich habe einen Text einer Initiative für unabhängige Gewerkschaften verlesen, in dem darauf hingewiesen wurde, daß bei einer Wirtschaftsreform wieder die Arbeiter die Hauptlast trügen. Die einen waren empört, daß ich nichts eigenes sagte, die anderen, weil sie mich, wahrscheinlich wegen der Brille, für irgendeine dunkle Figur aus einem Gewerkschaftsgully hielten, für einen Mafioso, der hetzen will. Da gab es dann Zwischenrufe wie »Demagogie«, »Aufhören« oder »Arbeiten gehen«.

SPIEGEL: Wie wollen Sie das Mißtrauen gegen die abbauen, die ganz bequem in dem Sozialismus gelebt haben, den die Künstler retten wollen?

MÜLLER: Indem man in die Betriebe geht. Es kann gut sein, daß man dort verprügelt wird. Aber man muß es probieren.
SPIEGEL: Können Sie sich vorstellen, wie die Belegschaft von Bergmann-Borsig auf die »Hamletmaschine« reagiert?
MÜLLER: Wahrscheinlich werden sie sagen: »Was soll der Quatsch?« Und dann kann man reden ... Aber ich weiß gar nicht, ob ich den Sozialismus retten will. Man muß vorsichtig mit dem Begriff umgehen. Den Sozialismus hat es nie gegeben. Das war eine Idee im Hinterkopf von Intellektuellen. Als Realität war es die Kolonisierung der eigenen Bevölkerung, war es das Stalinsche Konzept.
SPIEGEL: Möglicherweise interessiert die Zuschauer der real existierende Kapitalismus mehr als die Probleme beim Aufbau des Sozialismus?
MÜLLER: Richtig. Die historische Perspektive ist ihnen ausgeprügelt worden. Die Trennung der Kommunisten von der Macht, die jetzt global stattfindet, ist aber auch eine Chance. Eine Chance, den Begriff der Utopie zurückzugewinnen, der bisher von den Terroristen verheizt wurde.
SPIEGEL: Ohne Utopie kann man nicht leben?
MÜLLER: Nein. Nicht auf Dauer, ohne Schaden zu nehmen. Sicher, man kann mit dem Fickbomber nach Bangkok fliegen, dazu braucht man keine Utopie. Das kann man so lange machen, bis man Aids hat.
SPIEGEL: In Ihrem Stück »Der Auftrag« verrät der Held Debuisson in dem Moment seine Utopie, als er bemerkt, wie schön Jamaika ist.
MÜLLER: Das ist die Lage ... Ich beobachte sie als Phänomen – ohne Hoffnung und ohne Verzweiflung. Es ist großartiges Material, was einem Dramatiker da angeboten wird.
SPIEGEL: Was ist mit der Wiedervereinigung?
MÜLLER: Ich fürchte, die läßt sich kaum noch verhindern. Aber es wäre todlangweilig.
SPIEGEL: Warum sind Sie dagegen?
MÜLLER: Es würde eine Farbe fehlen in Europa. Ein Motiv der Bundesrepublik ist natürlich, daß man jetzt die Türken loswerden kann, weil es ja nun Deutsche für die Dreckarbeit gibt. Eine

deutsche Putzfrau ist sauberer, auch wenn sie aus Cottbus kommt, als eine polnische oder türkische. Für viele in der DDR ist es beleidigend, wie Kohl als neuer Kolonialherr auftritt. Die DDR hat den Krieg verloren und bezahlt. Und die Bundesrepublik hat ihn gewonnen. Wie auch die Amerikaner den Vietnamkrieg letztlich gewonnen haben. Denn es geht ja nicht um militärische, sondern um ökonomische Kategorien.

SPIEGEL: Selten ist ein Kolonialherr so freundlich begrüßt worden. Es gibt viele DDR-Bürger, die in Kohls Vorschlag keinen kriegerischen Akt sehen.

MÜLLER: Natürlich ist es einer. Wenn man den einen Kolonialherrn los ist, hält man den anderen für einen Freund. Aber man bleibt Kolonie.

SPIEGEL: Vor Jahren hatten Sie in einem Interview gesagt, die innere Freiheit der asozialen Kids am Prenzlauer Berg sei größer als die der Angestellten im Westen. Nun scheint es, daß die Freiheit erst mal ins nächste Kaufhaus führt.

MÜLLER: Was ich mir wünschen würde, wäre ein Massendiebstahl. Man bräuchte dazu mindestens 500 Leute; aber das ist schwer zu realisieren.

SPIEGEL: Aber alle haben brav ihr Begrüßungsgeld ausgegeben.

MÜLLER: Darüber war ich fürchterlich enttäuscht. Weil ich glaube, daß sie das Recht hätten, die Freßetage im KaDeWe zu plündern.

Erschienen am 4. Dezember 1989

OPFER UND TÄTER

Eine Woche später kam Wolf Biermann zurück. Im »Haus der jungen Talente« gab er ein Konzert. Und nicht nur er. Die ganze DDR-Liedermacherszene saß auf dem Podium, Bettina Wegner, Pannach, Krawczyk, alle waren sie da, und sie teilten sich grob in zwei Fraktionen. Die einen wollten einen schöneren, besseren Sozialismus versuchen. Die anderen glaubten an den lieben Gott. Natürlich gab es Überschneidungen. Einig waren sie sich nur gegen die deutsche Einheit. Wann er denn wieder rüberziehen werde in den Osten, wurde Biermann aus dem Publikum gefragt. Das, sagte Biermann, habe er schon draußen vor der Tür beantwortet, den vielen Hunderten, die nicht mehr in den Saal paßten.

»Und was haben Sie denen gesagt?« fragte ich. Biermann stutzte. Dann holte er aus und erzählte eine lange, eine sehr lange Geschichte. Von seinen Kindern in diesem schönen Haus in Hamburg, die er eines Morgens beim Frühstück gefragt habe, ob sie hier wegziehen wollten, und wie sie angefangen hätten zu weinen. Es war entwaffnend offen und, wie alles bei Biermann, sentimental. Er sprach von den schönen Gegenden in dieser Welt, von Paris und der Toskana und daß die DDR doch ein ziemlicher »Pißpott« sei.

Biermanns Problem, hatte Erich Fried einmal gesagt, sei gewesen, daß er früher immer nur vor Fans gesungen habe. Sein Publikum war eine kleine, bewundernde, hingerissene Dissidenten-Gemeinde. Und immer noch und an diesem Abend erst recht wirkte er auf seine pastorale Art süchtig nach Zustimmung. Er redete weit ausholend und legte lange Pausen ein, als ob er einen Beifall herbeilauschen wollte, der ihn unterbrechen könnte – doch der blieb aus, schon lange.

Die Veranstaltung hatte Züge eines Erweckungsgottesdienstes, was auch an den vielen Pfarrern lag, die oben auf dem Podium saßen und unten im Parkett und die alle aussahen wie Eppelmann, und der topsensible Betroffenheitston wurde nur einmal unschön unterbrochen, als man einen Kreuzberger Schizo-Trotzkisten mit Brachialgewalt am Verlesen einer Resolution hinderte. Ich erinnerte mich an das Biermann-Konzert 13 Jahren zuvor in der Kölner Sporthalle, das ich vor dem Fernseher meiner Wohngemeinschaft miterlebte. Es gab kein Mädchen im ganzen Haus, das in diesen real sozialistischen Oppositions-Teddy nicht verliebt gewesen wäre. Ich war verdammt eifersüchtig. Da, im Kasten, sang ein guter Mensch, der die Welt verbessern wollte. Ich wollte zwar auch die Welt verbessern, konnte aber nicht Gitarre spielen. Stimmt es, was Fried erzählte? Daß Biermann und Havemann alle Frauen, die nicht mehr mit ihnen schlafen wollten, als Stasiagentinnen verdächtigten und aus dem inneren Kreis ausschlossen? Nun ja, jeder Sportverein hat seine Regeln, auch der SC Dissident.

Der Zahn der Zeit hatte am Sozialismus genagt und an Wolf Biermann. Die junge Karen war überhaupt nicht hingerissen an diesem Abend im »Haus der Jungen Talente«. Sie langweilte sich vor vergilbten Ausgaben des »Neuen Deutschland«, die im Foyer aushingen und die die Stellungnahmen prominenter Künstler zur Biermann-Ausweisung enthielten, kriecherisch, linientreu, die Partei in ihrer Weisheit lobend. Auch Ruth Berghaus' Name war darunter, was mich erstaunte, da die Berghaus immer als regimekritisch galt, wohl, weil sie so oft im Westen arbeitete. Für mich waren ihre Inszenierungen immer Torturen, aber ich pflegte sie gegen mich in Schutz zu nehmen mit dem Argument: Die Frau hatte unter dem System zu leiden. Ein paar Monate später sollte ich ihr begegnen.

Karen war sechs Jahre alt, als Biermann ausgewiesen wurde, sie kannte ihn gar nicht, und an diesem Abend mochte sie ihn nicht besonders, weil er »soviel quatscht«. Sie war der Typ von Frau, um den sich in den siebziger Jahren jede Wohngemeinschaft gerissen hätte. Sie trug einen selbstgestrickten Pullover, einen langen Hippierock und ausgelatschte Stiefel. Sie war ausgesprochen hübsch. Mit ihren hohen Wangenknochen, den Grübchen, den blonden Haaren erinnerte sie ein wenig an Michelle Pfeiffer. Im Unterschied zu Michelle Pfeiffer verabscheute sie Kosmetika, und sie sah aus, als ob sie auf einem »amnesty international«-Kongreß zur Welt gekommen wäre. Sie bekam feuchte

Augen, wenn sie über den Hunger in der Welt sprach und über das Unglück unterdrückter Völker in Ländern, deren Namen sie nicht buchstabieren konnte. Und sie sprach oft und gerne davon, auch während des anschließenden Dinners und auch noch danach. Sie sprach viel lieber davon als von der Wende.
Sie lief mit der unerschütterlichen Überzeugung durch die Welt, zur besseren Hälfte der Deutschen zu gehören. Wenn sie mich betrachtete, lag in ihren blauen Augen eine Mischung aus Mitleid und Verachtung. Ich war eine kapitalistische Sumpfblüte und eigentlich nicht zu retten. Sie war für eine eigenständige DDR. »Schon allein wegen der vielen Kindergärten.« Der Westen hatte nichts zu bieten außer Weingummi – sie war verrückt nach Weingummi.
Aus unterschiedlichen Gründen waren wir beide für zwei selbständige deutsche Staaten. Dennoch genossen wir unseren privaten deutsch-deutschen Vereinigungstaumel, und ich zeigte mich erschüttert vom Hunger in der Welt, wenn wir uns küßten und wenn wir frühstückten und wenn wir uns nachts im Bett MTV anschauten. Ihr Lieblingsvideo war das mit Phil Collins, »Just another day in paradise«, ein sozialkritischer Clip mit den eingeblendeten Zahlen von Obdachlosen und Menschen an der Existenzgrenze. Mir kam diese Hungerfolklore ein bißchen pervers vor, aber sie fühlte sich damit wohl – schließlich war sie mit Soli-Beiträgen, Friedensfestivals und kubanischen Liederabenden aufgewachsen und war darin heimisch wie Phil Collins in einem Videoclip.
Sie war die Tochter eines NVA-Offiziers. Sie hatte Angst um ihre Eltern – im Flur ihres Hauses waren Lynchparolen aufgetaucht, und natürlich wußte jeder im Block, womit ihr Vater sein Geld verdiente. Sie war 21 Jahre alt und seit zwei Jahren geschieden. Ihr Mann hielt als Soldat Wache am sowjetischen Ehrenmal.
Am Tag vor ihrer Hochzeit hatte sie sich die Sache noch einmal anders überlegt. »Der Typ ist mir plötzlich fürchterlich auf die Nerven gegangen.« Sie wollte nicht mehr und erzählte ihrem Vater davon. Doch da der Alte schon das Restaurant gemietet und das Festessen bestellt hatte, sorgte er auch dafür, daß geheiratet wurde. »Du kannst dich ja wieder scheiden lassen.« Eine

Woche nach der Feier schmiß sie ihren Ehering in die Spree, zwei Wochen später reichte sie die Scheidung ein. Und vergrößerte das Riesenheer von jungen, geschiedenen DDR-Frauen.
Sie erlebte die Wende mit einem Gleichmut, der mich immer wieder erstaunte. Sie arbeitete in einer großen Firma und hatte enorm viel Zeit. Es war eine verkehrte Welt. Ich saß bei den Beratungen des Untersuchungsausschusses zu den »Polizeiübergriffen am 7. und 8. Oktober 1989« im Roten Rathaus, trostlos früh am Morgen, und Christa Wolf raschelte über ihren Papieren und sprach mit Vibrato von »Vergebung auch für irregeleitete Ordnungskräfte«. Der Saal war kalt, und die Gesichter waren müde und schwer von Geschichte, und so fühlte auch ich mich: Ich erlebte historische Momente. Und dann traf ich mich mit Karen im Hotelzimmer und wollte ihr vom Umbruch ihres Landes erzählen. Und sie schmiß mich aufs Bett.
Aus Romantik machte sie sich nicht viel. Sie war unsentimental bis ins Mark. Immer hatte ich den Verdacht, daß sie eigentlich nur neugierig war, wie es ist, mit dem Kapitalismus zu schlafen. Alles, was sie verlangte, war »Natürlichkeit«, dieses Echt-irgendwo-Betroffensein der siebziger Jahre, so daß die Reise in die DDR auch eine Reise in meine eigene Studentenzeit war. Sie war ostentativ anspruchslos. Es dauerte lange, bis ich sie davon überzeugen konnte, daß ein gutgeschnittenes Minikleid keine Charakterschwäche, keinen Verrat an der Menschheit darstellte. Während sie über Ungerechtigkeiten in der Dritten Welt weinen konnte, hatte sie sich an die Denunziationen und Stasibespitzelungen, an den real sozialistischen Kriechgang und die Mangelwirtschaft gewöhnt wie an eine Naturgegebenheit. Sie war in diesem Staat aufgewachsen, und sie war absolut ohne Utopien – das unterschied sie erheblich von der Biermann-Generation. Der DDR-Sozialismus war für sie tatsächlich »real« geworden und nicht nur eine korrekturbedürftige Zwischenstufe. »Honecker war gar nicht so schlecht«, sagte sie. »Jeder hat einen Job gehabt und genug zu essen.« Frauenlogik. Arterhaltungslogik.
Ost-Berlin in diesen Tagen Ende November: eine Art selbstverwaltetes Jugendzentrum in den Kulissen der gestürzten Macht. Die Menschen gingen aufeinander zu, und sie öffneten sich und

redeten wie süchtig. Dann wieder war es, als lernten sie gerade erst sprechen und vertrügen die Aufhellung der Machenschaften und die Aufhellung eines ganzen Wahnsystems, deren Teile sie waren, nur in homöopathischen Dosen. Sie schienen immer wieder zurückzuschrecken vor der eigenen Courage. Die Revolution hatte in all ihrer Wut, all ihrer Euphorie etwas Wohlerzogenes. Der Schrei nach Rache wurde kaum laut. Zwar stellte die »Arbeitsgruppe: Protokolle, Sammlung, Sichtung, Aufbereitung aller Hinweise« fest: »Ältere, besonders Männer, erhoffen sich eine Entlastung und eine persönliche Genugtuung durch Gegenüberstellung mit den Polizisten, die sie geprügelt oder unflätig beschimpft haben.« Aber schon jetzt begannen die Opfer den Tätern zu verzeihen (noch bevor die Täter ihren Opfern verziehen hatten), schon jetzt richteten sich die Aversionen der Bürgerrechtler eher gegen die Eindringlinge aus dem Westen, schon jetzt meldete sich eine Art DDR-Patriotismus, vor allem unter den Jugendlichen und Intellektuellen, der mir unverständlich war.

Es gab ein fast gespenstisches Verständnis für die »Nöte« der »Ordnungs«kräfte. In einem Gutachten zur »Tiefenstruktur der Ereignisse« am 7. und 8. Oktober legte Professor Schmidt dar: »Es wäre nicht richtig, die rechtswidrigen Aggressionshandlungen von Angehörigen der Sicherheitsorgane als Folge ›sadistischer‹ Charakterstrukturen einzelner zu interpretieren.« Ein paar Monate später wurden die Schläger in Uniform, die sich in diesem System doch freiwillig zur Polizei gemeldet hatten und denen trotzdem keine »sadistische Charakterstruktur« attestiert werden konnte, nahtlos in das große bundesrepublikanische Ordnungssystem integriert.

Prügeln ist menschlich, meinte Professor Schmidt, denn: »Ein Feindbild, ferner das autoritätsgläubige und befehlsverpflichtende Gehorsamsverhalten und das somit verursachte Außerkraftsetzen moralischer Bedenken und Hemmungen reichen aus, um solche Gewalttätigkeiten auszulösen. Auch das gehört zur menschlichen ›Natur‹.«

Monate später sprach der DDR-Übergangsminister Diestel ganz ungeniert und stolz von den Tugenden der DDR-Sicherheits-

kräfte, die in die deutsche Einheit mit eingebracht werden könnten, und natürlich hatte er recht, denn »befehlsverpflichtendes Gehorsamsverhalten« war auch bei uns gefragt, vor Bauzäunen von KKWs beispielsweise.
Die Opfer vergaben, und die Täter tauchten ab. Dennoch spürte ich in diesen Tagen oft eine Freundlichkeit, eine Herzlichkeit, die anrührend war. Überall gab es Gesprächskreise. Im »Haus des Lehrers«, einem der Betonwürfel mit Proletkult-Mosaiken am Alexanderplatz, fand sich ein Dutzend Pädagogen zusammen, die über Jugendkulte sprachen. Sie erzählten sich von den jugendlichen »Grufties« in ihren Klassen, die nachts auf Friedhöfe stiegen und Knochen ausbuddelten, und einer sagte resigniert: »Im Grunde genommen bestand doch unsere Generation auch aus Grufties. Wir haben auch Knochen ausgebuddelt und Leichen angebetet.«
Nächtelange aufgeregte Debatten bei billigem Rotwein, jeden Tag eine neu aufgedeckte Schweinerei, eine neue Wendung, ein neues Staatsmodell. In Leipzig, bei den Montagsdemonstrationen, waren die ersten Wiedervereinigungsrufe laut geworden. Hieß es im Oktober noch »Wir sind *das* Volk«, so skandierte man jetzt »Wir sind *ein* Volk«. Einige Monate später, nach der Volkskammerwahl, tauchte der Spruch auf: »Wir sind ein *blödes* Volk.« Doch noch probierte dieses Volk aus, wie weit es gehen konnte, noch ging es darum, Könige aus ihren Sesseln zu jagen und zu Gericht zu sitzen und alte Rechnungen zu begleichen. Auch unter Künstlern. Gerade unter Künstlern.
In den westlichen Feuilletons hatte man den Terminus technicus »kritische Solidarität« erfunden und mit diesem Sammelbegriff die Haltung der DDR-Intellektuellen zu ihrem Staat gekennzeichnet. Tatsächlich aber war dieser Begriff untauglich. Hier war jeder mit jedem befreundet, jeder mit jedem verfeindet. Anpasser und Rebellen, Kriecher und Störenfriede hatten jahrelang zusammen getanzt – jetzt brach der Ringelreihen auseinander. Es ging nicht nur um politische Differenzen. Es ging auch um Generationskonflikte.
Der junge Regisseur Frank Castorf etwa haßte Hans-Peter Minetti. Aus ganz persönlichen Gründen. Minetti hatte ein

Auge auf seine Freundin Sylvia Rieger geworfen und schmiß Castorf »Knüppel zwischen die Beine, wo immer er konnte«. Und er verzieh Castorf nie, daß er die schöne Sylvia Rieger mit nach Anklam nahm, in die Verbannung an ein kleines Provinztheater, wo er sich szenisch austobte.

Castorf wohnte in der Nähe der Schönhauser Allee in einem dumpfmuffigen Ohrensessel-Sperrmüll-Zimmer. Die Küche war grün gestrichen. Castorf war am Radio aufgewachsen, mit Jim Morrison, mit Jimi Hendrix und Janis Joplin. Er verachtete Minetti nicht aus ideologischen Gründen, sondern aus hedonistischen – Minetti war einer jener Stammväter, ein Vertreter der Staatsgründer-Kriegsheimkehrer-Generation, der einem den Spaß vermieste.

Ich hatte mit Minetti telefoniert. Er schien sich zu freuen, daß ich anrief. Natürlich war er geschmeichelt, daß sich der »Spiegel« für ihn interessierte. Aber da war auch etwas anderes: Minetti wollte beichten. Wollte sich aussprechen, sich »überprüfen und das Gewissen erforschen«, wie er es nannte.

Er war mir vom ersten Moment an sympathisch. Seine Verlogenheit war so durchsichtig, so kindlich, so schauspielertypisch und eitel. Er war durch die tanzende Anarchie draußen so stark verunsichert, daß er dann doch ehrlich war – mehr in seinen Gesten, in seiner Nervosität als in seinen Worten.

Ich kannte ihn aus Schilderungen seines Vaters, des Schauspielers Bernhard Minetti. Ich hatte früher ein gutes Verhältnis zu dem Alten. Er hatte mich einst nach einer Theaterkritik angerufen und gesagt, das sei das Beste gewesen, was er »seit Ihering gelesen« habe. Ihering, das war zwanziger Jahre! Seither nichts Besseres als ich! Ich war noch jung und unglaublich geschmeichelt, und natürlich war ich der gleichen Meinung wie Minetti. Unser Verhältnis kam zu einem abrupten Ende, als ich mir in einer Eloge auf seinen achtzigsten Geburtstag einen kritischen Halbsatz zu seinem Verhalten während der Nazizeit erlaubte – Freundschaften zwischen Kritikern und Schauspielern sind nicht besonders haltbar. (Übrigens auch Ehen nicht – meine Frau und ich hatten uns getrennt, nachdem ich ihren Intendanten verrissen und er sie gefeuert hatte.)

Von seinem Sohn hatte Bernhard Minetti immer gesprochen wie von einem lieben, zurückgebliebenen Kind. »Er ist reinen Herzens«, war seine Lieblingswendung, wie ihm überhaupt »rein« und »sauber« und »kräftig«, all diese blonden Stahlwörter, bedenkenlos über die Lippen flossen. Minetti war mit der expressionistischen »O Mensch«-Dramatik groß geworden, mit all ihrem Seelenpathos und biologistischen Schönheitsfimmel, der später rassisch versumpfte.

Hans-Peter Minetti war weniger monumental als sein Vater, aber auch er sprach gerne von »Redlichkeit«, von »Sauberkeit«. Doch während der alte große Minetti immer mehr zu seinem eigenen Götterbild verkapselte, hatte der junge Risse. Er war ein Mitläufer, der die Privilegien genossen hatte, die ihm seine Anpassung einbrachte.

Ich war drei lange Tage mit ihm zusammen. Wir blätterten in alten Protokollen, in Fotoalben, und wir stritten. Der 17. Juni und der Mauerbau und der Einmarsch in Prag – er verteidigte das alles wortreich, und irgendwann brüllte ich: »Das darf doch nicht wahr sein, das ist doch Schrott«, und er brüllte zurück, und wir waren auf gespenstische Art zu Partnern geworden. Und wieder hing ich in einer dieser perversen schizoiden Beziehungen, in der ich gleichzeitig Teilnehmer und Zuschauer war, gleichzeitig mittendrin und außen vor.

Reportagen sind Liebesaffären und Haßgeschichten. Nur dann sind sie gut. Sie lohnen sich nur dann, wenn außer dem Kopf auch Bauch und Poren beteiligt sind. Spannender als jede Idee finde ich den Menschen, der sie denkt. Spannender als jede Rolle den Schauspieler, der sie ausfüllt. Spannender als den Sozialismus fand ich Minetti, der in ihm lebte und von ihm geprägt wurde. Und nichts hat mich so gerührt, wie diesen älteren Herrn in der Nacht zu erleben, als Krenz gestürzt wurde und er abseits des Pulks vor dem ZK stand, völlig ratlos und verwirrt und flüchtig berührt vom Mantel der Geschichte, der gerade an ihm vorbeirauschte.

DER SCHAUSPIELER ALS BÜSSER

ÜBER DEN DDR-THEATERFUNKTIONÄR HANS-PETER MINETTI

Minetti strahlt. »Schön, daß Sie gekommen sind, es wird Zeit, daß wir die Wahrheit herausfinden.« Seine Augen leuchteten blau, doch eine Spur zu eifrig. Sein Lächeln ist freundlich, doch eine Spur zu breit. Alle, die mit ihm zu tun hatten, erinnern sich an diese Augen, dieses Lächeln. »Er hat niemandem direkt die Knochen gebrochen«, sagte ein junger DDR-Regisseur, »aber er hat einen ausbluten lassen, und er war immer gut gelaunt.«

Es ist ein trüber deutscher Dezember. In deutschen TV-Wohnzimmern erscheinen wieder einmal die Schuldigen und die Schuldlosen, die Sünder und Büßer, die Täter und die Opfer, die Gangster und die, die nichts gewußt hatten. Jetzt werden Rechnungen beglichen, neidisch Datschen besichtigt, Schlafzimmer vermessen, Markennamen notiert. Das Volk legt los. Hans-Peter Minetti ist darauf vorbereitet. Schon am Telefon hatte er dramatisch geflüstert: »Gorbatschow hatte recht: Wer zu spät kommt, den bestraft das Leben.«

Zu spät hatte er sich die Brust geöffnet, damals im »Deutschen Theater«, als seine Theaterkollegen die Demonstration zum 4. November vorbereiteten. Er wollte sich mit vorsichtigen Phrasen an die Wende herantasten. Da wurde er niedergebrüllt, von den gleichen Mitläufern, die er, als ZK-Mitglied und Präsident des mächtigen Theaterverbandes, in Ämter gehoben hatte. Zum ersten Mal seit Jahrzehnten stand er auf der falschen Seite.

Er trägt ein blütenweißes Hemd und einen blauen Anzug. Ein zuvorkommender älterer Herr. Seine rechte Hand knetet an einem Taschentuch herum. Das ist ein Tick von ihm – er wischt sie sich oft verstohlen ab, wenn er jemandem die Hand geschüttelt hat. Ängstlich hat er sich an die Linie gehalten die letzten Jahrzehnte, hat den Kontakt zu sozialistischen Ruhestörern gemieden. Ja, er hat buchstäblich Angst vor Infektionen. Hans-Peter Minetti, 63, Sohn des Schauspielers Bernhard Minetti.

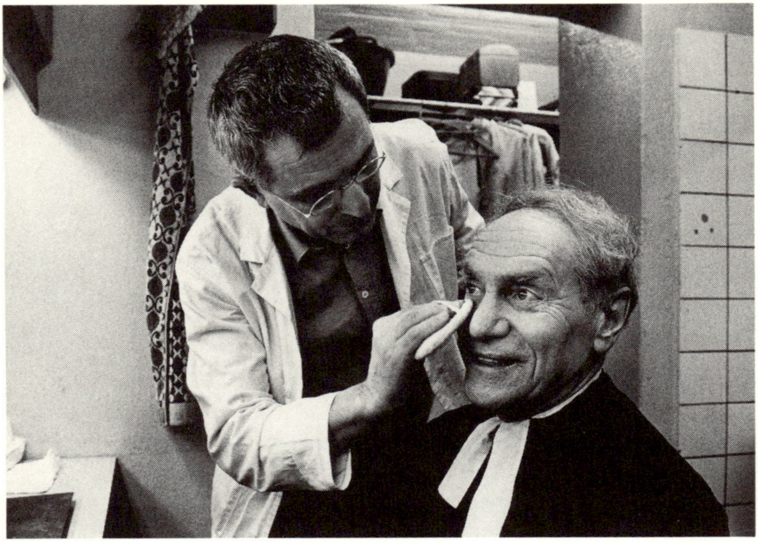

Hans-Peter Minetti in der Garderobe des Berliner Ensembles

Schon als Student, kurz nach dem Krieg, war er der KPD beigetreten, aus idealistischem Protest gegen die Väter, gegen die Nazi-Mitläufer, gegen ein Volk, das schnell vergessen wollte. Und irgendwann ist die Falle zugeschnappt, für Minetti und Millionen andere. Irgendwann kippte die pubertäre Euphorie für den »besseren Menschen« um in eisiges Durchhalten, in die intellektuelle Selbstverleugnung. Der Kalte Krieg trieb Ost und West in barbarische Versimpelungen. In Gut und Böse, Rot und Schwarz. Minetti hatte sich entschieden, hatte sich eingerichtet, und bevor er merkte, daß seine Begeisterung für »die Sache« zur Phrase und er selber zur Marionette erstarrt war, hatte er sich im Parteiapparat nach oben deklamiert.
Er hatte Schauspielerei studiert und hatte den Instinkt für den dramatischen Auftritt, das tönende Wort, die richtige Wendung. Er war der Psalmodist der Parteilinie, die rhetorische Nebelkanone der Macht. Als blitzender Feuerkopf organisierte er Thälmann-Gedenktage, war bald im Zentralrat der FDJ und kurz darauf Kandidat des ZK. Eine Karriere, die in der Erinne-

rung klingt wie eine sozialistische Heldenschnulze – nie vergißt er, wie er »damals in Kiel von Arbeitern vor Übergriffen der Reaktionäre beschützt wurde«, nie diese »ehrlichen, offenen Proletariergesichter«. In zahllosen Interviews hatte er sich in dieser Heldenvita verpuppt – und nun plötzlich soll sie genau die falsche gewesen sein? Nun soll er unter gesamtdeutschem Triumphgeheul »Reue« zeigen?
Für ihn ist es zu spät, das eigene Leben ganz neu anzuschauen, aber ein paar Retuschen möchte er noch vornehmen. Noch gibt es die Chance dazu. Noch ist ein anderer Lächler, noch ist Egon Krenz an der Macht – es ist die Woche vor dem Sonderparteitag. Noch könnte sich der Versuch lohnen, den Schaden durch das Volk abzuwenden. Ist nicht Hermann Kant, dieser oberlaue Mitläufer im Schriftstellerverband, Kant, sein Freund, gerade als Präsident bestätigt worden?
Bereichert, sagt er, hat er sich nie. Im Gegenteil. Durch seine unentgeltliche Verbandstätigkeit ist ihm manche Rolle, manche Gage entgangen. »Nennen Sie das hier etwa Luxus?«
Nein. Da ist zumindest nichts, was einen westdeutschen Bühnenarbeiter, ganz zu schweigen von einem Rampenstar, erblassen lassen könnte. Er wohnt im neunten Stock eines Neubaurings im Rücken des ZK. Vom Balkon aus sieht er Axel Springers Verlagshochhaus. Mit seiner Frau Irma Münch, einer bekannten DDR-Fernsehschauspielerin, lebt er in einer engen, zweigeschossigen Etagenwohnung, einem vollgerümpelten Delirium aus Zinntellern und Eßnische »rustikal«, braunen Cordsesseln mit Häkeldeckchen und Topfpalmen. In der kleinen Einbauküche, in der seine Frau Gulasch zubereitet, hängen Verse aus Schillers »Glocke«, in weißes Leinen gestickt: »Die Hausfrau füllet mit Schätzen die Laden / und dreht um die schnurrende Spindel den Faden / und sammelt im reinlich geglätteten Schrein / die schimmernde Wolle, den schneeigten Lein.« Auch Irma Münch ist SED-Mitglied.
In zehn Jahren wird niemand mehr begreifen, warum diese kirchenfrommen, sauberen Besitzbürger, die Angst vor jeder Art von Neuerung haben, in der SED statt in der CSU gelandet sind. Wahrscheinlich begreifen sie es selbst nicht. Strauß und

Honecker, darauf kommt Minetti immer wieder zurück, haben sich prächtig verstanden. »Er hat Honecker bescheinigt, daß er ein großer Staatsmann ist.«
Minettis Sprache hat gelernt, nichts mehr zu transportieren. Ihre Heimat ist das Ungefähre. Die Briefe der Krupskaja waren für ihn stets »ein reiner Quell, der half, den Schmutz abzuwaschen«. Und zu den nun aufgedeckten Schiebereien im Politbüro steuert er den Wandtellerspruch bei: »Wahrscheinlich verdirbt Macht doch.«
An diesem Nachmittag noch glaubt er an die schützende Wirkung wolkiger Erklärungen. Am Abend jedoch hat er einfach Angst. Da trifft er im Fahrstuhl die Genossin Karin. Und die sagt: »Kommst du mit, den Generalsekretär stürzen?«
Vor dem düsteren rechteckigen Klotz des ZK-Gebäudes haben sich mehrere tausend wütende SED-Mitglieder versammelt. Mit überschnappender Stimme kreischt die Rektorin der linientreuen Krupskaja-Schule ins Mikrofon: »Was soll ich den Kindern sagen, wenn sie mit großen Augen sehen, wie die Fotos von den Wänden genommen werden? Ich muß diesen Kindern sagen: Das waren Banditen, die uns verführt haben.« Kinder sind beliebt bei Demagogen. Keiner kommt auf die Idee zu fragen, warum sie ihren Kindern jahrelang mit »Staatsbürgerkunde« gequirlten Mist vorgesetzt hat. Köpfe müssen rollen, um den eigenen zu retten. Karin hat die Zeichen der Zeit begriffen. Sie johlt mit den anderen.
Minetti hat nichts begriffen. Er steht mit glasigen Augen abseits. Als habe er Angst vor der Berührung mit der Menge, als fürchte er die Infektion. Irgendwann erscheint Egon Krenz im Portal und beschwört die Einheit der Partei. Er wird niedergebrüllt. Minetti wendet sich um und geht durch die Nacht nach Hause. Am nächsten Tag treffen sich Künstler, Wissenschaftler, Schauspieler im Friedrichstadtpalast unter dem Lenin-Motto »Was tun?«. Volker Braun will eine neue Rätedemokratie ausrufen, ein Ökologe spricht von der verheerenden Umweltbilanz, und ein marxistischer Wirtschaftswissenschaftler faselt von Akkumulation und Konsumtion, bis oben im Saal einer die Tür aufreißt und brüllt: »Der Schalck-Golodkowski hat sich in die Schweiz abgesetzt.«

Alle zartgesinnten Überlegungen zu einem »besseren« Sozialismus sind plötzlich nur noch Phrasen von gestern. Ein Aufschrei geht durch den Saal, und der klingt wie: Rache. Plötzlich wissen alle, was zu tun ist. Auch Daniel, der Sohn von Hans-Peter Minetti, ebenfalls ein Schauspieler, der mit im Saal sitzt.
Mit eilig gepinselten Plakaten stürmt er, gemeinsam mit den anderen, vor das ZK-Gebäude. Drinnen sitzt sein Vater. Draußen fordert »das Volk« die Köpfe der Bonzen. Bald darauf erscheint Politbüromitglied Günter Schabowski und verkündet die Auflösung von ZK und Politbüro. Mit den anderen Genossen hatte sich Hans-Peter Minetti schon vorher, durch einen Hinterausgang, nach Hause geflüchtet.
Dort sitzt er nun, ein ratloser, alter Mann, und schaut auf den Fernseher, auf dem, inmitten einer gehäkelten Pfütze, ein napoleonischer Porzellanoffizier strammsteht. In den »heute«-Nachrichten verliest die Sprecherin die Meldung vom Rücktritt Krenz' und von der Auflösung des ZK. Und der Schauspieler Minetti weint.
Als ob er erst jetzt, da die Vorgänge vom Nachmittag eine Nachricht im westdeutschen Fernsehen geworden sind, begreift, daß für ihn alles zu Ende ist – der reale und jede andere Form von Sozialismus. Er weint um seinen Sitz im ZK, für den er Jahrzehnte gebuckelt und geschuftet hatte, und er weint um sein Leben.

Eine Treppe verbindet die beiden Etagen der Wohnung. Sie führt in einem Bogen hinauf, und jeder, der sie betritt, stößt auf das lebensgroße Ölbildnis eines alten Mannes: schlohweißer Schädel, blaue, durchdringende Augen, aristokratisch gekerbte Falten – mißmutig blickt der alte Theaterfürst Bernhard Minetti auf seinen Sohn herab, wann immer er in sein Arbeitszimmer strebt, um Texte zu lernen. Wenn er allerdings wieder herabsteigt, sieht Hans-Peter Minetti niemanden als sich selbst – an der Stirnseite, in Höhe der oberen Stufen, hängt ein schwerer, mannshoher, goldgerahmter Spiegel.
Eine Woche lang hat er sich jetzt dort oben eingebunkert. Er hat eine neue Rolle gefunden und mit ihr eine neue Religion – sie

heißt Reue, heißt »Tannhäuser«. Während unten in der Wirklichkeit, zu der er früher mit Siegerlächeln herabzusteigen pflegte – nicht ohne einen prüfenden Blick in den Spiegel zu werfen –, die Genossen auf dem Sonderparteitag um eine Neugeburt der SED ringen, übt der Schauspieler Minetti oben den Büßer, paukt er das Hohelied des Sünders, der um Vergebung bittet. Unten werden die ersten Übergriffe auf Stasibeamte gemeldet, die ersten Selbstmorde, Verhaftungen. Dort unten wächst die Angst vor Pogromen – und oben deklamiert der Schauspieler Minetti: »Ich bringe, Herr, meine Klage vor dich und will dir, gütiger Vater, ganz vertrauen.«
Heute möchte er nicht mehr über real sozialistische Fehler reden, sondern nur noch über metaphysische Schuld. Was heißt reden: Herausflüstern, wimmern und schreien möchte er sie, mit Inbrunst und Versmaß und Wirkung.
Er schließt die Augen, hebt die Linke an den schlohweißen Schädel und stößt hervor: »Ich habe zeit meines Lebens gesündigt und bisher nur selten bereut.« Demnächst wird er mit dem Text auf Tournee gehen, die ersten Verträge sind schon unterschrieben. »Dein Martyrium und deine Gottheit mögen mir helfen« – mit diesem »Tannhäuser«-Abend wird er wiedererstehen als Schauspieler, liefert die Geschichte nicht wunderbares Material? –, »daß ich mich hier und jetzt der Buße stelle und für sie entgelte.«
Hat nicht auch der heute 84jährige Sippenfürst Bernhard Minetti, der »Chef«, wie ihn die Familie ehrfürchtig nennt, nach dem Kriege schwere Zeiten durchgemacht, jahrelang kaltgestellt, weil er ein Theaterstar der Nazis war? »Da ich auf deine Gnade hoffe, so hilf mir, daß sich mein Verlangen erfülle.« Auch der »Chef« kam erst hoch betagt, in einem glänzenden Comeback, in den Theaterolymp, und gute alte Schauspieler werden immer gebraucht, egal, was früher war. »Gib mir einen so starken Geist, daß mich der Teufel nicht verführen kann . . .« Es klingelt, unten geht eine Tür, Stimmengewirr im Flur, und Minetti sagt: »Scheiße, ausgerechnet jetzt.«
Sein Sohn Daniel ist gekommen und liefert sein dreijähriges Töchterchen ab, das die Großeltern nur »Glückle« nennen – ein

kleines Bündel Glück in diesen schweren Zeiten. Daniel, der im »Maxim Gorki Theater« spielt, war schon vor anderthalb Jahren aus der Partei ausgetreten – während der Januar-Demonstrationen war er nur knapp Prügeln und der Verhaftung entronnen. Noch deutlich hat er im Ohr, wie ein Stasibeamter rief: »Die beiden greifen wir uns heraus«, und er hatte auf ihn und seine Frau gewiesen. Sein Vater hat ihn damals beschworen, mit dem Austritt zu warten. Er hatte gefleht und gedroht. Und schließlich resigniert erkannt, daß eine neue Generation herangewachsen ist, die, wieder einmal, den Vätern die Schuldfrage stellen wird. Über Politik sprechen die beiden nicht. Statt dessen über »Glückle«, über Rollen. Daniel liebt seinen Vater.

Daniel, 31, hat die blauen Minetti-Augen. Sie sind nicht grandios umdüstert wie die des Sippenfürsten, nicht sentimental schwimmend wie die des Vaters, sondern – nachdenklich. Ihn reut die Unterschrift, die er spontan unter den Aufruf Stefan Heyms gegen die Wiedervereinigung und für einen »besseren« Sozialismus gesetzt hat. Die Revolution hat nicht nur Zaren gestürzt, sondern auch die Heilserwartung dahinter zertrümmert. »Bisher dachten wir, der Sozialismus sei ein verzauberter Prinz, der nur befreit werden muß. Jetzt haben wir den Frosch an die Wand geknallt. Und ich befürchte, daß der Sozialismus doch nur ein schrumpeliges Männchen aus dem 19. Jahrhundert ist.« Das neue Jahrtausend wird ohne Ideologien, ohne Theologie auskommen müssen und die Menschheit ohne Paradies. Minetti schaut in ratlosem Stolz auf seinen Sohn. Ihm imponiert diese Gradlinigkeit, und ihm dämmert, daß er sich selbst vor langer Zeit als Geisel genommen hat, sich und andere unter ein Joch gekrümmt hat, das »Kaderdisziplin« hieß.

Oft hatte der Parteisoldat in ihm den Schauspieler im Würgegriff. Vielleicht hätte er ein ganz Großer werden können! Einer wie der »Chef«. Es gab immer wieder diese schizophrenen Brüche. Etwa, als ihm Frank Beyer in seinem Film »Spur der Steine« eine Rolle anbot. Ein hinterhältiges Angebot: Er sollte einen dogmatischen Parteisoldaten, sollte sich selber spielen.

Minetti griff damals zu. Und er spielte den Karrieristen Heinz Bleibtreu so gut, so charakteristisch, daß sich viele SED-Genossen in ihm wiedererkannten. Der Film verschwand aus den Kinos. Erst heute, nach 23 Jahren, wird er wieder gezeigt. Und in jeder Vorstellung im ausverkauften »Kosmos«-Kino gibt es Beifall, wenn Bleibtreu von einem Arbeiter »Arschloch« genannt wird. Minetti hat sich den Film bis heute nicht angeschaut.

Am Abend steht er als Feldprediger in Brechts »Mutter Courage« auf der Bühne. Er muß sich vorbereiten. »Lesen Sie meine Rede vor dem 7. Plenum«, sagt er und legt einen roten Folianten mit Sitzungsprotokollen auf den Tisch, »da müssen Sie einfach erkennen, daß ich schon vor einem Jahr Kritik geübt hatte.« Als ob es jetzt darauf noch ankäme.

Das Buch ist ein Kompendium der rhetorischen Spagate, der greisenhaften Barrikadenromantik eines vergangenen Jahrhunderts. Und dazwischen, immer wieder, Rituale der Selbsterniedrigung, der schäumenden Entschuldigungen, etwa des einstigen Kulturministers Hoffmann, der den Redakteuren von *Theater heute* ein allzu freimütiges Interview gegeben hatte.

Aus dem Buch fällt ein Zettel – Anweisungen Kurt Hagers an den Genossen Hans-Peter für seine Rede. Was für ein Hundeleben – so viel Krummbuckelei für eine kleine Einbauküche und Cordsessel mit Häkeldeckchen? Ohne einen Rest von fernen Erlösungserwartungen geht das kaum. Minetti ist stolz darauf, daß er in seiner Rede Volker Brauns Theaterstück »Die Übergangsgesellschaft« verteidigt hatte. In diesem Stück sinniert der alte Revolutionär Höchst darüber nach, ob sich das Kämpfen gelohnt habe – und Zweifel ist ein Sakrileg für Stalinisten. Minetti jedoch argumentiert scholastisch für das Stück: Erst der Zweifel befeuere doch den Glauben.

Ihm, tönte er im ZK, sei es ergangen wie vielen Zuschauern. Er wollte »diesem Wilhelm Höchst am liebsten noch mitten im Spiel zurufen: ›Ja, glaube mir, das hat sich gelohnt: Alles, was du für uns erkämpft, wie du für uns gestritten und gelitten hast . . . ich verstehe sehr gut, daß du dir diese quälende Frage stellen mußt. Hab Dank dafür, daß du das tust – denn *deine* Frage hilft mir, *meine* Antwort zu finden.‹« Es ist die Offensive der Selbstentleibung, die der Schauspieler im ZK vorführte, die Geschmeidigkeit des kritischen Opportunisten.

Ein gespenstisches Protokoll in dieser bürgerlichen Nippes-Höhle. Aus dem Nebenzimmer dringt ein Aufschrei: »Unser König hat nur die Freiheit im Aug' gehabt!« Der Schauspieler übt den Feldprediger, übt eine andere Rolle ein, neue große Worte, und irgendwann ähneln sich alle. »Man müßte eine neue Sprache erfinden«, hatte Daniel Minetti am Nachmittag gesagt, ohne allen Zusammenhang, ganz leise, wie zu sich selbst.
Die alte Sprache, die hohl-belehrende, die Sprache als Kathederstock, wird am Abend im Berliner Ensemble geschwungen – in Bert Brechts »Mutter Courage«. Das »Theater am Schiffbauerdamm«, ein reichverzierter Puttentempel, ist längst zum Museum verkommen, bespielt von gehätschelten Staatsschauspielern, die dem Publikum den sozialistischen Reißbrett-Menschen entwerfen.
Kaum ein Mitglied dieses sozialistischen Establishments ohne Auszeichnungen – selbst kokettes Dissidententum wird hier in Maßen geduldet, wenn es der Sache dient. Schatrows Stück »Blaue Pferde auf rotem Gras« etwa, in dem Lenin in einer fürchterlich sentimentalen Kolportage gegen die Bürokratie kämpft, war über die Jahre ein frivoler Renner – am Abend zuvor galoppierten die »Pferde« vor halbleeren Rängen. Wen interessieren noch Aufbauprobleme beim Sozialismus, wo das Volk bereits mit dem Abriß beschäftigt ist?
Auch die »Courage«-Inszenierung stammt vom Friedhof der sozialistischen Theatralik. Peter Kupke, heute im Westen arbeitend, hatte sie vor elf Jahren eingerichtet, streng nach den Modellen, die Bertolt Brecht bereits vor 40 Jahren für die Berliner Premiere entworfen und anschließend kanonisiert hatte.
Auf dem Weg zur Garderobe, vorbei an dem edlen Armutskrempel, dem Planwagen und den Helmen und anderen Reliquien dieser erstarrten Theaterliturgie, grüßt Minetti seine Kollegen fast anbiedernd freundlich. Die Karten sind neu gemischt. Gestern noch war er ein mächtiger Funktionär. Heute ist er nur noch Schauspieler. Andere Mitspieler haben sich der Wende geschmeidiger angepaßt. Sie gehen auf Distanz.
Nur widerwillig läßt sich der Maskenbildner herbei, Minetti zum Feldprediger zu schminken. »Er ist die Number one bei

uns«, sagt Minetti mit kindlicher Bewunderung, und der Maskenbildner nickt gönnerhaft. Dann bleibt Minetti allein zurück vor dem großen Spiegel und legt die Hand auf sein Textbuch. In letzter Zeit, sagt er, habe er einen Alptraum, der immer wiederkehre. Er steht auf der Bühne und will zu einem großen Monolog ansetzen. Doch der Text fehlt ihm – er hat sich in ein Stück verirrt, das er gar nicht kennt.

Eine Gruppe dänischer Touristen verliert sich im halbleeren Parkett. Und wieder schiebt die Marketenderin Anna Fierling ihren Planwagen, und wieder kreist die Bühne, und wieder bewegen sich Schauspieler wie Figuren einer Schachpartie, wie Beweisstücke für Thesen über »den Menschen« und »den Krieg« und »das Geld«.

In dieser müde-abgetakelten Routine-Inszenierung gibt es jedoch ein unerwartetes Leuchten. Es kommt nicht von der Mutter Courage der Diseuse Gisela May. Es ist der Feldprediger, der fasziniert. Ein schmaler, alter, weißhaariger Mann, der sich in den Troß der Courage geflüchtet hat. Da ist einer, der lacht und stottert und sich windet. Der schüchterne Annäherungsversuche unternimmt und abgewiesen wird. Der nichts mehr beweisen will, sondern an seinem Glauben zweifelt. Einer, der Angst hat. Kurz: ein Mensch.

MUSEUM DDR

Während das Volk die Stasigebäude stürmte und Honeckers karierte Decken in Wandlitz bestaunte, gab es für Karen eine Festung, die nahezu uneinnehmbar war. Das »Yucca« in der Nähe der Schönhauser Allee, eine Mischung aus Restaurant und Diskothek, in der sich die Ostberliner Hautevolee traf. Vor der Tür stand ein geschnitzter Elefant, und die Scheiben schimmerten grün unter dem roten Neonschriftzug und sahen sehr anrüchig aus.

Das Yucca war nicht nur für Karen eine uneinnehmbare Festung, sondern für jeden, der Turnschuhe trug – ein bulliger, viereckiger Türsteher achtete auf die Einhaltung der Etikette. Irgendwie gelang es mir, ihn davon zu überzeugen, daß ich mit Messer und Gabel essen konnte, und schwor, nicht auf den Boden zu krümeln. Er muffelte über meine Lederjacke und meinte, die hätte ich wohl »aus dem Durchgangslager«.

Ich war gekränkt. Die Lederjacke stammte aus einer Ku'damm-Boutique – ich hatte mich für eine »Stern«-Reportage vor Jahren einmal von einem Typenberater in eine Art Falco-Double verwandeln lassen. Falco war längst passé, doch die Jacke war geblieben. Allerdings paßte sie tatsächlich nicht hierher. Die vorherrschende Garderobe bestand aus gebügelter Jeansjacke mit Krawatte. Die Damen trugen bestickte Angorapullover mit Puffärmelchen. Der Laden war klein und exklusiv. Clou war die Tanzfläche, die von unten bonbonfarben beleuchtet war und ungefähr so groß wie ein Bahnhofsklo.

Karen sah so andächtig aus, als stünde sie im Lenin-Mausoleum. Wir setzten uns in eine Couchgarnitur im hinteren Teil des Clubs und versuchten, uns ebenso weltoffen und lässig zu geben wie die Kinder der SED-Bourgeoisie, die hier eigentlich unter sich bleiben wollten.

Neben uns saß ein dunkelhäutiger Mann, der in mir den Außenseiter witterte und damit einen Komplizen. Auch er fühlte sich unbehaglich. Er kam aus einem arabischen Land, trug Goldkettchen und Rolex und war in Geschäften nach Ost-Berlin verschlagen worden. Selbst wenn er der schlimmste aller Waffenhändler gewesen wäre, so war er ein freundlicher Waffenhändler, und wir kamen ins Gespräch. Die Drinks wurden uns mit feindseligen Blicken serviert. Und bereits nach zwanzig Minuten war der Abend für mich gelaufen.

Ein angetrunkener Sachse stürzte sich aufs Tischchen und fragte: »Du woher kommen?« Der Araber, der Hasan hieß, ignorierte ihn. »Du hast hier nichts zu suchen«, sagte der Sachse, der seine schütteren blonden Haare naß nach hinten gekämmt hatte, »du bist geen Deutscher – zisch ob.« Da dieser Mensch offenbar stolz darauf war, Deutscher zu sein, war ich es nicht mehr. Mir war übel vor Wut, als ich draußen auf der Straße stand.

»Worauf bildet der sich eigentlich was ein?« fragte ich Karen, die meine Aufregung nicht verstand. »Was ist das, ›ein Deutscher‹?«

»Wir sind nun mal anders als die Ausländer«, sagte sie.

»Ausländer, hm? Ausländer verstehe ich leichter«, sagte ich und schaute mir diesen lächerlichen geschnitzten Elefanten an und die Fünfziger-Jahre-Provinzhöhle, aus der ich gerade mit Erstickungsanfällen ins Freie geflüchtet war. Die Straße war dunkel und menschenleer. Mein Gott, wo war ich hier gelandet?

Karen war jung und ganz bestimmt nicht reaktionär. Sie mochte Negerkinder – im Fernsehen. Sie hätte jeden Dritte-Welt-Laden schmeißen können und sicher auch ganz hervorragende Nicaragua-Abende organisiert. Ihre Ausländerfeindlichkeit war instinkthaft, irgendwie selbstverständlich, und sie hatte sich nie große Gedanken darüber gemacht. Alle ihre Freunde dachten so wie sie.

Sie lebte am Prenzlauer Berg zusammen mit ihrer Freundin Franka. Ein Zimmer, eine Matratze auf dem Boden. Hinterhof, dritter Stock. Die Fenster waren mit Leukoplast geklebt. Sie fand es gemütlich und sprach über die Dritte Welt und das Elend in diesen Ländern, und allmählich hatte ich den Verdacht, daß sie deshalb so drastisch und ausgiebig über die Verhältnisse dort sprach, damit sie selbst nicht spürte, wie beschissen sie dran war.

»Wie kannst du dauernd über palästinensische Flüchtlinge jammern, wenn du keine Ausländer magst?« fragte ich. »Das ist etwas anderes«, sagte sie.

Eine Kneipenkultur gab es nicht, und da ich keine Lust hatte, die Rausschmeißer vor der Disco im »Hotel Berlin« zu bestechen und mich für die »Sinus-Bar« im Palasthotel noch nicht alt genug und seelisch gefestigt fühlte, fiel für mich das Ostberliner Nachtleben aus. Die Sitten und Bräuche in diesen Winterwochen waren noch pur DDR. Noch war der Westen nicht eingesickert. Noch hielt sich das alles wie in einem Museum.
Wo vergnügte sich der DDR-Bürger? Da gab es das Ballhaus, das aussah wie eine Provinzturnhalle mit trüben Funzeln. Kellner in speckigen Schürzen servierten Bier, und der Sänger der Kapelle hatte ein Taschentuch über das Mikro geknotet und hauchte: »Schmidtchen Schleicher«. Dazu schoben sich häßliche schüchterne Mädchen und ältere Hausfrauen, die sich »zurechtgemacht« hatten, mit traurig aussehenden algerischen Studenten übers Parkett.
Am Briesdorfer Kreuz, in der HO-Gaststätte einer gigantischen Neubausiedlung, fand eine »Gala« statt. Menü mit Programm. Festlich hatten sich die Bewohner der Siedlung herausgeputzt. Nun saßen sie in einem großen Raum über Schweinebraten mit Preiselbeeren. Ich war mit meinem Freund Alfred unterwegs, einem Westberliner Maler, der ebenso gut wie erfolglos ist. Und wir hatten die Turnschuhe zu Hause gelassen und uns in Sakkos geschmissen, wir trugen Krawatten, wir hatten uns »angezogen«. Mit uns am Tisch saß ein Lehrerehepaar. Sie unterrichtete Staatsbürgerkunde, das ideologische Einpeitscherfach für den real sozialistischen Alltag, und er war Pädagoge an der Humboldt-Uni. Es ging ihnen beiden nicht gut – die Wende erschütterte zuallererst die einstigen Kaderschmieden. Sie waren ratlos. Nun wollten sie ein bißchen Spaß haben. Sie trug eine Brille und einen engen schwarzen Lederrock. Er trug eine Brille und hatte den obersten Hemdenknopf geöffnet. Sie erzählten in den vorsichtigen Wendephrasen gedienter Parteisoldaten über die »schwierige Vermittlungssituation« in der Schule, über den Autoritätsverlust der Lehrer, und ich entschloß mich, einen Artikel über »Staatsbürgerkunde« zu schreiben.
Als der Nachtisch vertilgt war, der aus Ananas-Halbgefrorenem mit Schlagsahne bestand, begann das Programm. Da war eine

Schlangenbeschwörerin, und da waren vier Mädchen, die im Stechschritt Dessous vorführten. Alles wurde in schummriges Rotlicht getaucht, als die zackige Stripteasetänzerin aufmarschierte. Sie sah nicht nur aus wie Karen, sondern sie hatte auch den gleichen Musikgeschmack. Sie schälte sich aus ihren goldenen Hot pants zu den Klängen von Phil Collins' Ghetto-Hit »Just another day in paradise«.

Phil Collins sang wieder mal davon, daß wir die Obdachlosen nicht vergessen sollten, und an den hinteren Tischen murrten einige Leute, daß man bei dem Schummerlicht gar nichts sehen könne. Nach diesem Abend weigerte sich Alfred wochenlang, mit mir auf irgendeine Ostveranstaltung zu gehen. Ich hatte eine Illusion bei ihm zerstört. Früher war er mal verliebt in den Osten gewesen, genauer: in Angelika Unterlauf von der »Aktuellen Kamera« und die Art, wie sie sagte: »Der Generalsekretär der SED und Vorsitzende des Staatsrats der DDR, Genosse . . .« Aber seit die Mauer weg war und mit ihr Angelika Unterlauf, hatte der Osten für ihn seinen Reiz eingebüßt. Die Show war für ihn gelaufen. Es war der erste Anfall von deutsch-deutschem Phantomschmerz – die Mauer wurde vermißt. Angelika Unterlauf sollte er trotzdem noch kennenlernen.

Einige Tage später fiel mir ein blaues Buch in die Hände mit dem Titel »Rekorde, Einmaligkeiten, Kuriositäten in der DDR«. Da ich die DDR bisher als eine einzige große Kuriosität erlebt hatte, schienen mir Steigerungen kaum vorstellbar. Ein Land, dessen Geheimdienst für topographische Stauchungen und Verzerrungen auf den offiziellen Straßenkarten sorgte, wohl, weil er der Meinung war, daß die feindliche Infanterie sich dann verlaufen würde, konnte eigentlich durch nichts mehr überraschen.

Das Buch wurde meine Bettlektüre – es war ein wundersamer Streifzug durch die deutsche Seele. Es überzeugte durch klare Gliederung. In der Abteilung »Gesundheitswesen« etwa stieß ich auf Stichwörter wie »Campingplätze, größte« oder, noch schöner, »Heilschlamm, einzigartiger«.

Unter dem Stichwort »Krankenhausneubau, erster großer« erfuhr ich, daß »in Bad Berka, Bezirk Erfurt, ab 1950 der erste Krankenhausneubau großen Stils« errichtet wurde, und unter

»Feuerzeuge, größte Sammlung«, daß der Jenaer Sammler Hasse Heydenreich über 400 Feuerzeuge zusammengetragen hat, »die alle funktionsfähig sind«. Ich las mich über »Dach, steilstes« zu »Flachkühlhaus, längstes« und »Haus, schmalstes« und staunte über »Salzsoleförderanlage, einzigartige Technik«, und ich begriff den verzweifelten Wunsch nach Normalität, der dieses Kuriositätenkabinett hatte zusammenstellen lassen.

»Bürger, größter« war 2,20 Meter und hieß Jörg Ehlert, und »Familie, umzugsfreudigste« hatte seit 1944 insgesamt 21mal den Wohnort gewechselt, »davon allein achtmal innerhalb Berlins«. Die Stichwörter »Fluchtversuche, meiste« und »Stasiakte, dickste« fehlten, dafür erfuhr ich unter »Vorname, ungewöhnlicher«, daß Frau Mißlitz aus Leipzig, die auch für ihren Nachnamen eine Nennung verdient hätte, »Änne Dicke Elfe One« hieß, was ihr im Westen erst mal nachgemacht werden mußte.

Das Buch enthielt ein Kompendium der Harmlosigkeiten, eine rührende Liste von Versuchen, Farbtupfer zu sammeln. Und es sprach sich so etwas wie gesamtdeutsche Seele aus, unverstellt und naiv. Etwa: »Elferratsbeschluß, originellster: Der Elferrat von Coswig beschloß, daß dem erstgeborenen Kind in der Zeit zwischen dem 10. und 12. Februar 1986 ein Sparbuch mit 11 × 11,11 M in die Wiege gelegt wird.« Wenn das nicht wider den tierischen Ernst war! Die Karnevalsvereine würden die Avantgarde der Vereinigung bilden.

Direkt gefolgt von den Skatspielern: »Skatspiel, ungewöhnliche Serie – Neun Null ouverts in Folge, von denen alle gewonnen wurden, spielten am 27. März 1957 in Heiligenstadt (Eichsfeld) Rolf Krieghoff, Jürgen Maaß und Klaus Schielke.«

Das Buch enthielt auch Fotos. Mein Lieblingsbild war auf Seite 122, in der Abteilung »Sitten und Bräuche«, und zeigte, zum Stichwort »Sauerkrautverkostung, öffentliche«, ein Ehepaar vor fünf großen Schüsseln mit Sauerkraut. Es handelte sich dabei um das durch eine unabhängige Jury ermittelte »Sauerkraut-Königspaar« von 1989. Beide lachen in die Schüsseln und halten Kostproben zwischen spitzen Fingern, und er hat einen Kinnbart, und sie trägt einen Nicki, auf dem ein grimmiges Katzenaugenpaar direkt über die Krautschüsseln ins Objektiv

schaut. Die Katze sieht aus, als ärgere sie sich über Eindringlinge. Über mich.
Bevor die DDR verschwindet, dachte ich mir, muß sie konserviert werden. Kein Mensch würde sonst in zehn Jahren glauben, daß es sie gegeben hat. Wie ein Verbrechen kam es mir vor, als ich hörte, daß im Historischen Museum die DDR-Abteilung geschlossen worden sei.

»VOM VOLKSKÖRPER ABGESPALTEN«

ÜBER DAS MUSEUM FÜR DEUTSCHE GESCHICHTE IN BERLIN-OST

Hoch oben über der Spree, in einem Mansardenbüro des alten Zeughauses, sitzt Dr. Kurt Wernicke und macht seinem Herzen Luft. »Diese lächerliche Tränennummer mit der Mauer – ein Witz. Als ob sich die Berliner Familien vorm Mauerbau dauernd besucht hätten!« Kurt Wernicke ist ein Gemütsmensch. Aber er läßt sich nicht für dumm verkaufen.
Neben den Tintenklecksen auf der geblümten Tapete hängen Wimpel vom Seglerclub Köpenick. Wernicke ist Vereinsvorsitzender, Skatspieler und seit 33 Jahren verheiratet – »absolut untypisch für die DDR«. Er ist ein Familientyp. Außerdem ist er »Stellvertreter des Generaldirektors« im Museum für Deutsche Geschichte.
Er starrt in den trüben Winterhimmel und schüttelt seinen grauen Krauskopf. Die neuen Zeiten! Jetzt hat man unten im Erdgeschoß den größten Teil seiner Ausstellung »Sozialistisches Vaterland DDR« dichtgemacht. Man hat ihm, von einem Tag auf den anderen, den Teppich unter den Füßen weggezogen. Vor drei Monaten noch, zur Jubelfeier der Staatsgründung, mußte man Journalisten, Schulklassen und Betriebsbelegschaften da

förmlich reinprügeln. Aber seit die Ausstellung geschlossen ist, hängen sie an den Schlüssellöchern.
Wernicke genießt das irritierende Interesse und revanchiert sich mit bitterem Witz. Seine Leistung wird zum zweiten Mal verkannt. Früher war seine Ausstellung eine kaum beachtete museale Pflichtveranstaltung. Jetzt plötzlich ist sie eine mit ideologischer Lüsternheit beäugte politische Sauerei.
Dabei ist sie ein Musterbeispiel didaktisch klarer Gliederung. In vier Etappen hatte Wernicke den Sieg des Sozialismus in der DDR geschildert. Geschichte, das weiß er als Historiker, ist ein Konzept. Auch der Sozialismus ist eines. Konzepte sind auch die Wunschvorstellungen alter Kämpfer, verdienter Parteibonzen und ihrer Ehefrauen. Wernickes Aufgabe bestand darin, all diese Konzepte zur Deckung zu bringen. Er löste sie mit Bravour und erhielt dafür 1974 den Orden »Banner der Arbeit«. Selten war einer härter verdient. Wernicke, der 1947 als 16jähriger aus Protest gegen das »korrumpierte« Elternhaus in die SED eintrat, kam in den fünfziger Jahren ans Museum, machte »viel Bauernkrieg und Reformation«, bis er sich in den sechziger Jahren »langsam der Gegenwart annäherte«. Denn er war nie »nur Historiker, sondern immer auch Zeitzeuge«.
Diese Doppelausbildung läßt ihn einen unbestechlichen Blick auf deutsche Geschichte werfen. Klar, daß die DDR souverän bleiben muß. »Vom deutschen Volkskörper haben sich doch immer wieder Teile abgespalten. Schauen Sie sich die Holländer oder die Schweizer an. Das ist ganz natürlich.« Auch die Fluchtwelle in den Vorwochen der Revolution kommentiert er aus der historischen Adlerperspektive. »Das ist ganz einfach die Gegenbewegung zur Ostmigration im Feudalismus. Seit dem Industriezeitalter gibt es die Westmigration.« Begrüßungsgeld und Shopping auf dem Ku'damm – Randerscheinungen einer stinknormalen Völkerwanderung.
Immerhin haben sie ihm den Prospekt gelassen, sagt er, als er mit uns, den Westbesuchern, in einem klapprigen Fahrstuhl hinabfährt in den Ausstellungstrakt. »Det war schließlich teuer, det Ding, vierfarbig, Hochglanz.« Bevor die Geschichte, die immer die Geschichte von Siegern ist, umgeschrieben und neu diktiert

wird, wird die alte, unterlegene weiterverkauft. »Alles andere wäre Verschwendung von Volkseigentum.«

Teil eins der Ausstellung ist unstrittig und daher dem breiten Publikum zugänglich. Er schildert die »antifaschistisch-demokratische Umwälzung« nach 1945. Erster Eindruck: Kurt Wernicke liebt die Schautafel. Er ist ein Virtuose der großformatigen Fotos und Texte. Er verabscheut den »Aktivismus moderner Museumspädagogen«, die mit Rauminstallationen und Musik arbeiten. »Wer spielen will, soll in die Spielhalle gehen«, knurrt er. Die wenigen Schaustücke sind um so sorgfältiger ausgewählt. Da ist die aus einem Stahlhelm geformte Schöpfkelle, da ist der Mantel aus Igelit, einem Kunststoff, der bei Minustemperaturen einfach brach – alles Dinge, nach »denen sich mancher im schlampigen Sozialstaat der achtziger Jahre wieder zurücksehnt«, und Wernicke wirft einen mißmutigen Blick auf ein paar Wohlstandsjugendliche, die im trüben Dämmerlicht der Halle die Vitrinen betatschen.

»Det is Erich«, sagt er und deutet auf ein Honecker-Foto, »bevor er die Tippse Margot kennengelernt hat.« In einem »Weiheraum« zur Staatsgründung ist das erste Arbeitszimmer von Wilhelm Pieck ausgestellt, und jedesmal bringt dieser Raum Wernickes Blut in Wallung. An der Wand hängen Schautafeln, die von der Urgesellschaft über die Bauernkriege im Zeitraffer revolutionäre DDR-Geschichte darstellen und schließlich in Piecks Arbeitszimmer münden sollen. »Der Grafiker war aber der Meinung, er müsse die Dinger in Leserichtung hängen. Und nun läuft die ganze Chose weg von Pieck.« Tatsächlich: Der Sozialismus beginnt mit Pieck und endet in der Steinzeithorde. »Nun ham wer den Quatsch.«

Vor uns die weißen Wände der »Geschlossenen«. Wie aus dem Boden geschossen steht Fräulein Irrgang bei uns. Fräulein Irrgang, die tatsächlich so heißt, ist seit Mai Museumsführerin. Sie lächelt still durch ihre Schmetterlingsbrille und klimpert mit dem Schlüssel. Wernicke schließt auf und sagt grimmig: »Nun haben Sie ja, was Sie wollen.«

Hier, in der »sozialistischen Etappe des Übergangs vom Kapitalismus zum Sozialismus«, trennen sich die Wege von Dr. Wernicke und seinen Besuchern aus dem Westen. Während diese die

Schauer-Schaustücke im historischen Museum in Ost-Berlin

ersten Vopo-Uniformen, Bajonettgewehre und die schwülstigen Treuebekenntnisse ihrer Träger studieren, erklärt Wernicke in ihrem Rücken, ein wenig hastig und verlegen, Details eines Modells der Hochofenanlage des VEB Eisenhüttenkombinats Ost. Und während er das Nähwirkverfahren Malimo erläutert, das »von der Mafia der volkseigenen Maschinenhersteller boykottiert wurde, obwohl es wesentlich rationeller war«, stehen die Westbesucher vor der Gruselvitrine des 17. Juni und schauen auf Totschläger und Messer und Flugblatt-Bomben, die einen »faschistischen Putschversuch« des Westens belegen sollen.

Und doch gehört beides auf anrührende Weise zusammen: Wernickes patriotische Kommentare zum kargen wirtschaftlichen Fortschritt der DDR und die optischen Schauerstücke der Propagandaarbeit. In all der schmalen Verbissenheit, das wird schlagartig deutlich, hatte der kleinere deutsche Staat nie auch nur den Hauch einer Chance, den Kalten Krieg zu gewinnen. Natürlich ist es idiotisch, diesen Ausstellungsteil zu schließen, denn die Propagandawirklichkeit gehört ebenso zur DDR-Geschichte wie die »Bild«-Zeitung zu den Aufbaujahren der Bundesrepublik. All das

soll nun in einem »gereinigten« Geschichtsbild fehlen?
Zügig schreitet Dr. Wernicke zu den letzten beiden Abschnitten voran, zum »umfassenden Aufbau des Sozialismus« und zur »Gestaltung der entwickelten sozialistischen Gesellschaft«. Keine aufgepflanzten Bajonette mehr – zum historischen Signet wird das »Sandmännchen« in seinem Plastikhubschrauber, das über Lizenzen auch den Weg in die Kinderstuben des westlichen Klassenfeindes fand. Friedlicher Konsumkrempel füllt die Vitrinen, die Trainingsanzüge von Gaby Seyfert und Wolfgang Nordwig stehen stramm, und das »Hand-Rühr- und Mixgerät RG 3« des VEB Elektrogerätewerks Suhl trägt »wesentlich zur Ausstattung der DDR-Haushalte mit elektrischen Haushaltsgeräten bei«. In einer Doppelvitrine liegen rechts ein paar Bücher von Anna Seghers und Hermann Kant und links, »viel wichtiger: das erste Farbfernsehgerät, noch ohne UHF-Konverter«.
Ganz offenbar langweilt sich Dr. Wernicke in diesem Ausstellungsteil. Erst vor der durchschossenen Panzerplatte eines DDR-Schnellbootes, das vor Haiphong lag, gerät er wieder in Fahrt. Minutiös beschreibt der passionierte Segler die navigatorischen Manöver – »Der Ami kam von dort« – und schildert das Schicksal der russischen und polnischen Beiboote, die ins Verderben fuhren, »weil sie keine deutsche Disziplin hatten«.
Am Ende unserer Zeitreise durchs »sozialistische Vaterland DDR«, die auch eine Reise durch Jugend und Mannesalter des Dr. Wernicke war, steht Fräulein Irrgang bereit, um den Schlüssel entgegenzunehmen. Mit deutscher Sorgfalt werden Kurt Wernickes Sicht auf die Welt und der größte Teil seines aktiven Lebens wieder verschlossen. Für immer – ein Konzept ist erledigt.
Auch Kurt Wernicke ist am Ende einer Reise angelangt. Er hatte immer wieder nervös auf die Uhr geschaut und zur Eile gedrängt. Er hat einen weiteren Termin – draußen wartet bereits ein Besucher. Ein jüngerer Mann mit Schnauzbart und freundlichem Lächeln, der dem »lieben Kurt« die Hand drückt. Der Mann wollte schon vor Jahren Wernickes Stuhl. Nun hat er es aller Voraussicht nach geschafft. Die Zeiten sind günstig für neue Karrieren.

DER MORGEN DANACH

Der Jahreswechsel brachte Krieg an allen Fronten, den privaten und den deutsch-deutschen. In die Fiebereuphorie der Stämme und Sippen in Ost und West hatte sich ein gereizter Unterton gemischt. Es war wie eine Familienfeier, die einen Tick zu lang gedauert hatte. Die Verliebtheit war abgeklungen. Im Westen wurden die ersten Trabis angekokelt. Die Demonstrationen in Ost-Berlin richteten sich eher gegen die West-CDU als gegen die Alt-SED und ihren Unterdrückungsapparat.

Für mich war Silvester eine Nacht der Katastrophen. Noch pendelte ich zwischen Berlin und Hamburg. Ich hatte meiner Hamburger Freundin zwar reinen Wein über Karen eingeschenkt, aber sie bestand darauf, mitzufahren nach Berlin, wo ich mit Freunden feiern wollte. Immerhin, meine Freunde waren auch ihre Freunde, und was Karen anging ... Schließlich waren wir beide weltoffen und erwachsen und modern. Am Nachmittag mischten wir uns unter die Schaulustigen am Brandenburger Tor, das kurz vorher unter großem Pomp geöffnet worden war, endlich, denn CBS und ABC warteten seit Wochen, und wir knipsten unsere Erinnerungsfotos wie alle anderen Touristen und halfen Vietnamesen, die keine ordentlichen deutschen Reisepässe besaßen, über die Mauer neben den offiziellen Übergängen zu klettern.

Als Karen abends auf der Party im Westen auftauchte, sank die Temperatur unter Null. Hamburg vereiste. Gundolf und Elke und Sven und alle, die ich bis dahin für meine Freunde gehalten hatte, solidarisierten sich mit Hamburg. Gegen mich und Ost-Berlin. Als ich beim Bleigießen über die deutsch-deutsche Verständigung, über Brandts »Was zusammengehört, soll zusammenwachsen« philosophierte, tropften meine Worte unerwidert zu Boden. Ich goß ein Gebilde, das mich an eine Dornenkrone erinnerte.

Schließlich fuhren wir im Konvoi in den Ostteil der Stadt. Im Kontrollhäuschen an der Grenze saß ein Vopo. Er trug eine Pappnase. Statt unserer Pässe verlangte er Sekt, und er sah schon ziemlich elend aus und hielt sich für ausgesprochen komisch. Immerhin brachte er den gespenstischen Mauerwitz auf den Punkt. Früher war hier scharf geschossen worden – nun war ja alles nicht so ernst gemeint.

In einem düsteren Ostberliner Jugendclub wollte »Tempo« die deutsche Nacht durchtanzen lassen. Wolfgang Wilke, der Organisator, sah gerädert aus. Seine ostdeutschen Partner hatten ihn über den Tisch gezogen, die Helfer versuchten, zusätzlich ein paar hundert Mark abzuzocken, die Kellner, eine Sachsengang aus Radebeul, unterschlugen Gelder, und der Ostberliner Diskjockey liebte Siebziger-Jahre-Krach und helles Saallicht. Die ganze Veranstaltung war ein gehässiger, bösartiger Kampf zwischen Ost- und Westjugend.

Irgendwo stand Jakob Hein herum. Ich hatte den Sohn des Schriftstellers ein paar Tage zuvor in einer Schule kennengelernt, im Zusammenhang mit meiner Reportage über den Staatsbürgerkundeunterricht, zu der ich mich nach der Unterhaltung mit dem Lehrerpaar entschlossen hatte, das ich auf der Striptease-Gala in der Briesdorfer Gaststätte kennengelernt hatte.

Da Hamburg mittlerweile zu Schreikrämpfen übergegangen war (heute ist sie glücklich verheiratet!) und Karen meine Freunde ohnehin versnobt fand, womit sie an diesem Abend eindeutig recht hatte, überließ ich sie Jakobs Obhut. Ich war gespalten. Karen sah reizend aus, doch ich hatte an diesem Abend keine Lust, mich über Negerkinder zu unterhalten. Im übrigen hatte ich Hamburg gegenüber Gewissensbisse. So wünschte ich Karen ein wunderschönes neues Jahr und zog mit der vergnügungssüchtigen, verrohten Westclique um ins Palasthotel. Dort rollte sich die SED-Bourgeoisie mit westdeutschen Touristen lambadamäßig auf dem Fußboden, und meine sogenannten Freunde ließen mich bluten – sie tranken auf meine Kosten »Veuve Clicquot« und beleidigten mich.

Schließlich zog es uns hinaus, unter den Himmel von Berlin, wo ein erbitterter Leuchtraketen-Stellungskrieg tobte. »Unter den Linden« war ein einziger Scherbenhaufen. Ambulanzen preschten durch die enthemmte Masse, um Schwerverletzte zu bergen, die auf ein Gerüst geklettert und abgestürzt waren. Ein Jugendlicher mit langen Haaren torkelte auf unser Auto zu. Er klatschte mit der Hand auf die Windschutzscheibe, zerbog die Antenne zu einer Acht und lallte »Frohes neues Jahr«, was ungefähr so klang wie: »Zieht ab, ihr Scheißer.«

Es war eine Nacht, in der jeder jedem um den Hals fiel – um ihm die Kehle zuzudrücken. Im Morgengrauen fuhren wir zurück nach Kreuzberg. Dort lieferten sich die Autonomen wilde Schlachten mit gepanzerten Polizeiwagen. Die Straßen brannten. Bürgerkrieg auf allen Seiten. Prost Neujahr.

Die Basis hatte getanzt, und der Überbau reagierte verkatert. Frühstück gab es auch nach dieser Nacht der Nächte im Palasthotel »wie immer, und wegen Ihnen ändern wir das ganz bestimmt nicht« nur bis zehn Uhr, und so stocherten wir verschlafen und verkatert um elf im Hotelrestaurant in gekochtem Fisch herum. Ich genoß den Ehekrach eines Hamburger Ehepaars am Nebentisch. Na bitte, dachte ich mir, die deutsche Einheit bietet doch ein prächtiges Schauspiel.

Überbau und Basis: Während ich an der Heinrich-Hertz-Oberschule in Lehrbüchern blätterte, die die Überlegenheit des sozialistischen Ideen-Systems in leicht verständlichen Kernsätzen vorführten, recherchierte die »Spiegel«-Kollegin Christiane Kohl den buchstäblich vergifteten Unterbau, den chemisch durchseuchten Boden, und schilderte in einem Schreckensreport den ökologischen Kollaps der DDR.

Keine DDR-Geschichte hat mich mehr berührt, keine hat so grundlegend aufgeräumt mit meiner vagen Sozialismus-Schwärmerei, deren Faszination doch in dem utopischen Entwurf bestand, mit dem die Gesellschaft, anders als im Kapitalismus, über sich selbst hinausweisen konnte. Die Zukunft war die wesentlichste Ressource des Sozialismus – doch hier war die Zukunft endgültig und zynisch verrammelt und vernagelt, war ein Müllberg angehäuft worden, der alle künftigen Generationen ersticken würde.

Basis und Überbau: Die Revolution stolperte in die Kaufhäuser, was ich ihr am allerletzten verübelte, die Intellektuellen an ihren Runden Tischen dagegen träumten immer noch von einem verbesserten Sozialismus. Gregor Gysi hatte die Alt-SED in eine Art reformierte Kirche umformuliert, die Armut und Nächstenliebe und ewige Werte predigte und sich PDS nannte.

Wenn mir auch der unangenehme Rückkoppelungseffekt des DDR-Zusammenbruchs zuwider war – jeder Golf-Fahrer fühlte sich jetzt als Sieger –, so ging mir doch der Wechsel der alten Ideologen von der Defensive in die Offensive zu schnell und zu glatt. Ohne jede Schamfrist hatten sich die Kirchenväter von einst in Büßerkutten geworfen und, statt wirklich zu lernen, weitergepredigt. In der Folgezeit stellte sich heraus, daß sie während ihrer Predigten damit beschäftigt waren, ihre Milliardenvermögen zu verschieben.

Dennoch waren diese Weltverbesserungsphrasen bis dahin ein Kitt gewesen, der die Gesellschaft zusammengehalten hatte. Nun bröckelte er. Noch aber wollten die Kitt-Produzenten das nicht wahrhaben. Noch im November-Erdbeben, vier Tage vor dem Fall der Mauer, hatte die Redaktion der Lehrerhefte »GS« an die Staatsbürgerkundelehrer geschrieben: »Wir sind alle Betroffene und Beteiligte tiefgreifender und schmerzlicher Geschehnisse.« Doch diese Zeilen wurden nur geschrieben, um letzte Reserven an die ideologische Front zu werfen: »In Umbruchzeiten sind klare ideologische Orientierungen, die den Erfordernissen der Zeit entsprechen, von besonderer Bedeutung.«

In dieser Sehnsucht nach einem Sinn, der die Welt im Innersten zusammenhält – denn der alte, endliche, ideologische Himmel hatte Nestwärme versprochen –, lag auch der Grund für die verschwiegene Solidarität zwischen Schülern und Lehrern, die ich an der Heinrich-Hertz-Oberschule kennengelernt hatte. Die Schüler hatten Macht, doch sie nutzten sie nicht. Keiner von denen flippte aus. Sie hatten ebenso große Angst vor der Anarchie wie die Lehrer. In den großen Pausen wurde weiterhin versteckt hinter der Turnhalle geraucht, damit es die Lehrer nicht sehen konnten.

Ein Leser meldete gegen meinen Schulen-Artikel Bedenken an: Er drohte, mich aufzuhängen. Er vergaß allerdings, seinen Namen anzugeben.

»OSTEN ERGLÜHT, CHINA IST JUNG«

ÜBER DIE HEINRICH-HERTZ-OBERSCHULE IN OST-BERLIN

»Wir wollen keine taktierenden, angepaßten Schüler mehr produzieren«, sagt die adrett blondierte Frau Niebergall und schaut entschlossen über ihre Akten hinweg – in eine heroische Zukunft, in der es keine Duckmäuser mehr geben wird, sondern, wieder mal, den ganz neuen Menschen. »Wir als Pädagogen müssen jetzt in die Offensive gehen.«

Frau Niebergall ist als Kreispädagogin verantwortlich für 29 allgemeinbildende Oberschulen und vier Spezialschulen. Sie hat im alten System Karriere gemacht. Ob sie in der SED ist? »Nein«, sagt sie hastig. War es denn tatsächlich möglich, ohne Parteizugehörigkeit so weit zu kommen? »Solche Fälle gab es durchaus.« Pause. Ob sie früher mal in der SED war? »Ja«, sagt sie leise, während ihr die Röte ins Gesicht steigt. Wann sie ausgetreten ist? »Vor drei Wochen.« In ihrer Stimme sind Tränen.

Die Unterhaltung stockt. Es ist ein Scheißspiel, und beide Gesprächspartner fühlen sich elend: der Journalist aus dem Westen, der unabsichtlich diese Wahrheitsfalle aufgebaut hat, und die sympathische Frau Niebergall, die hineingestolpert ist. Und beide wissen, daß es den neuen Menschen nie geben wird, sondern immer nur den alten, der versucht, so anständig wie möglich über die Runden zu kommen. Und im Moment haben es die im Westen wohl einfacher. Viele Lehrer, sagt Frau Niebergall, würden derzeit »lieber die Korridore fegen«, als vor ihre Klassen zu treten. Problemfächer sind vor allem Geschichte und Staatsbürgerkunde. Was sollen die Lehrer ihren Schülern sagen? Daß alles bisher Quatsch war? Was ist mit den Zensuren? Und worauf können sie sich im Unterricht stützen, solange es keine neuen Lehrbücher gibt?

Noch im letzten Jahr, auf dem IX. Pädagogischen Kongreß, waren die Weichen für die neunziger Jahre gestellt worden. Da hatte Volksbildungsministerin Margot Honecker ein bemerkenswert stalinistisches Grundsatzreferat gehalten, in jener gedankenarmen Phraseologie aus Kitsch und Säbelrasseln, die alle Pädagogenhoffnungen auf Wandlung und Perestroika in den Lehrplänen zunichte gemacht hatte. Es gelte, so Honeckers eiserne Lady, »das Banner der Errungenschaften des Sozialismus auf deutschem Boden über die Schwelle des neuen Jahrtausends zu tragen«. Alle Forderungen nach dem von Gorbatschow angestrebten »pluralistischen, humanen und modernen Sozialismus« nannte sie »demagogisches Geschwätz«.

Jahrelang hatten Frau Niebergall und ihre Kollegen die Anweisungen dieser Fachministerin ohne eigene Ausbildung mit durchgesetzt. Etwa die unsinnige Verkürzung der Abiturstufe auf zwei Jahre, um die ideologische Grundausbildung zu erweitern. Heute ist Frau Niebergall froh, daß »die Fehlentscheidung dieser inkompetenten, maßlos arroganten Person« rückgängig gemacht wird.

Nun gibt es einen neuen Bildungsminister – aber immer noch keine neuen Pädagogen. Also müssen die alten umlernen, bevor in den Schulen das Chaos ausbricht. Den schulfreien Samstag haben sich die Schüler bereits auf der Straße erstritten. »Aber es gibt Lehrer, die begriffen haben, worum es geht«, sagt sie zum Abschied. »Begleiten Sie Herrn Hiesgen, das ist einer unserer Besten.«

Daß die Heinrich-Hertz-Oberschule (HHO) an der protzigen Frankfurter Allee mehr als nur irgendeine Penne ist, beweist nicht nur die Adresse, sondern auch die große Tafel in der dämmrigen Eingangshalle. In Schönschrift sind hier die Sieger der nationalen und internationalen Mathematik-Olympiaden notiert, und die HHOler haben in den achtziger Jahren so ziemlich alles an Medaillen abgeräumt, was zu gewinnen war. Nur die streng ausgesiebten Besten lernen hier. Daß die HHO derzeit eine DDR-Schule wie jede andere ist, beweist die Wandzeitung. Hier werden, mehr oder weniger anonym, mißliebige Lehrer zur Sau gemacht.

Hilmar Hiesgen bahnt sich seinen Weg durch das Pausengetrampel in den Korridoren. Mathematiker müßte man sein. Die Quadratwurzel aus vier ist zwei – das stimmte vor der Revolu-

Staatsbürgerkunde in der Heinrich-Hertz-Oberschule

tion und hinterher immer noch. Hiesgen dagegen unterrichtet Staatsbürgerkunde. Einige Schüler feixen, als er an ihnen vorbeischlendert, einer ruft: »Ey, Hiesgen, wo haste denn dein Parteiabzeichen?« Hiesgen lächelt kalt. »Das ist ganz normal«, sagt er. Die Elite von morgen? Eine ganze Menge kleiner Klugscheißer.
Auch Hilmar Hiesgen hat Karriere gemacht. Er ist Fachberater. Das heißt, er erteilt nicht nur Unterricht, sondern er zensiert auch den anderer Kollegen und fertigt Gutachten für die Schulleitung über sie an. Er sieht auf altmodische Art gut aus: Mitte 40, gepflegter Schnurrbart, Brille, Sportsakko. Er lächelt viel.
Außerdem ist Hilmar Hiesgen ein Überlebender, der letzte seines Faches – seine Kollegin hat kürzlich das Handtuch geschmissen. Und Frau Karsch, die Geschichte unterrichtet, wurde gerade abserviert. Die Schüler hatten die »Entkarschung« der HHO gefordert. »Die Karsch hat sich einfach zu spät umgestellt«, sagt Hiesgen. Er dagegen war schon bei der Demonstration vom 4. November dabei.
Vor dem Klassenzimmer 107 holt er tief Luft. Früher mußten die Schüler strammstehen; einer erstattete Meldung über Krank-

heitsfälle. Hiesgen hat, wie er sagt, »abgerüstet«. Nun murmelt er »Guten Morgen«, und die Schüler nehmen gemächlich ihre Plätze ein. Sein Blick wandert zum Weihnachtsbaum, den die Pennäler mit mathematischen Symbolen und Lametta aus 20stelligen Primzahlen geschmückt haben. An der Wand ein Zettel mit Zeitungsausschnitten über Rücktritte von SED-Funktionären. Einer hat mit rotem Filzstift drübergeschrieben: »Womit verdient ihr jetzt euer Geld?«

Eigentlich müßte er heute »Basis und Überbau« machen. Abiturstoff. Hiesgen geht zur Tafel. Die Schüler verstummen. Hiesgen nimmt die Kreide und schreibt: »Wer macht Geschichte?« Er wendet sich um. Vor ihm auf dem Tisch liegen zwei Stapel mit abgestoßenen braunen Büchern, auf denen »Staatsbürgerkunde« steht. Zwei Stapel, in denen diese und jede andere Frage beantwortet sind. Zwei Stapel wie Felsen philosophischer Sicherheit. Auf knapp 500 Seiten enthalten die Bücher angestaubte Theorierationen auf dem Marsch durch eine unübersichtliche Moderne. Sie schützen vor Überraschungen. In ihnen lernt der Schüler, daß der Sozialismus historisch gesiegt hat, daß alle Philosophie bis Marx dürftig und daß abstrakte Kunst klassenfeindlich ist.

»Noch niemals im Leben der Menschen«, beginnt das Lehrbuch, »war es so wichtig und so notwendig, eine wissenschaftlich begründete Weltanschauung zu besitzen, wie in der Gegenwart.« Wir lassen keinen allein, verspricht das Lehrbuch, wir haben den Schlüssel für alle Probleme, wir haben »die zuverlässige weltanschauliche Orientierung durch den Marxismus-Leninismus«.

Jetzt sind die beiden Stapel Altpapier. Hiesgen improvisiert. Er setzt neu an. »Worin liegen die Probleme des Sozialismus?« fragt er ins Klassenzimmer. Er schaut auf den Zeitstreifen mit Revolutionsdaten an der Rückwand, der bei 1935 abbricht, weil ein Materialschrank davor steht. »Hatten wir nicht die richtigen Führer, die Geschichte machen? Oder ist der Sozialismus vielleicht gar nicht möglich? Daniel, eröffnen Sie den Reigen.« Was folgt, läßt sich nur in Paradoxien beschreiben: eine Art kontrollierter freier Fall; ein zielgerichtetes Stochern im Nebel; ein entschlossener Marsch durch die Luft.

Daniel rechnet mit dem historischen Materialismus ab, der

fälschlicherweise das Ende des Kapitalismus prophezeit habe. Mattes sagt, es sei, anders als in Rußland 1917, in der DDR nicht gelungen, den neuen Menschen zu schaffen, daher sei die Niederlage des Systems unvermeidlich gewesen. Jakob bezweifelt, daß ein Übergang vom Stalinismus zum Sozialismus, den die SED jetzt im Auge habe, überhaupt möglich sei. »Vielleicht brauchen wir zunächst den Kapitalismus mit menschlichem Antlitz.« Sascha pflichtet bei: »Wir brauchen die Marktwirtschaft. Allerdings dürfen wir unsere Ideale nicht über Bord schmeißen – das Geld darf nicht zum Maß aller Dinge werden.« – »Aber das ist es doch bei uns schon«, sagt einer halblaut.

Das alles läuft so ruhig und quasi sachlich ab, als gehe es um die Planerfüllung auf dem Produktionssektor »Pluralismus«. Demokratie nach Vorschrift. Keiner erregt sich, keiner ist ratlos. Und im Laufe der Diskussion werden Hiesgen und seine Schüler, die ihn nicht mal besonders mögen, zu Komplizen. Sie veranstalten die Diskussion als Ritual – als ob sie Angst vor der Leere hätten, vor einer Stille, die nicht zu füllen ist. Vor einem Nichts ohne Überzeugungen, ohne Ideale, ohne Fortschrittsglauben.

Nur Jakob verletzt den unausgesprochenen Nichtangriffspakt zwischen Schülern und Lehrern: »Den Sozialismus hat nicht nur Honecker diskreditiert, sondern jeder, der die Parteilinie vertreten hat. Auch Sie!« Hiesgen lächelt nervös. Jakobs Vater ist der Schriftsteller Christoph Hein, der dem Untersuchungsausschuß zu den Polizeiübergriffen am 7. Oktober angehört. »Gut«, sagt er, »Daniel, Sie hatten sich gemeldet.«

Irgendwann wird das braune Buch doch noch aufgeklappt. Alle lesen still eine Plechanow-Abhandlung über »die Rolle der Persönlichkeit in der Geschichte«.

Wer macht Geschichte? Hiesgen schreibt die Alternative an die Tafel: »Arbeiterklasse oder historische Persönlichkeit«. Dann streicht er das »oder« durch und ersetzt es durch ein »und«. Alle lesen den Satz laut und gemeinsam. Das Unterrichtsziel ist erreicht. Und die Schüler, die sich wie Jakob Hein schon vor einem Jahr auf Demonstrationen verprügeln ließen und »Geschichte gemacht« haben, lärmen in die Pause.

»Das war die schwierigste Klasse«, sagt Hiesgen, und es ist klar, daß er Jakob Hein damit meint. Für die nächste, eine zehnte, bereitet er einen größeren Tafelschrieb über Planwirtschaft vor. »Dieses System ist ein Witz«, sagt der Schüler Gerrit eine Viertelstunde später. »Das war unsere Realität«, entgegnet Hiesgen, als spräche er über das ferne Mittelalter. »Warum hat man denn 40 Jahre lang daran festgehalten, obwohl es nicht funktionierte?« – »Das war wie mit des Kaisers neuen Kleidern«, sagt Hiesgen, »erst als einer gerufen hat, daß der Kaiser nackt ist, haben alle anderen auch durchgeblickt.« Im Märchen, das sagt Hiesgen nicht, war es ein querdenkendes, unangepaßtes *Kind,* das die Wahrheit herausgerufen hat.

Es waren Schüler, die früher als die Hiesgens den Mund aufmachten und dafür mit Psychoterror und, wie an der Ossietzky-Oberschule, mit Rausschmiß diszipliniert wurden.

Allerdings waren es auch Schüler, die in Versammlungen der »Freien Deutschen Jugend« (FDJ) diese Strafaktionen befürworteten – noch heute hält Antje den »Rausschmiß dieser Typen prinzipiell für gerechtfertigt«. Gerade eben hat sie sich am Schwarzen Brett kriecherisch dafür »entschuldigt«, bestimmte lehrerkritische Briefe nicht von der Wandzeitung entfernt zu haben. Und sie nickt eifrig, als Hiesgen »noch einmal darauf hinweisen möchte, daß ich nie irgendeinen Schüler wegen abweichender Meinung schlecht benotet habe«.

Auch die letzte Stunde an diesem Schultag übersteht Hiesgen ohne größere Blessuren. Er moderiert und hält sich zurück. Er argumentiert geschmeidig, liberal, federt Widersprüche ab. Er ist der Phänotyp der Übergangsgesellschaft, offen und reaktionsschnell. Einer, der mühelos jedes Produkt verkauft. Leute wie er werden in der DDR von morgen gebraucht, das weiß er. Natürlich hat auch er pädagogische Ideale. Beim Verlassen der Schule zitiert er Goethes Prometheus: »Hier sitz' ich, forme Menschen nach meinem Bilde . . .«

Was Hiesgen seinen Schülern an diesem Vormittag in erster Linie vermittelt hat, ist die Geschicklichkeit des dogmenfreien Opportunisten, jenes Talent zur Anpassung, das in der kapitalistischen Leistungsgesellschaft schon längst zu den kulturellen Überlebenstechniken gehört.

»Der ist so glatt, dem kommste nicht bei«, sagt Jakob Hein, der mit Klassenkameraden auf dem Schulhof hinter der Turnhalle steht. Selbstgedrehte Zigaretten machen die Runde – den Winkel hier kann man vom Lehrerzimmer aus nicht sehen.
»Der Hiesgen ist so unoriginell, der hat noch nicht mal einen Spitznamen«, sagt einer. Anders als »Magnum«, der Sportlehrer, Schwarm aller Mädchen. Oder Hesse, der beim Fußball immer »abgeben, abgeben« japst und am liebsten »von Selbstmordarten erzählt, wo einem noch einer abgeht«. Als der Hesse »Einführung in die sozialistische Produktion« unterrichten mußte, sagte er: »Also, wir sind uns ja alle einig, daß die Kombinate gut sind ... aber jetzt kommen wir zu den Computern!« Und dann haben sie das ganze Jahr mit Computern gelernt und gespielt.
»Der Hiesgen ist immer irgendwie durchgekommen«, sagt Mattes und zieht an seiner Zigarette. Ein anderer vermutet: »Der hat Kohle, hat Verwandte irgendwo im Westen. Hat 'n Grundstück, Häuschen mit Garten, draußen in Schildow.« Aber es geht jetzt um wichtigere Sachen. Gleich soll im »Jugendclub« im Schulkeller über den FDJ-Verband an der HHO entschieden werden. Thema: Neuorientierung oder Auflösung.
Der Club ist gerammelt voll. Die Schüler haben ihn selbst ausgemalt, mit einem satirischen Wandbild nach Art chinesischer Agitkunst. Es zeigt uniforme, geleckte Jugendliche auf dem Weg zur HHO, über der ein blutrotes Herz aufsteigt, während in einer tristen Seitenstraße Punks herumlümmeln – der Abschaum, der auf der HHO nicht geduldet wird. Unter dem Wandbild sitzt Lehrer Henke, Chemie. »Ein Hardliner, Alt-Stalinist«, murmelt einer.
Die Versammlung löst sich nach zwei Stunden auf. Eine Minderheit will sofort aus der FDJ austreten. Die Mehrheit plädiert für eine listigere Variante. »Wir müssen erst wissen, was mit unseren Mitgliedsbeiträgen passiert ist.« Bei einer nationalen Urabstimmung will man dann für Auflösung votieren – die FDJ von innen knacken.
»Viele von denen«, sagt Jakob Hein auf dem Heimweg, »sind im Grunde unpolitisch. Die haben die sozialistische Theorie durch ihre mathematischen Hirne rasseln lassen, haben errechnet, daß

da Quatsch rauskommt, und sind auf Tauchstation gegangen.« Jakob sieht aus wie eins der ausgesperrten Kids auf dem Wandbild im Schulkeller. Er trägt Westberliner Anarcho-Mode: Nickelbrille, Halstuch, Pullover, Jeans, Lederjacke. Um seinen Hals klemmt ein Kopfhörer, den er auch im Unterricht nur selten ablegt. »Man muß doch auf dem laufenden bleiben«, grinst er. Unterm Arm trägt er einen Stapel Flugblätter, die zur Demonstration am Abend aufrufen.

Daß er es trotz seines bekannten, regimekritischen Vaters auf die Eliteschule geschafft hatte, hält er nicht für außergewöhnlich – der in wirtschaftliche Bedrängnis geratene, real existierende Bonzensozialismus räumte Nischen ein. Und diese Nischen nutzte er schon vor der Revolution. »Meine politische Einstellung war denen an der Schule ziemlich egal, solange die Leistung stimmte. Die wollen hier Spitzenleute. Die Ideologie war immer Nebensache.« Nicht ganz: Letztes Jahr wurde er von zwei Stasileuten wegen seiner guten Kontakte zu Dissidentenkreisen besucht. Das Gespräch fand im Zimmer des Direktors statt. »Die wollten, daß ich mich mal so umhöre«, sagt er. »Da habe ich gesagt, daß ich nur Radio höre – die sind ziemlich frustriert abgezogen.«

Seinen Vater bekommt er in letzter Zeit selten zu Gesicht. In der Vierzimmerwohnung in dem düsteren Mietshaus in Berlin-Weißensee gehört ihm das letzte auf dem Flur, absolutes Sperrgebiet für die Eltern. Es sieht entsprechend aus – ein behaglich verwahrlostes Trümmerfeld aus Büchern, Katzenfutter und Kassetten unter einer selbstgebastelten Lampe. An der Wand ein Christusbild, das in Planquadrate zerlegt ist. »Das Herz Jesu ist auf E5«, sagt er lässig. Dann setzt er sich ans Klavier.

Zusammen mit dem Sohn von Heiner Müller und zwei weiteren Freunden hat er eine Rockband gegründet. Sie heißt »Deep Stahl«. Er klimpert Auszüge aus der Rockoper, die er kürzlich komponiert hat. Er singt den Part des »Vaters« vor: »Hans, Hans, Hans, ich übte Toleranz.« Er biegt sich vor Lachen. »Ich hab' dir Spiegeleier gebraten, hast du das vergessen / du kamst mit deiner Freundin, und ich hab' die ganze Nacht in der Küche gesessen.« Er schmachtet eine Parodie von Richard Clayderman und genießt den Quatsch, den er spielt, in vollen Zügen.

Unvermittelt knallt er den Deckel zu, dreht sich auf seinem Stuhl und sagt: »Der Hiesgen ist kein Feind. Er ist nur ein armes Würstchen. Und Hiesgens gibt es auch bei euch.« Seiner Meinung nach geht es schon längst nicht mehr um Links oder Rechts, sondern darum, ob man lebt oder ob man es nicht tut. Die Hiesgens tun es nicht.

Jugendliche wie Jakob Hein sind ein Erziehungsproblem in jedem System – weil sie sich spöttisch weigern, in irgendeine Schublade zu steigen. Vor seinem Bett liegt ein aufgeschlagenes Buch: »Die Entdeckung des Unbewußten« von Henry F. Ellenberger. Obwohl er glänzende Zensuren in Mathematik hat, will er später Psychiatrie studieren.

»Laß uns losgehen«, sagt er, »sonst kommen wir zu spät.« Er verabschiedet sich mit einem Kuß von seinem Vater. Er liebt den Alten, obwohl der, gerade was Musik angeht, unglaublich rückständig ist. »Ich muß jetzt los, die Massen aufwiegeln.« – »Nicht schon wieder«, stöhnt Christoph Hein.

Auf dem Alexanderplatz findet Jakob schnell den Autonomenpulk und den harten Kern der Spaßguerilla aus seiner Schule. Und dann zieht der Zug los, die Karl-Liebknecht-Straße hinunter, und mehrere tausend Leute brüllen rhythmisch »Kei-ne Ver-Koh-lung« und »Nazis raus, Nazis raus«. Sie demonstrieren gegen die Wiedervereinigung und gegen Helmut Kohl, der am gleichen Abend in Dresden umjubelt wird.

»Früher war's spannender«, sagt Jakob, »als noch alles verboten war. Da war jede Party wirklich ein Ereignis.« Jetzt machen alle mit. Weiter vorn treibe sich hier auch der Hiesgen rum, in den Sprechchören mit den aufrechten Parolen gegen den Kapitalismus und alle Bösen aus dem Westen.

Ein paar seiner Freunde haben sich sinnlose Buchstabenreihen auf ihre Jacken gepinselt. Und dann ruft Jakob Hein seine Losung, die völlig danebenliegt und absolut ins Schwarze trifft, weil sie quer zu jedem Lehrplan liegt und fern aller politischen Logik ist, und der Pulk brüllt begeistert mit: »Osten erglüht, China ist jung / Rote Sonne grüßt Mao Tse-tung.«

DAS RUNDE BETT

Jeden Morgen findet in der »Spiegel«-Chefredaktion die sogenannte Lage statt. Dort werden, in der Runde der Chefredakteure und Ressortchefs, die Meldungen des Tages vorgetragen. Jeder der Redakteure ist mal dran.
In diesen Januartagen fand das Vorsingen in ausgesprochen entspannter Stimmung statt. Im Rücken der Redakteure hing eine Grafik mit den Titelblättern der vergangenen Wochen. Kleine farbige Rechtecke, die um einen schwarzen Strich herumtanzten. Der Strich bedeutete: eine Million Auflage. Und die kleinen farbigen Rechtecke wuchsen in den anmutigsten Treppchen über diesen Strich hinaus. Am höchsten waren die Treppchen immer dann, wenn ein Deutschlandthema auf dem Titel war. Das war in diesen Wochen fast pausenlos der Fall. Die Grafik gab den Redakteuren in der Morgenlage das angenehme Gefühl, in einer ziemlich vollen Kirche zu predigen.
Anfang des Jahres hatten sich die Achsen in der deutsch-deutschen Diskussion verschoben. Nun ging es nicht mehr darum, eine Diktatur zu stürzen – die war längst zusammengebrochen wie ein Kartenhaus. Nun stürzten die beiden Deutschlands im freien Fall aufeinander zu. Mir ging das historische Gespür dafür völlig ab, aber ich verstand, daß die Generation meiner Eltern, die die Teilung als provisorische Trennung erlebt hatte, die Einheit herbeisehnte. Für sie waren Leipzig und Dresden, Halle und Erfurt keine böhmischen Dörfer, sondern sächsische, und sie wußten genau, wo Mecklenburg lag und wie schön Pommern war.
Der »Stern« war nur zögernd auf das Deutschlandthema angesprungen. Die »Stern«-Reporterkarawane mußte erst einmal den schwarz-rot-goldenen Schock verdauen, und Chefredakteur Michael Jürgs kommentierte den Einheitstaumel eher zögerlich: »Der Traum der deutschen Einheit kommt in meinen Träumen der neunziger Jahre nicht vor.« Diese Bedenklichkeit war Gift für eine Massenillustrierte wie den »Stern«, dessen Stärke der Gefühlsjournalismus ist – mit einigen Heften wurde er am

Kiosk sogar vom spröderen Konkurrenten »Spiegel« überholt. Die »Stern«-Verlagsleitung zog Konsequenzen – Ende Januar wurde Michael Jürgs gefeuert.
Die ganze Welt schaute auf Ost-Berlin, so daß ich beschloß, gleich dortzubleiben. Während die Kollegen vom »Stern« im vornehmen Grand Hotel residierten, erlaubte die »Spiegel«-Verlagsleitung ihren Redakteuren nur das Palasthotel.
Das hatte nicht nur mit der, sagen wir, Sparsamkeit der Verlagsleitung und der immer wieder verblüffenden sprichwörtlichen Bescheidenheit von »Spiegel«-Redakteuren zu tun, sondern es war auch eine taktisch ganz gescheite Entscheidung. Zunächst mal wäre es komisch gewesen, Bürgerrechtler zum Interview durch knöcheltiefe Teppiche waten zu lassen. Zum zweiten war im Palasthotel einfach mehr los.
In der Ostberliner Psychotopographie war das Grand Hotel mit seinen Farnen und Marmortischchen ein Sanatorium für millionenschwere Senioren. Und das Palasthotel der Hauptbahnhof. Die Lobby war die Bahnsteigkante: Geschäftsleute, Schieber, Fernsehstars, japanische Reisegruppen trafen hier zusammen, laut, wimmelig und anonym. In den braunledernen Sitzgruppen neben den Automatiktüren saßen Lippi und Schily und Pipsi und Pupsi, und über die weit geschwungenen Treppen vom Alex her schoben sich die Mannesmann-Manager, um mit Geschäftspartnern in der Kaminbar zu verschwinden.
Hier traf ich Minetti wieder, an der Seite einer attraktiven Blondine, und als er den ersten Schock verdaut hatte, sagte er: »Schön, Sie zu sehen, aber ein bißchen gelogen haben Sie ja schon.« Ich klotzte mit einem Revanchefoul zurück: »Grüßen Sie Ihre Frau recht herzlich von mir« und lächelte seine reizende Begleitung an. Vor der nußbaumdunklen Rezeption stand Christoph Hein herum. Er hatte sich verkleidet. Ich hatte ihn in seiner Wohnung besucht und als Sakkoträger mit Krawatte in Erinnerung. Nun trug er den sympathisch-verarmten Ostintellektuellen-Look mit Anorak, Hochwasserhose und abgeschabter Aktentasche. Er wartete auf Günter Gaus, der ihn für eines seiner redlich-rhetorisch-bedachtsam-intensiven Fernsehgespräche gebucht hatte.

Von außen sah das Palasthotel aus wie eine Rache am monströsen Palast der Republik gegenüber, eine Art architektonisches Gleichgewicht des Schreckens über den Alex hinweg: die gleichen kupferbraunen Fenster wie drüben, eingelassen in einen fünfeckigen Betonklotz, eine Bettenmaschine für 1500 Gäste mit Intershop, Sauna und vier Restaurants. Ich bezog das Zimmer 6101. Genau ein Stockwerk tiefer lag das Stasizimmer mit seinen Überwachungsmonitoren.
Das Zimmer mußte von einem depressiven Hippiedekorateur eingerichtet worden sein: Blümchen, wohin das Auge auch schweifte, Blumenblätter in Matschbraun, Spinatgrün und gedecktem Weiß. Blümchen an den Tapeten, auf der Bettdecke, an den Vorhängen, alles Ton in Ton. Der Clou allerdings war das Bett. Ein rundes Bett. Mit einer Lederkonsole, in die ein Radio und ein Wecker eingelassen waren. Ich hatte noch nie in einem runden Bett geschlafen und überlegte mir, welche westdeutschen Politiker und Industriekapitäne hier schon gefilmt worden waren. Meistens schlief ich in der Halb-zwölf-Stellung ein und wachte in der Viertel-vor-drei-Position wieder auf.
Gegenüber, im Palast der Republik, saßen die Parteien und Gruppen am »Runden Tisch« und palaverten über den demokratischen Erneuerungsprozeß und trafen wichtige Entscheidungen, die ein paar Wochen später bedeutungslos waren. Und ich lag im Palasthotel im runden Bett und mußte mich zwischen zwölf bedeutungslosen Fernsehprogrammen entscheiden und kämpfte gegen das Gefühl an, in einem Dschungel aus grünweißbraunen Blättern bruchgelandet zu sein. Dem Bett gegenüber hing ein Spiegel. Ich nahm ihn ab und war irgendwie enttäuscht, daß ich dahinter kein Kameraauge entdeckte. Statt des Spiegels hängte ich eine Weltkarte auf. Das hatte den Vorteil, daß man vom Bett aus Deutschland gar nicht mehr erkennen konnte.
Menschen im Hotel, alle anonym und keiner unbewacht. Man hatte mir zuvor ein Zimmer im achten Stock angeboten. Dort oben wäre ich Flurnachbar des international gesuchten Terroristen Abu Daud gewesen, wie mir das Zimmermädchen einige Monate später anvertraute. Sie hatte beim Bettenmachen eine Pistole unter dem Kopfkissen gefunden.

Palasthotel, Zimmer 6101

Für jeden Ostler war das Palasthotel der Westen. Und für jeden Westler der Osten. Es war ziemlich leicht, einen Stasikoller zu bekommen. Die meisten Kellner waren unfreundlich und sahen aus wie Blofelds Leute, jene Typen mit den ausdruckslosen Granitgesichtern, die James Bond immer Giftschlangen hinter den Duschvorhang steckten. Einen fragte ich, ob er mir wohl einen Mantelknopf annähen lassen könne. Er sah mich an, als hätte ich seine Mutter beleidigt und seine Ehre auf Generationen hinaus mit Füßen getrampelt. Dann sagte er »nööö« und drehte sich um. In einem flüchtigen heiteren Tagtraum schoß ich ihm in den Rücken.

Ich hatte kaum je länger als drei Wochen in einem Hotel gelebt. Nun war ich für ein halbes Jahr gebucht. Die Vorteile lagen auf der Hand: Ich mußte mich nicht ums Frühstück kümmern, und das Bett wurde mir gemacht. Der Nachteil bestand in grünblättrigen Tapeten und zu kleinen Ablagen – im Laufe der Zeit wuchs das Zimmer immer weiter zu unter den Bergen von Zeitungen und Papier, da ich die Zimmermädchen gebeten hatte, nichts wegzuschmeißen – der Mensch ist ein Sammler. Für sie hatte es Vorteile. Es gab immer weniger Flächen, die gewischt oder gesaugt werden mußten. Irgendwann mußten sie nur noch das Bett machen.

Nun also wohnte ich im Osten. Und ich war der Osten bei meinen gelegentlichen Besuchen in der Hamburger Stammredaktion, und ich fühlte mich auch so, wenn ich den kleinen Hamburger Alltagssorgen mein Ohr lieh. Meine Nachbarin war im achten Kapitel ihres Liebesromans steckengeblieben. Ein Kollege wollte kündigen, weil seine Geschichte nicht gedruckt wurde. Mein Köter, früher Anlaß für einen regen Wechsel von Hausmitteilungen, wurde im Ressortflur plötzlich vermißt. »Wie isses denn so drüben?« fragten die Kollegen, und ich gab ernst die erwünschte, erhoffte, fast selbstverständlich vorausgesetzte Antwort: »Iss ja alles noch viel schlimmer, als ihr euch vorstellt«, wobei ich den Kopf schüttelte wie einer, der die Abgründe, in die er gesehen hat, noch nicht in Worte fassen kann.

Die Rolle fiel mir leicht: Es war tatsächlich schlimmer, als ich es mir vorgestellt hatte. Und mittlerweile ging mir das Messer in der Tasche auf, wenn ich Ostwestkünstler von »Moral« und »bessere Gesellschaft« und »Ideale« reden hörte, alle diese ungedeckten Schecks, die jetzt platzten, während die armen Schweine in Bitterfeld, Halle oder Jena, die in jedem System die armen Schweine sind, nun für all diese großen Windbegriffe in Kleingeld zurückzahlen mußten. Und es gab fast keine Familie in diesem Land, die nicht eine Geschichte von Leiden oder Verrat zu erzählen gehabt hätte.

Allmählich wurden die Menschen im Hotel zur Ersatzfamilie. Ich lernte das Prämiensystem der Pagen kennen, die Nöte der Angestellten, die innerbetriebliche Hackordnung. Trinkgelder mußten abgeführt werden. Heimlich Fernsehschauen beim Bettenmachen bedeutete 100 Mark Abzug. Die Garagenboys klärten mich über die Codes auf den Autonummernschilder auf, und bald wußte ich, wo das palästinensische Volksbüro parkte und wo die ungarische Botschaft.

Einige mochten ihren Job, andere verachteten sich dafür, daß sie zum Service gehörten, und ließen die Gäste dafür büßen. Viele ausgebildetete Kellner waren gleich nach Öffnung der Mauer in den Westen gegangen. Nun gab es Muskelmänner mit kalten Gesichtern, denen der Kellnerfrack ungewohnt war und die mich bei jeder Bestellung ansahen, als würden sie mir lieber in die Fresse hauen – für arbeitslos gewordene Stasibeamte mußte es eine Tortur sein, die Leute zu bedienen, die sie früher bespitzelt hatten.

An ihrem nußbaumdunklen Schreibtisch neben den Aufzügen saß die strenge Hallenchefin in ihrem marineblauen Kostüm. Eine Ethnophobin – sie stauchte mit Vorliebe Inder oder Araber zusammen, die sich in der weiten Halle verlaufen hatten. Seit an den Fahrstuhltüren Schlösser angebracht waren, hatte sie sich eine sehr versteckte, kultivierte Form des Sadismus ausgedacht. Statt auf Knopfdruck reagierten die Fahrstühle jetzt nur noch, wenn man seinen Zimmerschlüssel in ein verstecktes Schlüsselloch hineinsteckte. Doch darauf mußte man erst einmal kommen. Immer wieder bildeten sich ratlose Menschentrauben vor den Lifttüren. Eine japanische Reisegruppe hatte minutenlang davor gestanden, auf die Knöpfe gedrückt und ergebnislos gewartet. Die Hallenchefin, die nur ein paar Schritte weiter saß, sagte kein Wort. Sie schaute nur gelangweilt an der Gruppe vorbei. Offenbar mochte sie auch keine Japaner.

Diese versteckten Fouls passierten oft. In der »Domklause«, dem Erdgeschoßrestaurant, fragte ich einen Kellner, wieviel man ins Münztelefon zu stecken habe. »Fünfzig Pfennig, aber der funktioniert . . .« Da zischte ihm sein Kollege zu: »Laß ihn das doch selber herausfinden . . .« Und dann laut und barsch zu mir: »Der Apparat steht da hinten!« Ich hätte den Kerl erdrosseln können. Nicht nur, weil es für ein Fünfsternehotel mit Fünfsternepreisen eine Unverschämtheit war, sondern erst recht, weil ich hier *wohnte.* Dieser Bau war mein *Zuhause.*

Es gab Sonnentage. »Heute ist gar keine Post für Sie gekommen«, sagte mir eines Morgens eines der Mädchen an der Rezeption. Ich jammerte: »Man hat mich vergessen. Keiner vermißt mich. Keiner liebt mich.« Und sie erwiderte, mit reizendem sächsischem Akzent: »Aber wir lieben Sie doch.« Selbst wenn das nur eine vage kollektive Verheißung war, sozusagen ein kommunistisches Versprechen – der Tag war gerettet.

Aber es gab auch Regentage. Irgendwann hatte ich mich mit Jana angefreundet, einer Wirtschaftsstudentin aus Bratislava, die im Hotel ihr Praktikum absolvierte. Sie hatte den studentischen Widerstand gegen das Husak-Regime mit organisiert, und da sie kein Deutsch sprach, unterhielten wir uns in gebrochenem Englisch darüber, was ihre Schilderungen noch aufregender machte. Sie mochte Ost-Berlin nicht. »In Praha and Bratislava the Revolution-people are dancing«, sagte sie. »Here everybody is sad.« Und sie legte soviel slawisches Gurren in »Revolution-people«, daß es klang wie ein einziges rollendes »r«, und wieder einmal löste die Revolution ein angenehmes Kribbeln bei mir aus.

Da Jana den Fitneßclub frei benutzen durfte und ich auch, verabredeten wir uns eines Nachmittags dort. Überwacht wurde der Club von zwei Masseurinnen, einer blonden und einer brünetten, die an der Bar herumstanden und »Bild der Frau« lasen, weil kaum Betrieb war. Als sie bemerkten, daß Jana und ich uns kannten, kam Leben in sie. Sie stürmten in die Frauenumkleidekabine. Kreidebleich kam Jana nach einer Weile heraus. »Die wollen Meldung machen«, sagte sie, »Kontakte zwischen Personal und Gästen sind nicht erlaubt.« Sie hatte Angst um ihren Praktikantenvertrag. Ich ging zur Bar und redete mit den beiden Damen.

»Was habt ihr davon, wenn ihre eure Kollegin anschwärzt?«

»Das ist keine Kollegin«, sagte die Chefin. Erstens war Jana Ausländerin, zweitens Studentin. Und drittens war sie jünger und hübscher.

»Was habt ihr davon?«

»Vorschrift ist Vorschrift.«

»Aber die Leute, die die Vorschriften gemacht haben, hängen doch zur Zeit selber drin«, sagte ich. Gerade war die Sache mit Abu Daud herausgekommen – die Hotelleitung hatte einen international gesuchten Terroristen jahrelang beherbergt.

»Wir haben damit nichts zu tun«, sagte die Blonde, »und Sie können sagen, was Sie wollen – ich melde.« Da die Sache ohnehin vergeigt war, bestellte ich eine Massage für Jana – die Blondine entledigte sich dieser Aufgabe mit wiederum erstaunenswerter Selbstbeherrschung.

Wozu war eine verdammte Revolution gut, wenn sie noch nicht einmal Flirts erlaubte? Doch die Verhältnisse tanzten wohl woanders. Hier im Palasthotel blieben die Hierarchien intakt. Hier funktionierten die Vorschriften noch. In den Träumen der Deutschen kam Anarchie nicht vor. Die Revolution – nur einer leichte Kursänderung für ein Volk von Angestellten, das nun diszipliniert und geschlossen in die neue Ordnung marschierte.
Viel war in diesen Wochen zu hören von der starken Solidarität der Menschen untereinander, von der Wärme, die sie sich schenkten, von all diesen DDR-Tugenden, die nun unter der Kälte kapitalistischer Bedingungen verkümmern würden – einer der verlogensten DDR-Mythen überhaupt. Die Mangelwirtschaft hatte ein erstaunliches Maß an egoistischer Gerissenheit produziert. Und nun gedieh die Mißgunst, blühte die Denunziation erst recht.
Da war der Anrufer, der Krenz, den tolpatschigen Pandabären der Wende, bei dem Besuch einer Westberliner PR-Firma beobachtet hatte. Für 5000 Mark wolle er sich ihm für einige Tage an die Fersen hängen. Da war der Außenhandelsbeauftragte eines großen Kombinats, der mir von seinem Onkel erzählte, der Porzellan im großen Stil verschoben habe und dessen Sohn bei der Stasi gewesen sei. Ihm habe er die Karriere vermasselt, weil er mit seiner Ehefrau nicht einverstanden war. Und das Häuschen habe er ihm auch abgeluchst. Ich hätte mit diesen Geschichten von korrupten Cousinen und Tanten und Neffen meinen geblümten Dschungel zukleben können.
Das Jammern und Nörgeln, das Rechthaben und Widersprechen, das Aufteilen in Gut und Böse war eine Art Berliner Vibration, ein zwischendeutscher Diskurs, eine Schwingung, der ich mich nicht entziehen konnte. Ich begann mit mir zu diskutieren. Ost gegen West. Ich war beides. Die östliche Hälfte war die tiefe, grübelnde Seite, die westliche war eher pragmatischer Natur.
»Da liegst du in deinem bequemen runden Luxushotelbett«, sagte ich, »und schreibst über ein Land, das du nicht verstehen kannst, weil du nicht darin aufgewachsen bist. Du bist verwöhnt und verdammt eingebildet.«
»Laß das Bett aus dem Spiel«, erwiderte ich, »irgendwo muß ich

ja schlafen. Und nur ein Ostler kann auf die Idee kommen, mit einem runden Bett die Vorstellung von Luxus zu verbinden. Und überhaupt: Was hat denn Luxus, was hat die Klassenlage mit der Wahrheitsfindung zu tun, du Vulgärmarxist?«
»Das Sein bestimmt das Bewußtsein!«
»Du weißt, daß das Quatsch ist. Engels war Unternehmer.«
»Du gehst hier durch wie ein Tourist.«
»Touristen schreiben nicht zwölf Stunden am Tag Notizbücher und Zettel voll. Schau dich doch mal hier um.«
»Du bist nicht hierhergekommen, weil du das Land liebst, sondern weil du deine Geschichten schreiben willst.«
»Urlaub würde ich tatsächlich woanders machen. Gerade hast du mir vorgeworfen, ich sei ein Tourist, und jetzt, daß ich keiner bin. Was willst du eigentlich?«
»Ich will hier weg.«
»Ich auch. Später. Im Moment ist es noch sehr spannend hier.«
»Genau das ist es. Für dich ist alles Kino. Du rezensierst die Wirklichkeit. Du denkst nur noch in ästhetischen Kategorien.«
»Weil die politischen verbraucht sind, wie du siehst.«
»Du hast keine Ideale mehr.«
»Und du nimmst dich zu ernst. Aus Idealisten, die sich zu ernst nehmen, werden Terroristen.«
»Warum bist du überhaupt Reporter geworden?«
»Aus Langeweile.«
»Ein beschissener Grund.«
»Brecht hat aus keinem anderen geschrieben.«
»Plötzlich zitierst du Brecht.«
»Als Reporter kannst du tausend verschiedene Leben führen. Du kommst mit interessanten Leuten zusammen. Du verdienst gut. Du bist Herr über deine Zeit.«
»Das klingt wie die Arbeitsplatzbeschreibung einer Nutte.«
»Auf dem Niveau diskutiere ich nicht mit dir!«
»Du bist ein Parasit. Du führst kein eigenes Leben mehr. Du bist Zelig. Du existierst nur noch in fremden Köpfen, in fremden Biographien.«
»Manchmal, wenn ich nicht arbeite, fühle ich mich tatsächlich wie tot.«

»Du nimmst dir zuwenig Zeit für dich selbst.«
»Und du nimmst dir zuviel Zeit. Soviel haben wir nicht mehr. Zehn produktive Jahre, wenn's hochkommt.«
»Du bist unausgeglichen. Du wirfst den Leuten hier das ständige Nörgeln vor und nörgelst selber am meisten. In deinen Augen leben alle hier verkehrt. Und du denkst, du machst alles richtig.«
»Das stimmt nicht. Wenigstens nicht in meinen Artikeln. Ganz bestimmt nicht in der Geschichte über die Schule. Aber unter uns: Nenn mir doch hier mal eine einzige positive Erscheinung, die nicht bei näherem Hinsehen zu Asche zerfällt. Irgend etwas, wofür du nicht den Unterdrücktenbonus geben mußt, sondern das einfach für sich bestehen kann.«
»Man kann bei Rot rechts abbiegen!«
»Das stimmt, das ist ein Vorteil. Aber wie ich uns kenne, werden wir das bei der deutschen Einheit als erstes abschaffen.«
Der Osten in mir hatte genauso recht wie der Westen. Es ging ja nur vordergründig um Entstasifizierung oder um Wirtschaftshilfe. In Wahrheit ging es um die Frage: Wie leben, wie weitermachen?
Immer wieder ertappte ich mich dabei, wie ich mit den Kommentatoren im DDR-Fernsehen redete. Ich redete sogar mit Büchern – nachts las ich zur Entspannung Christa Wolfs Poetik-Vorlesungen zu »Kassandra«. Sie schildert darin ihre Griechenlandreise – ein Meisterwerk deutschen Griesgrams. An Bord ihres Flugzeugs notiert sie: »Es ist ein Uhr nachts, der Humor scheint nicht mit an Bord zu sein.« Ich fand das köstlich: Der Humor war nicht an Bord. Nachts um eins.
Das Steak, das der Griechenlandtouristin serviert wird, ist kalt. »Ich frage mich, was mich eigentlich hindert, laut loszuschreien.« Wunderbar! Christa Wolf war den tipptoppen Service aus Ostberliner Restaurants gewohnt. Vor der Akropolis bemerkt sie: »Trost- und meist ahnungslose ameisenhafte Zudringlichkeit der Touristen . . .« Wäre ich nie drauf gekommen.
Durchmischt ist dieses Lehrerinnenzeug mit Lehrerinnenlyrik. Der griechische Wirt, »klein, massiv, gravitätisch, begrüßt mit würdigem Nicken den Gastfreund. Das Mahl ist bereitet, erweise dich seiner wert. Die Würde des Essens in Ländern, in

denen es nicht selbstverständlich ist, daß jeder jeden Tag satt wird, in denen Gewinnsucht die Geste der Gastfreundschaft noch nicht ganz verdrängen konnte . . .«
Ich entdeckte Karens Sound dahinter. Das Mahl ist bereitet, erweise dich würdig (aber nur, wenn das Steak die richtige Temperatur hat), und gedenke der Kinder, die nicht satt werden. Und so weiter. In meinem Hotelbett rätselte ich nun nicht mehr darüber, warum dieses Buch bei uns mal ein Bestseller war. Es hatte nicht nur mit dem DDR-Bonus zu tun. Christa Wolf schrieb genauso, wie in jedem Literaturseminar der siebziger Jahre bei uns geredet wurde. In jedem von uns lauert ein Abonnent, hatte Kortner einmal gesagt. In jedem von uns sitzt auch der Osten. Und ich beherrschte mittlerweile den Nörgelsound auf meine Art trefflich.
Christa Wolfs Literatur ist kein Einzelfall. Die DDR-Literatur insgesamt hatte diesen ächzenden Ton, und ob es nun um die Bürde der Vergangenheit ging oder um die der Gegenwart, immer schleppte sie schwer und demonstrativ am Gewicht der Welt. Aber da sie Wahrheit mitschleppte, die in den Zeitungen nicht gedruckt werden durfte, wurde sie wohl verschlungen – wenn sie zu haben war. Dennoch kam mir der Mythos der DDR als »Leseland« gezinkt vor. Würden die Novellen Christoph Heins, die ganz unspektakulär an der Zensur vorbeigeschrieben waren, auch ohne die Zensurdrohung Leser finden?
Ein halbes Jahr später entdeckte ich in der »Hamburger Morgenpost« eine Bestsellerliste des DDR-Buchhandels:

1. Beck'scher Ratgeber Recht
2. Konz: Legale Steuertips
3. Knaurs Rätselwörterbuch
4. McCullough: Dornenvögel
5. Fußball-WM Italien 1990
6. Disney: Oliver und Co.
7. Greene: Wie man eine Feige ißt
8. Wörterbuch Englisch/Deutsch
9. Heitz: 200 Zimmerpflanzen
10. Ende: Die unendliche Geschichte

11. Treben: Heilkräuter
12. Barker: Das erste Buch des Blutes
13. v. Däniken: Kinder der Götter
14. Lindgren: Pippi Langstrumpf
15. Yaffe: Happy Sex

Damals im Februar, als offenbar noch keiner wußte, daß der DDR-Bürger an sich ebensogern Ramsch kauft und liest wie der BRD-Bürger an sich und daß es keinen automatischen Verblödungsüberschuß beim BRD-Bürger gegenüber dem DDR-Bürger gibt, ja, als die Schriftstellerverbandsfunktionäre noch die Lesekultur des Sagenlandes DDR priesen, die jetzt nicht unter der Flut der Konsaliks vernichtet werden dürfe, da lernte ich Sabine Briel kennen. Gerade erst hatten die großen Westverlage vorsichtig Kontakt zum Leseland gesucht, und der Rowohlt-Verlag lud 300 Buchhändlerinnen nach Hamburg, unter denen auch Frau Briel saß. Und die sagte mir: »Wenn Sie wirklich mal die Bedingungen kennenlernen wollen, unter denen wir im Leseland arbeiten, dann kommen Sie mich besuchen.«

GEISTERFAHRT IM LESELAND

ÜBER DEN BUCHHANDEL IN DER DDR

Gleich hinter der Grenze bei Lüchow beginnt das Märchenland: die Altmark mit ihren Sagen, in denen unerlöste Markgrafen spuken und Werwölfe und Teufel, wo Spinnerinnen beim Mondenschein sitzen und geheimnisvolle Blutflecken nie verschwinden. Lange bevor es Bücher fürs Volk gab, hat man sich diese Geschichten erzählt, und in seinen Erzählungen sind sie lebendig geblieben, auch die Erinnerungen an gute Könige und an böse.

Durch die Altmark rast ein klappriger Lieferwagen, vorbei an fetten schwarzen Äckern und verwaisten Gehöften und Teichen, aus denen verschreckte weiße Schwäne steigen. Bei jedem Schlagloch wimmern die Stoßdämpfer, und im Laderaum purzeln 36 graue Pakete durcheinander.

Alle zwei Monate ist diese Jagd fällig, denn die Altmark gehört zum »Leseland DDR«, einem anderen, jüngeren Sagengebiet. Seit diese Parole auf irgendeinem Parteitag ausgegeben wurde, sorgt Sabine Briel von der Volksbuchhandlung »Der Bücherfreund« in Salzwedel dafür, daß graue Bücherpakete ins Leseland rollen, die in den Konsumläden kleiner, verschlafener Dörfer abgeliefert werden. Und sie sorgt immer noch dafür, obwohl die Könige gestürzt und ihre Befehle nur noch Papier sind.

Der Trip muß an einem Tag abgewickelt werden, weil der alte Barkas 1000 nur einen Tag zur Verfügung steht, und auf der Route liegen 24 »Agenturen«. 24 rote Punkte, die Rainer aus der Volksbuchhandlung auf seine Straßenkarte geklebt hat. Rainer ist Abteilungsleiter für »Warenbewegungsprozesse«. Das heißt: Er hat die Straßenkarte und trägt die Pakete in die Läden.

Brot, Butter, Bücher – Grundnahrungsmittel fürs Leseland. Sabine Briel, ein energischer Muttertyp, Mitte 30, geschieden, hatte früher bei diesen Trips immer ein schlechtes Gewissen. Sie fühlte sich wie jemand, der in der Wüste mit Wasser erwartet wird und nur Eishockeyschläger an Bord hat. Sie hat mit den fünf übrigen weiblichen Angestellten am Morgen in Salzwedel den Barkas mit Büchern bepackt, in die sie kaum hineingeschaut hat: »Beerenobst«, mit vielen Bildern von Beeren. Oder »1000 Tips für Campingfreunde«. Ob es, unter den Bauern, viele Campingfreunde gibt? Über kurz oder lang wurden bisher allerdings auch diese Titel verkauft. Es gibt nichts anderes. Leseland DDR? »Bei den Bonzen hat man nie Bücher gefunden«, sagt Sabine, »und das spricht wohl Bände!«

Ab und zu bekommt Sabine Briel vom »Leipziger Kommissions- und Großbuchhandel« (LKG) tatsächlich, was sie bestellt hat. Da gab es vor Jahren eine Neuerscheinung im Insel-Verlag. Sie hatte 100 Exemplare angefordert und erhielt ein einziges. Das wurde im Kollegenkreis versteigert. »Wir gehörten halt nicht zu

den ungekürzten Beziehern«, sagt sie resigniert und zupft an ihren schwarzen Locken. Ungekürzte Bezieher waren ZK, Armee und einige Großbuchhandlungen in Berlin.
Sie weiß, daß diese Tour über die Dörfer sinnlos ist, eine Geisterfahrt. Keiner liest in diesen Tagen. Aber die Routine tut ihr gut: Sie beschwört eine Ordnung, die zerbrochen ist. An den Mangel konnte sie sich im Laufe der Zeit gewöhnen. Doch auf das Chaos, in dem das Land nun zu versinken droht, ist sie, alleinerziehende Mutter von zwei Kindern, nicht vorbereitet. Erste Station ist Ellenberg, ein 500-Seelen-Nest. Der Molkereiwagen war gerade da. Drei alte, rotgesichtige Bäuerinnen stehen zwischen »Obertrikotagen« und »Grießmehl« und beobachten lächelnd, wie Rainer seine Pakete auf dem Strumpftisch auspackt. Nein, Kinderbücher sind wieder nicht dabei. Die werden exportiert. Auch der neue Heimatkalender nicht. Der kommt vielleicht Ende des Jahres. Dafür aber »Sehnsucht nach dem Paradies – die Mythologie des Koran«.
Die Bäuerinnen tuscheln kichernd miteinander. »Sehnsucht nach dem Paradies!« Dann gehen sie zur Kasse und schnappen sich die buntbedruckten Prospekte vom »Globus«-Supermarkt, der hinter der Zonengrenze lockt, wo das Kilo Chiquita-Bananen 1,59 Mark kostet – immerhin kostenlose Botschaften aus dem Paradies. Ein Paradies, das nicht minder mythologisch ist, aber irgendwie näher liegt. Daneben die vermeintlichen Tickets ins Paradies: Wahlprospekte der CDU, Westqualität, Hochglanz. Hier auf dem Lande wählt man christlich, nicht islamisch.
Rainer packt die Remittenden zusammen, unter denen auch die »Mythologie des Koran« ist, und der Trip geht weiter. Während die »Bücherfreunde« aus Salzwedel, die keine Bücher mehr mögen, Bücher, für die sich niemand interessiert, an Menschen liefern, die keine Bücher lesen, während also diese Scheinzirkulation nach dem Muster »Wir spielen Buch« noch einmal, ein letztes Mal, wie von allein abläuft, erzählt Sabine Briel von ihrem Besuch, zu dem sie mit 60 anderen Buchhändlerinnen von Rowohlt nach Hamburg eingeladen wurde: Wie andere Konzerne betreiben die Reinbeker Sympathiewerbung. »Geschäfte«, so Vertriebschef Helmut Dähne bei einem Empfang im Ham-

burger Literaturhaus, »können jetzt noch nicht gebucht werden, aber es geht um Startvorteile, wenn es soweit ist.«
Sabine hat an diesem Abend zum ersten Mal Eßkastanien probiert, und als Willkommensgruß gab es drei Rowohlt-Taschenbücher. Sie erzählt, wie hübsch diese verpackt waren, »mit Schleifchen und so«. In die Bücher selbst hat sie noch nicht hineingeschaut.
Eines davon heißt »Die Geschichte ist offen«, ein lesenswerter verlegerischer Schnellschuß mit Aufsätzen namhafter DDR-Autoren über ihren Staat nach der Wende, ein verzweifeltes, euphorisches, zynisches Stimmengewirr. Sarah Kirsch alpträumt von der Wiederkehr der Alten, der politisch Scheintoten, während Stefan Heym im Schweizer Kuraufenthalt über seine »armen« und »vergierten« Landsleute spricht, die dem »glitzernden Tinnef« des »Freibeuterstaates mit dem harmlosen Namen Bundesrepublik« auf den Leim gingen. Er plädiert für ein weiteres sozialistisches Experiment. Sarah Kirsch konnte Sabine Briel ihren Kunden selten, Stefan Heym nie anbieten – die landeten in Westschaufenstern.
Die DDR-Literatur, behauptet der Ostberliner Autor Rainer Schedlinski in dem rororo-Band, sei immer eine Literatur der »Sinngebung« gewesen. Nun müsse sie sich den »gnadenlosen Gesetzen der Branche« unterwerfen und sich dem »existentiellen, weil lebensnotwendigen Popularitätszwang« des dummbunten Westens beugen.
Abgesehen davon, daß der Autor offenbar noch nie einen Suhrkamp-Prospekt in den Händen gehalten hat: Ein bißchen »lebensnotwendiger Popularitätszwang« wäre vielleicht angebracht. Etwa im Kaufladen von Kusey, wo es tatsächlich massenhaft Eishockeyschläger gibt, aber wieder nicht den Fahrradsattel, den Sabine auf dieser Tour für sich sucht. Dafür bringt sie auch umgekehrt wieder keine Kinderbücher mit, statt dessen aber die »Mythologie des Koran«. Und einen Kolportage-Krimi von Wolfgang Schreyer, dem Konsalik der SED, »Schwarzer Dezember«. Klappentext-Probe: ». . . sie alle wollen ihr Leben ändern, ihm wieder einen Sinn geben, der im Glanz und Gedränge des BRD-Alltags bei der Jagd nach Erfolg unmerklich verlorenging.«

Während die subventionierten DDR-Schriftsteller mit dem Sinn des Lebens im BRD-Alltag beschäftigt waren, lebten in der Altmark die alten Sagen ohne ihr Zutun neu auf. In den Kaufläden unterhielt man sich nicht über Literaturprobleme, sondern über Schikanen der Markgrafen, die »Parteibonzen« genannt wurden, und über Blutflecken, die nie verschwinden. Neue Sagen, alte Mythen. »Meine Erfahrungen mit dem SED-Staat« steht auf einem großen Pappkarton im Fenster eines Schuhgeschäfts, und darunter, in ungelenker Blockschrift, ein halber Roman.

Da der Kaufladen in Jübar geschlossen ist, liefern die Bücherfreunde aus Salzwedel ihre Pakete bei der örtlichen Bücherei ab. Der Flecken hat 685 Einwohner, 453 Leser stehen in der Benutzerkartei. Ganz aktuelle Literatur gehe gut, sagt Elfriede Ebert, 62. »Aber wann haben wir das schon.«

Einstweilen wurde weniger aktuelle Literatur in einem braunen Pappkarton verschämt hinter eine Topfpalmen-Batterie geschoben: die Reden der Genossen Honecker und Sindermann. »Ich weiß, was gut laufen würde«, sagt Rainer, »eine Biographie mit dem Titel: ›Erich Honecker – ein Doppelleben‹.« Und alle lachen gequält.

Von ihrer Reise nach Reinbek hatte Sabine die »Bild am Sonntag« mitgebracht, die als Titelfoto Honecker im Krankenbett zeigte, einen abgemagerten alten Mann im weißen Schlafanzug, der verwirrt aus seinen Kissen schaut. Mittlerweile ist das Foto von einem Geäder aus Tesafilmstreifen überzogen – jeder wollte es sehen, anfassen, und jeder hat verbittert gelacht, und jeder hat eine dunkle Angst dabei verspürt – die Welt ist aus den Fugen. Früher hatten die Sinnstifter aus Partei und Staat dafür gesorgt, daß ihre Kritiker dort unten im braunen Pappkarton landeten, Erich Loest etwa. Doch Leser, auch im Leseland DDR, protestieren still: Die strammen Buchrücken mit der Literatur über den antifaschistischen Kampf und die Erfolge der LPGs sehen unberührt aus. Dafür ist die Schwarte »Ein Hauch von Glückseligkeit« eines gewissen Stan Barstow nur noch als zerfledderte Loseblattsammlung zu bekommen.

Der Mangel an Trivialliteratur, die nicht sinnstiftend, sondern gnadenlosem Popularitätszwang unterworfen ist, hat zu einem

Heißhunger eben darauf geführt. Die Propagandisten des Leselandes DDR reagierten auf ihre Weise. Unter den 6500 Neuerscheinungen des letzten Jahres (Bundesrepublik: 68 000) gab es tatsächlich Margaret Mitchells »Vom Winde verweht«: Der Roman wurde, auf bröckelndem Zeitungspapier gedruckt, in drei rabenschwarze Wachskladden geheftet und so, von einem Gummiring zusammengehalten, unters verachtete Volk geschmissen.

Da die Verlage, fern von jedem Popularitätszwang, mit Mammutunternehmungen wie einer 100bändigen Marx-Engels-Ausgabe beschäftigt waren (40 bereits gedruckt) oder Prachtbänden wie »SED und das kulturelle Erbe«, ist das Volk dazu übergegangen, sich seine Bücher selber zu machen. In Gardelegen halten die »Bücherfreunde« vor einer kleinen Druckerei, um 1000 Exemplare eines Buches aufzuladen, das ein Zeichenlehrer aus Salzwedel selbst verfaßt und gestaltet hat: »Sagen und Legenden der Altmark«. Jahrelang hat er dafür gekämpft. Auf Honorare mußte er verzichten. Sabine Briel hat das Buch in Kommission genommen.

Wie Findlinge stehen solche Privatinitiativen im Leseland DDR, das in Wahrheit ein Katastrophengebiet ist, ausgedörrt durch jahrzehntelange Verbote, falsch gedüngt durch linientreuen Heldenkitsch und kümmerliche Heileweltfibeln. Unter diese mischte sich, sporadisch, auflagenarme subversive Anspielungsliteratur, deren Autoren nicht als Dichter, sondern als politische Märtyrer Kultstatus erlangten. Der in den Westen emigrierte Jurek Becker nach seiner Übersiedlung: »Ich mußte entscheiden zwischen der Karriere eines Widerständlers und der eines Autors.« Die Umsätze im Leseland werden hauptsächlich mit Sachbüchern gemacht, mit »Aerodynamik« oder »Hundezucht«.

Am Abend, nach einer langen, ermüdenden Geisterfahrt durch die Altmark, werden die Pakete mit den »Sagen und Legenden« im unbeheizten feuchten Lagerraum der Buchhandlung gestapelt. Im Laden steht ein Lehrer aus dem Westen. Er hat sich mit Rosa Luxemburg und Bildbänden eingedeckt. »Herrlich«, sagt er, »diese Nüchternheit, diese Lesekultur hier. Wenn man das mit dem profitgeilen Gedränge bei uns vergleicht!« Da er günstig gewechselt hat, bekommt er seine Bücher hier zum Spottpreis. Nach Ladenschluß sitzen die Damen vom »Bücherfreund« zusammen, trinken Kaffee und unterhalten sich über die neuesten Nachrichten. »Jetzt mußte die Nickel zurücktreten, die Finanzministerin.« – »Mach Schluß, ich kann es nicht mehr hören.« Das Vertrauen in die Führung haben sie schon seit längerem verloren, doch nun fehlt das Vertrauen in die eigene Kraft. »Es müßte so vieles passieren und so vieles gleichzeitig«, sagt Sabine Briel. Der »Bücherfreund« ist ja nur *eine* Volksbuchhandlung, eine von 46 im Bezirk Magdeburg, von 700 im ganzen Land. »Alle sind abhängig vom LKG, dem einzigen Auslieferungslager der DDR. Ihr habt davon mindestens 80.« So kommt es zu Verzögerungen wie bei der Bestellung einer Musikpartitur, die 1983 aufgegeben wurde. Sechs Jahre später wurde die Bestellung mit dem lapidaren Vermerk zurückgeschickt: »Zur Zeit nicht lieferbar.« Oder der ungenaue Vorankündigungsdienst: Ein Kunde hatte im Herbst 1988 ein Medizinbuch bestellt, das bereits im Novemberkatalog 1986 angekündigt worden war. 1989 wurde die Bestellung reklamiert. Kürzlich kam die Mitteilung, daß das Buch »voraussichtlich 1990 gedruckt wird«. Diese mit trockenem Witz gewürzten Jammerberichte klingen nach Routine, klingen fast gemütlich. Stolz wie eine Museumsführerin zeigt Ute ihren »Handcomputer«, Tausende von Karteikarten mit roten Reitern. Die Reiter bedeuten, daß die Titel nicht lieferbar sind. Am Ende des Jahres werden sie mit gelben Reitern versehen, und auf die roten warten neue Karteikarten. Doch man hatte Arbeit. Was aber wird morgen? Irgendwann werden die Brigadetagebücher herausgekramt, rote Lederalben mit Goldprägung, Poesiebücher des real sozialistischen Provinzalltags aus jenen Tagen, als der Mangel noch nicht schmerzte, weil der Westen nur ein ferner Spuk war. Die Alben erzählen schon jetzt, vier Monate nach der Wende, von der »guten alten Zeit«.

Die Märchen, die dem Buchhandel fehlen, sind hier Gestalt geworden. Sie berichten von Umsatzkurven um die 110 Prozent, von zufriedenen Kunden und einem begeisterten Kollektiv, das Frauentage veranstaltete und Ausflüge und dann und wann Lesungen: »Genosse Kölle teilte uns mit, daß ein Besuch mit einer Signierstunde geplant war. Das war natürlich eine große Freude für alle. Am 7. 5. 81 sollte es dann endlich soweit sein. Da ging es ein paar Tage vorher schon ganz schön hektisch zu. Es wurde aufgeräumt, saubergemacht (wenn man ins Büro wollte, mußten vorher die Schuhe ausgezogen werden), und natürlich wurde auch ein Plan aufgestellt.«

Das Brigadetagebuch handelt vom kleinen Glück, das seine Innigkeit für den öffentlichen Kontrollblick imprägniert. Es erzählt von Geburten und Butterfahrten und vom »Kinoerlebnis 1987«, als »Jenseits von Afrika« lief: »Leider gab es kein Happy-End. Die Farm ging bankrott . . . Dieser Film, den wir uns als Kollektiv ansahen, hat uns sehr gefallen und betroffen gemacht.«

Sabine Briel, die sich »früher mal für Indianerliteratur interessiert hat« und deren Tatkraft für drei Buchläden ausreichen würde, sorgt sich um die Zukunft ihrer älteren Kolleginnen. In all den Jahren ist man zusammengewachsen. Man hat die »Inventurdifferenz« genannte Klauquote bei 0,17 Prozent gehalten (westüblich: zwischen 1 und 3 Prozent) und hat seine Nische gefunden im Ordnungsstaat der Parteionkel, für die man, mit Blick auf die Prämie, saubere, herzzerreißend-naive Besinnungsaufsätze geschrieben hat. Und es war auf eine Art wie im Märchen. Es gab die Guten und die Bösen. Und man bemühte sich, zu den Guten zu gehören.

Jetzt ist alles anders. Jetzt sind die Guten von gestern die Bösen von heute. Und überhaupt: Gute und Böse sind gar nicht mehr auseinanderzuhalten. Für das schwarze Loch aber, in das Sabine Briel und ihre Kolleginnen nun gefallen sind, für ihre Verzweiflung, ihre Angst in diesem Dämmerlicht zwischen zwei Welten gibt es in der DDR keine Literatur, weil die, die sie darauf hätte vorbereiten können, verboten war.

Im tristen Schaufenster des »Bücherfreunds« hängt eine angestaubte Riesenzigarette aus Pappe. Darunter schwimmen im Neonlicht Broschüren über »Angst« und »Streß«, die vor den Gefahren des Rauchens warnen. Die »Bücherfreunde« sind sich ihrer volkserzieherischen Aufgabe voll bewußt. Literatur – in der DDR war sie kaum anders denkbar denn als pädagogische Direktive.

Nun drohen den »Bücherfreunden« »Streß« und »Angst« von einer anderen Seite. Vom privaten Buchladen gegenüber etwa, der bisher zu den Bösen gehörte. »Nun wird die Alte uns das Wasser abgraben«, sagt Ute, und die anderen sechs Damen nicken bedrückt. Die Alte schmeißt ihren Laden allein.
Der kleine Eckladen auf der anderen Straßenseite, über dem »Buchhandlung H. Weyhe gegr. 1840« steht, zeigt in seinen kleinen Auslagen Bücher. Nichts als Bücher. Max Reinhardt, Hugo Ball, Susan Sontag. Irgendwo ein Schild »Wir kaufen ständig alte Bücher«. In der Tür des verdunkelten Geschäfts hängt ein Zettel. Auf dem hat der »Stellvertr. Bürgermeister für Handel und Versorgung« der alten Dame eine »Schließungsgenehmigung« erteilt: »Frau Weyhe erhält die Erlaubnis, die Verkaufsstelle vom 22. Januar bis 31. Januar zu schließen.« Darunter hat Frau Weyhe für ihre Stammkunden geschrieben, daß sie dringend Urlaub brauchte.

Zwei Wochen später ist die Stimmung der »Bücherfreunde« auf dem Nullpunkt. »Was soll aus uns nur werden«, seufzt Sabine Briel. Auf der Bezirkskonferenz in Magdeburg hat sie lediglich gehört, daß der Laden bis zur Wahl »volkseigen« bleibt. Mehr nicht. Was danach wird, weiß keiner. »Wir sind ja schon wiedervereinigt. Uns fragt ja keiner mehr. Als ob wir keinen eigenen Staat aufgebaut hätten!«
In dem kleinen Buchladen gegenüber herrscht Gedränge. Eine grauhaarige Dame mit Lesebrille, die über ihrer roten Strickweste baumelt, unterhält sich über Georg Forster. »Die Forschungsreise um die Erde müßte um 1770 gewesen sein. Aber lassen Sie mich nachschauen, das interessiert mich jetzt auch.«
Immer wieder wird sie unterbrochen von Kunden, die hereinschauen, um zu »schnacken«. Karl IV.? »Ein kleiner Verlag in Weimar hat das Landbuch von 1375 herausgegeben. Wissen Sie, daß er der erste Kaiser war, der die Kaufleute mit ›Meine Herren‹ angeredet hat?«
Frau Weyhe ist die letzte einer Buchhändlerdynastie. Sie hat den Laden von ihrem Vater übernommen, der 1975 gestorben ist. Der hatte ihn vom Großvater, und der hatte ihn einem Herrn

Schmidt nach dem Deutsch-Französischen Krieg 1870/71 abgekauft. »Der Vater meines Großvaters hat in den Befreiungskriegen gekämpft. Er hat ihm von Napoleon erzählt. Ich kenne jemanden, der jemanden kannte, der Napoleon kannte, ist das nicht verrückt?«

Um ihren Gewerbeschein zu bekommen, mußte Frau Weyhe nach dem Tod ihres Vaters mit dem LKG einen Kommissionsvertrag abschließen. Neben den rund 700 Volksbuchhandlungen gibt es noch mehr als 300 private Buchhandlungen. Kleinunternehmer wie Frau Weyhe waren die Parias in der LKG-Kartei: Sie wurden als letzte beliefert. Der Steuersatz für Frau Weyhe liegt bei 70 Prozent.

Die alte Frau hat sich spezialisiert. Auf Musikalien, Medizin, christliche Literatur, Geschichte, Belletristik der zwanziger Jahre. Sie hat ziemlich viele Spezialgebiete. Und das liegt daran, daß sie Literatur *liebt.* Bücher haben ihr geholfen, sagt sie. Mit Büchern und Musik hat sie die letzten 40 Jahre überstanden. Und mit – sie zitiert Luther – »guten Freunden und getreuen Nachbarn«, die waren immer wichtig.

Für Freunde legt Frau Weyhe Bücher zurück, die sie nicht ins Schaufenster stellt. Einen Krimi von P. D. James etwa oder eine Ausgabe von Otto Ernsts »Appelschnut« aus den dreißiger Jahren, »damals ein Bestseller«. So liest sie und liest, denn »eine Buchhändlerin, die nicht liest, hat ihren Beruf verfehlt«. Bücher, die sich von allein verkaufen, interessieren sie nicht. Sie schaut auf einen grasgrünen Stapel dicker Bände, auf eine Ladung von Karl Mays »Schatz im Silbersee«, die ein parteieigener Verlag angeliefert hat, der normalerweise Propagandamaterial druckt. »Da waren offenbar plötzlich Kapazitäten frei«, sagt sie.

Natürlich ist sie froh, daß der Spuk vorbei ist. Das Schlimmste war nicht die Gängelei, sondern das geistfeindliche Spießertum, das sich hinter der Doktrin einnistete. Die Engstirnigkeit. »Unser Buchladen war immer auf das Hinterland angewiesen. Und das fehlte ja plötzlich.« Jetzt kommen nicht nur Kunden von drüben, sondern auch Kollegen – in ihrer Hinterstube bewirtet sie gerade einen jungen Buchhändler aus Lüchow. Ein Buchladen aus Lüneburg will ihr eine alte Ladenkasse schenken

– »ist doch wunderbar, muß ich nicht mehr alles im Kopp ausrechnen«.
Ob sie die Volksbuchhandlung gegenüber, die bevorzugt beliefert wurde, als Konkurrenz empfand? »Ach, ich bin nicht ehrgeizig.« Sie hat hohe Achtung vor Sabine Briel, die sich »aus einfachsten Verhältnissen nach oben gearbeitet« hat.
Nach Ladenschluß führt sie uns in ihre Dachwohnung. Hier stehen, in einem langen Kiefernregal, ihre privaten Schätze. Eine Goethe-Ausgabe von 1819, der komplette Fontane, »wer schreibt schon wie Fontane!«, ein Upton Sinclair mit dem Originalumschlag von John Heartfield, Erika Manns »Stoffel fliegt übers Meer« von 1932, ein Buch, das »selbst die Familie Mann nicht mehr hat«. Dann geht die alte Dame in ein Nebenzimmer und sagt: »Kommen Sie, hier ist es wärmer.«
In dem einzigen beheizbaren Raum hängt, neben einem durchgesessenen Sofa, ein Straßenplan von Manhattan. Dieser Plan kartographiert einen Lebenstraum. »Eigentlich«, sagt sie leise, »bin ich in 794 Lexington Avenue aufgewachsen.« Als sie ein kleines Mädchen war, wanderte ihr Onkel nach Amerika aus und eröffnete in 794 Lexington Avenue »Weyhe Art Books«. Und er versprach, daß er sie holen würde, wenn »ich einmal groß bin«. Dann kam der Krieg. Dann der Kalte Krieg. Dann waren die Grenzen zu. Helga Weyhe wartete bis 1982, bis sie 60 war und hinaus durfte, und dann besuchte sie die Tochter ihres Onkels in Amerika. »Vielleicht war es gut, daß ich das erst im Alter kennengelernt habe.« Was sie empfindet, wenn sie heute Fotos von Honecker in der Zeitung sieht? »Mir tut der Mann leid.« Einer, der viel durchgemacht hat, der im Zuchthaus saß und später, vielleicht noch schlimmer, »Macht-geschlagen« war und der heute nur noch sagt, daß er »in ein kirchliches Heim möchte, weil er von seinen Leuten weg will«. Honecker, sagt sie, gehörte zu den glaubenden Menschen. »Und glaubende Menschen sind sich ein Problem und anderen auch.« Ein Stoff für Romane im Leseland, für die Menschen in der Altmark, wo die Sagen von guten und bösen Königen jahrhundertelang lebendig geblieben sind.

NEUSPRECH

Zu den schönsten Abwechslungen auf meinen Reisen durch diese zerbröckelnde Deutsche Demokratie Republik gehörte die Autobahnwerbung, die eine absurde Simulation von Werbung war, Niemandsschilder im Niemandsland, deren Codes ich nicht knacken konnte. Vielfach imitierten sie touristische Routenschilder à la »Avignon – Stadt der Päpste«. Etwa mit dem poetischen Langzeiler »Wittstocker Trikotagen – Sportliche Mode für alle« oder, synkopisch knapp dagegen, »Decelith aus Eilenburg«.
Manchmal hatten die Spruchbänder an den Brücken Appellcharakter: »Fahren Sie vernünftig, fahren Sie mit Kasko«. Dann wieder kamen sie mit verblüffendem völkerverbindendem Lob: »Electroimpex aus Bulgarien – ein zuverlässiger Handelspartner«. Zwischendurch immer wieder die fünfziger Jahre: »Das vielfältige Nähvergnügen – Veritas«. Mein absoluter Favorit aber, auf der Autobahn nach Leipzig, war: »Küken aus Segrehna – gesund, vital, leistungsstark«.
Eines hatten sie alle gemeinsam: Sie waren Neusprech. Die Schilder lobten das Land und seine Produkte, gepinselt von Leuten, die an das Land nicht glaubten, für Leute, die am liebsten über die Transitstrecke davongebraust wären. Ganz unvernünftig, ganz ohne Kasko.
Das sozialistische Neusprech war ein Amalgam aus direkter, soldatischer Durchbruchpropaganda und vager, moralisierender Spießernischensprache, eine Mischung aus Angriff und Rückzug, und es bezeichnete nie, worum es ihm ging, sondern immer nur seine Stellung zur Partei. Es war die Doppelzüngigkeit als Überlebensprinzip.
Einst wurde Neusprech erfunden, um die naheliegende Sauerei mit Blick auf ein schönes Fernziel umzulügen. Das Fernziel war »der neue Mensch«. Und auf dem Weg dahin erhielt jeder Henker durch die Neusprechspezialisten seine Absolution.
Das Neusprechprinzip ist ziemlich einfach. Alles, was Neusprech berührt, wird in sein Gegenteil verkehrt. Beispiel: Einige Wochen vor Biermanns Comeback in Ost-Berlin schrieb das

»Neue Deutschland«: »Wenn einer ständig von ›Kultur des Dialogs‹ redet und wider Sitte und Anstand darunter das Schmeißen mit solchem Dreck versteht, ist er bei uns völlig fehl am Platze.« Die Übersetzung: Dreck schmeißen = Wahrheit sagen. Wider Sitte und Anstand = ziemlich gesittet und anständig.
Auch nach der Wende gab es Neusprech. Im täglichen Verkehr mit Informanten und Interviewpartnern war die Neusprechfloskel »Ich muß Ihnen ganz ehrlich sagen« immer ein Indiz dafür, daß sich gleich vor Lügen die Balken biegen würden.
Jeden Morgen saß ich in meinem runden Bett, pellte die Plastikhaut vom Käse, trank meinen Dosenorangensaft und las fünf Zeitungen. Die »Süddeutsche« wegen des Streiflichts, die »Berliner Morgenpost« wegen ihrer Schrebergarten-Miefgeschichten, den »Tagesspiegel« erst nach dem dritten starken Kaffee, weil ich sonst sofort wieder eingeschlafen wäre, und schließlich die Ostblätter »Berliner Zeitung« und »Neues Deutschland«, um Neusprech zu büffeln. Ich lernte seine Grammatik und staunte über seine Ausdrucksvielfalt.
Es gab Hunderte von Neusprechvarianten. Im Interview mit einem Filmregisseur brachte es eine Redakteurin der »Berliner Zeitung« fertig zu sagen: »Schon vor einem Jahr lastete auf uns das Empfinden, daß es in der DDR Herrscher und Beherrschte gab.« Übersetzung: Die Kacke war am Dampfen, aber ich war einfach zu feige, das Maul aufzumachen, weil ich einen ganz guten Job hatte. Die Redakteurin fährt fort: »Was damals eine Ahnung war, ist heute Gewißheit.« Übersetzung: Jetzt darf man das Maul aufmachen, und jetzt hilft es der Karriere, auf die alten Greise zu schimpfen.
Eine beliebte Neusprechvariante war der Kitsch um Kinder, sozusagen rhetorische Unzucht mit Abhängigen. Am Wahltag las ich im »Neuen Deutschland«, meiner Lieblingszeitung, den folgenden Kommentar: »Mein Weg zum Wahllokal in Berlin-Mitte führte mich an der Kinderkrippe Jerusalemer Straße vorbei. ›Wählt eine kinderfreundliche Regierung‹, hatten die Erzieherinnen in großen bunten Buchstaben auf die Glasfront geschrieben. Fotos zeigten die Kleinen beim Spazierengehen und Spielen, beim Essen und beim Mittagsschläfchen. Vertrautes,

Gewohntes – doch wie lange noch?« Im Fortgang des Kommentars stört »westdeutsche Politprominenz«, die »wie Sturmböen durchs Land fegt«, den Schlaf der Kleinen. Die Übersetzung: Die Gutenachtgeschichten vom guten Onkel Honi gibt's nicht mehr, weil der böse Onkel Kohl ata ata zum Kapitalismus geht und alle Kinder in den Arbeitsdienst schicken will.

Kinderneusprech allerdings war nicht auf das Territorium der DDR beschränkt: Tremolierend sprach die grüne Pastorin Antje Vollmer im Bundestag davon, daß »die Stimmung in der DDR so ist, daß die Kinder ihre Eltern fragen: Warum verschenkt ihr dieses Land so einfach?« Und wie jeder weiß, gab es solche Szenen in jeder besseren Neubauwohnung von Mahnsdorf bis Weißensee, wo die Kleinen in ihren Bettchen mit großen Augen fragten: »Mama, warum verschenkst du dieses Land so einfach?« – »Halt die Klappe, du vorlaute Göre, ich verschenke, was *ich* will, kapiert!« Und nie ging es ohne Tränen ab.

Einen wundervollen Kinderkommentar fand ich in der »Berliner Zeitung« nach der Wahl: »Wird nun der ganz normale Alltag moderner Industriestaaten mit seiner steigenden Kriminalität, mit Terrorismus, mit Kindesmißhandlungen und jugendlichen Banden uns einholen und uns bald nach gutfunktionierender Polizei und noch besseren Sicherheitskräften rufen lassen?« Übersetzung: Bisher gab es keine Polizei nicht, weil wir nämlich Monaco hießen, aber jetzt müssen wir uns gegen die kapitalistischen Kindesmißhandler und Handtaschenräuber bis an die Zähne bewaffnen.

Ein beliebtes Neusprechbiotop war Betroffenheit. Meine Lieblings-Betroffenheits-Schlagzeile las ich nach der Entlarvung Wolfgang Schnurs als Stasiagent. Andere Zeitungen machten auf mit: »Schnur enttarnt.« Punkt. Die »Berliner Zeitung« tröpfelte betroffen dagegen: »Eppelmann hat einen Freund verloren.«

Geradezu Mode bei den Neusprechveteranen des »Neuen Deutschland« war »Demokratie«, ein Wort, das so nackt und ohne erklärende Zusätze wie »bürgerliche« oder »sozialistische« früher ebenso auf der redaktionellen Embargoliste stand wie etwa »Fähre nach Dänemark«.

Fähre nach Dänemark las ich auch nach der Wende nicht, aber

Demokratie jede Menge. Die Kommentare begannen meist mit den Worten: »Keine Sternstunde der Demokratie . . .« oder »Ein Prüfstein für Demokratie . . .« oder »Die Spielregeln der Demokratie . . .«. Das hatte fast den spröden Minimalismus, mit dem dieselben Schreiber noch ein paar Wochen zuvor immer wieder zu erstaunen verstanden (»Die Gespräche des Genossen Krenz mit der Führung der chinesischen KP waren geprägt von . . . betonten beide das Prinzip der Nichteinmischung in . . .«), wenn auch die Tonlage noch nicht ganz hinhaute, aber sie sangen sich ja gerade erst ein.

Besonders bei Bildunterschriften machten sich deutlich zwei Schulen bemerkbar: die flockige PDS-gewendete, die noch im Stimmbruch war, und die Veteranenschule, die Proletkult brummte. Die Stimmbruchschule etwa textete, unter einem fünfspaltigen Foto des Wahlkämpfers Gregor Gysi: »Das Bier für Gregor Gysi gab's gratis, und auch die Bürger kamen nicht umsonst.« Geschickt ließen sie dabei offen, wieviel sich die Bürger dafür bezahlen ließen, daß sie Gysi beim Biertrinken zuschauten, und wie sie es prinzipiell mit der Alternative »Freibier oder Sozialismus« hielten. Die Proletkultfraktion dagegen setzte auf Würde: »Wir sorgen für des Volkes Brot. Deshalb dürfen wir in dieser Gesellschaft nicht länger fünftes Rad am Wagen bleiben, bekundeten Landarbeiter und Forstleute während ihrer Demonstration im Berliner Lustgarten.«

Mein Lieblingskommentar allerdings hatte nicht mit Demokratie zu tun, sondern mit Schokolade. Als nämlich DDR-Schokolade nicht mehr abzusetzen war und der staatliche Schokoladenbetrieb vor der Pleite stand, kommentierte das »Neue Deutschland« den Wechsel vom Schokoladen-Sozialismus zum Schokoladen-Kapitalismus mit der überraschenden Wendung: »Selbst die Schokolade schmeckt bitter.« Ich war wie elektrisiert. Und als ich am nächsten Tag einen Kommentar in der »Berliner Zeitung« zum gleichen Thema las und auf die wiederum völlig überraschende Formulierung traf: »Selbst die Schokolade schmeckt bitter«, stürzte ich zum Telefon und vereinbarte Termine: Ich mußte die Schokotexter kennenlernen.

Nachdem mich der Fahrstuhl in der Wirtschaftsredaktion des

mächtigen ND-Hauses ausgespuckt hatte und nachdem ich unter den Türen mit dem Aufkleber »Take it Gysi« die richtige gefunden hatte, stürzte ich auf meinen Schokoladenmixer zu und sagte: »Glückwunsch. Bravo. Der Kommentar, einfach super. Die Schokolade schmeckt bitter! Wie sind Sie nur darauf gekommen?« – »Ach«, sagte Schoko bescheiden, »wenn man so lange in der Branche ist, kriegt man so seine Routine.« Er war birnenförmig gebaut und ein wenig pickelig und trug eine blonde Bürste auf der Oberlippe.
Aber die stilistische Leichtigkeit, insistierte ich, bittere Schokolade, so was!, und früher gab es doch die Zensur und immer diese langweiligen Fünfjahrespläne ... Schoko gab zu, daß er jetzt »wie befreit aufschreiben« könne und endlich zeigen, »was in mir steckt«. Er saß an seinem Labtop und hatte sich zurückgelehnt. Jetzt ließ er sich in seinem Drehstuhl, schnapp, nach vorne federn und sagte dynamisch: »Ich muß das Zeug hier noch kurz runterorgeln ...« Runterorgeln, mein Gott! Er sah so verdammt professionell aus, und ich flüsterte ehrfürchtig: »Einen Kommentar?« Er nickte. Ich: »Wieder was mit Schokolade?« Er: »Nein, es geht um die neuen Betriebsverfassungen.« Ich, enttäuscht: »Na, davon verstehe ich nichts ... Aber machen Sie weiter so. Und schreiben Sie mal wieder über Schokolade, das können Sie toll.« Er schüttelte mir souverän die Hand, und ich machte mich auf zur »Berliner Zeitung«.
»Na, so was«, sagte die stellvertretende Chefredakteurin und beugte sich über die gleichlautenden Kommentare, die ich ihr mitgebracht hatte. »Aber das Thema an sich liegt ja auf der Hand, oder?« Und dann, besorgt: »Was haben Sie mit Ihrer Lippe gemacht?« Ich betupfte meinen gepflasterten Rasurschnitt und sagte: »Ich habe mich mit Ostberliner Faschisten geprügelt, weil, einer muß es ja machen.«
Die »Berliner Zeitung«, Flaggschiff des Berliner Verlages am Alex, verhandelte gerade mit mehreren Westverlagen. »Wir sind nach allen Seiten offen«, sagte die Chefredakteurin, »wo ist der Unterschied zwischen WAZ und Springer? Geld machen wollen sie doch alle.« Sie erzählte von den Umstellungen, vor allem den geänderten Arbeitszeiten. Früher waren die Redaktionsräume

bereits nachmittags verwaist, obwohl erst gegen Mitternacht angedruckt wurde, weil die Partei die Manuskripte schon am Morgen genehmigt hatte und alles ohnehin feststand und die alleinerziehenden Mütter ihre Kinder aus der Krippe holen mußten.

Hinter ihrem Schreibtisch hing eine große Afrika-Karte. Afrika-Karten waren beliebt. Ich hatte Afrika-Karten bei den Hausbesetzern gesehen und bei Funk-Abteilungsleitern. Afrika war ideologisch einwandfrei (Kolonialismus / Negerkinder / Befreiungsbewegungen), und es war so wundervoll exotisch. »Afrika«, seufzte sie. Sie war mal als Korrespondentin dort. Mir fiel der Afrika-Witz ein, den mir Heiner Müller erzählt hatte. In der Schule fragt der Lehrer: »Fritzchen, was weißt du über Angola?« Und Fritzchen sagt: »An Gola könndsch misch dodsaufen.«

Obwohl die »Berliner Zeitung« offen nach allen Seiten paddelte, ging es ohne pädagogische Leitplanken doch nicht ab. Als in der folgenden Redaktionskonferenz über einen Wirtschaftskommentar geredet wurde, sagte die Chefredakteurin: »Wir gucken dann mal gemeinsam drüber und sprechen das Kommentarziel ab.«

Für die Redakteure in den Tageszeitungen, die einstigen Tintenflakhelfer des dumpfen Opa-Regimes, war das Wende-Neusprech die Schleuse in die Neue Zeit. Sie schrieben sich, mit jedem Kommentar, jeder Meldung, neue Legenden. Sie verschwendeten kein Wort über die Rolle, die sie in der Vergangenheit gespielt hatten, und gingen gleich zum Angriff über. Darin verstanden sie sich ausgezeichnet mit den antikapitalistischen Großwesiren des westdeutschen Feuilletons, wo die Neusprechvokabeln »Moral«, »Anstand«, »Liberalität« blühten.

Subventionskultur ist angestammtes Neusprechland. Neusprech ist ja weniger eine Sprache als ein Sound, empört, jammernd, bissig, immer ausgesprochen betroffen und ausgesprochen moralisch. Er erinnert leicht an den Schnorrerton von Junkies, die dich aus grauen Augenhöhlen anstarren und sagen: »Ey, Alter, haste mal ’ne Mark?«

Auf dem Kongreß des Schriftstellerverbandes, der in den Räumen der Humboldt-Universität tagte, gab es neben der Wahl eines neuen Präsidenten, der so unbekannt war, daß er als unbescholten galt, vor allem zwei Tagesordnungspunkte: Die Schriftsteller forderten, die polnische Westgrenze anzuerkennen, und sie verlangten ultimativ die Erhaltung der Seniorenheime für Autoren. Zusammengenommen also: Naturschutz für das Gewissen der Nation.

Seit dem deutschen Idealismus, seit Schillers Briefen zur »ästhetischen Erziehung des Menschen«, in der Schönheit in erster Linie »moralische Schönheit« ist und das Theater eine »sittliche Anstalt«, waren Kultur und Gewissen in Deutschland zusammengereimt worden – und seither hat man das nicht wieder auseinandergekriegt. In der heruntergewirtschafteten Vulgärversion der Feuilletons hieß das: Wer Kultur machte, hatte automatisch Gewissen. Und wer keine Subventionen herausrückte, hatte keins. So war das Gewissens-Kultur-Geschäft eine üppig florierende Branche, auch im Westteil der Stadt. Die Neusprecher des Ostens verstanden sich prächtig mit den Subventionskünstlern des Westens.

Im Februar fanden die ersten Gesamtberliner Filmfestspiele statt. Großkalibrige Westintellektuelle sprachen davon, »das Bewahrenswerte der DDR-Kultur zu erhalten«, und meinten damit die DEFA, die in diesen Tagen auf den sicheren Bankrott zutrieb. Für die Stimmung der ostwestdeutschen Berlinale-Mischpoke kennzeichnend war die Verleihungszeremonie der Berliner Bären. Das fade Schwulenmelodram »Coming out« von DEFA-Regisseur Heiner Carow, das Türen einrannte, die im Westen seit mindestens 20 Jahren offenstehen, erhielt den Silbernen Bären. Und der reich alimentierte DDR-Künstler wurde durch Standing Ovations geehrt.

Nur mit einem Sonderpreis wurde Oliver Stones Vietnamfilm ausgezeichnet. Zur Dankesrede wurde der querschnittgelähmte Drehbuchautor und Vietnamveteran Ron Kovacs auf die Bühne geschoben. Zehn Jahre lang hatte er um diesen Film gekämpft. Kovacs kam mit seiner Rede nicht sehr weit. Er hatte den Fehler gemacht, Kennedy zu erwähnen – da pfiffen die kulturliebenden Berliner den Krüppel und Pazifisten, der das Pech hatte, der »imperialistischen Supermacht USA« anzugehören, von der Bühne.

Seit der Titelgeschichte über den »Drahtzieher« Gregor Gysi gehörte der »Spiegel« bei den Intellektuellen zu den Bösen. Bei einer Fernseh-Talkshow in München, bei der ich über das wunderschöne Thema »Kult oder Kultur – Was bleibt vom Sozialismus?« diskutierte und von der nichts blieb außer Kopfschmerzen, lernte ich den Pressesprecher der PDS kennen.
Er saß in einem tiefen Sofa und ich auf dem höchsten Stuhl, und da er ohnehin kleiner war, mußte er dauernd zu mir aufschauen, was ihn ziemlich verbitterte. Doch der Hauptgrund seiner Verärgerung war der Gysi-Titel. Die gelbe Schrift, die die Layouter benutzt hatten, sei so etwas wie eine antisemitische Geheimbotschaft und suggeriere den gelben Stern und rufe zur Lynchjustiz gegen den Juden Gysi auf. Er sagte sehr bestimmt, daß er dafür sorgen wolle, daß der »Spiegel« keine Termine mehr bekäme. So was darf ein Pressechef denken, aber er darf nicht so blöde sein, das auch noch zu sagen. Immerhin war mir damit klar, warum ich seit Wochen keinen Termin bei dem PDS-Mitglied Golde bekam, der Chef der DEFA-Spielfilmproduktion war. Den ganzen Februar über hatte ich bei der DEFA recherchiert, aber nie war ein Gespräch mit Golde zustande gekommen.
Eines Tages fuhr ich mit meinem Fotografen Detlev Konnath, der schwere Motorräder und schwarze Ledersachen liebt, auf gut Glück nach Babelsberg hinaus. Direktor Golde, sagte der Pförtner, sei im Moment in einer Besprechung. Doch als er hörte, daß wir vom »Spiegel« kamen, besserte er nach: Direktor Golde sei krank und wohl die ganze Woche nicht zu sprechen, und auch die anderen Direktoren seien alle unterwegs. Mit dem Ellbogen verdeckte er zur Hälfte einen weißen Zettel, der unter der Tischglasplatte lag. Die handschriftliche Anweisung auf dem Zettel lautete: »Den Spiegel nicht reinlassen!«
Darüber war ich dann doch ein wenig aufgebracht. Und da ich den »Watergate«-Film mit Robert Redford mindestens dreimal gesehen hatte und oft genug diese Kriegskorrespondenten-Heldenträume habe, sagte ich zu Detlev: »Komm, wir schauen uns mal um.«
Wir passierten die Schranke. Der Betriebsschutz tauchte auf. Er steckte von Kopf bis Fuß in diesen verwegenen Ostjeans mit dem

aufgedruckten Stone-washed-Muster, das mich immer an Kindergeburtstage und Cowboyspiele erinnerte. Der Betriebsschutz sah Detlevs breite Oberarme, sah mein verhetztes westkapitalistisches Gaunergesicht und traf in Sekundenbruchteilen eine Güterabwägung: Er begann zu schimpfen, auf die Studiotyrannen im besonderen und die Honecker-Tyrannen im allgemeinen, und zeigte uns bereitwillig den Weg in die Chefetage.
Der Leiter der Abteilung Öffentlichkeitsarbeit, mit dem der Pförtner kurz zuvor noch telefoniert hatte, war verschwunden. Seine Sekretärin war ebenso ratlos wie wir. »Gerade eben war er noch da!« Nun waren die Türen zu seinem Büro verschlossen. Hatte er sich verbarrikadiert? Die Sekretärin führte uns durch eine Seitentür in sein Büro. Gemeinsam schauten wir unter dem Schreibtisch nach. Er war tatsächlich weg!
Wir setzten unseren Weg fort, hinauf in den dritten Stock, zur Generaldirektion. Zwei Sekretärinnen riefen uns hinterher: »Da können Sie nicht rein!« Wir stießen die dickgepolsterte Tür auf – welche Überraschung! Da saß Direktor Golde im Kreise seiner Mitdirektoren, und der Leiter der Abteilung Öffentlichkeitsverhinderungsarbeit flüsterte ihm gerade etwas ins Ohr. Und weil uns alle so wunderbar fassungslos anstarrten, rief ich Detlev gutgelaunt zu: »Mach doch ein Familienfoto«, und Detlev drückte auf den Auslöser.
Selbstverständlich kamen wir zu unseren Interviews, und selbstverständlich war alles nur ein Mißverständnis. Die demokratische Erneuerung und ihr Neusprechvokabular beherrschte vor allem jener Abteilungsleiter perfekt, den ein »republikflüchtiger« ehemaliger DEFA-Mitarbeiter bei seiner Vernehmung als Stasioberst kennengelernt hatte.

HONECKERS HOLLYWOOD

ÜBER DAS SUBVENTIONSGRAB DEFA

In grauen Schnüren hämmert der Regen auf die Planwagen, die seit den sozialistischen Indianerfilmen der sechziger Jahre hier herumstehen. Kanonen aus Plastik glänzen zwischen den Wellblechbaracken, und über die morastigen Wege dieser Geisterstadt, so groß wie der Vatikanstaat, hasten Arbeiter in das Verwaltungsgebäude, wo ein Wahllokal untergebracht ist. In diesen Tagen wirken die Studios in Babelsberg, einst Flaggschiff der DDR-Film- und Propagandakunst, wie eine verlassene Kulisse. Der größte staatliche Filmkonzern der Welt, der allein in Babelsberg 2300 Beschäftigten Brot und Arbeit gibt und der neben der Dokumentarfilm-Abteilung noch ein Kopierwerk und ein Trickfilmstudio in Dresden besitzt, liegt in Agonie. Die ratlosen sozialistischen Studiobosse haben sich hinter gepolsterten Türen verbarrikadiert, und die Arbeiter wählen eine Gewerkschaftsvertretung, die keine Ahnung hat, was sie eigentlich soll. Die Angst geht um. Die Angst vor dem Kapitalismus.

Längst nicht alle jubeln, als der mächtige Kran die Stahlbetonplatte in den Nachthimmel entschweben läßt und ein weiteres Loch reißt in die Mauer zwischen Brandenburger Tor und Reichstag, die mal »Schutzwall« genannt wurde. Während auf der Westseite vor Touristenbussen die Sektkorken knallen, starren auf der Ostseite viele wie gelähmt auf die Lücke, und einer, in Parka und Turnschuhen, zieht nervös seine schwarzen Lederhandschuhe stramm und ballt die Hände zu Fäusten.
»Schau dir diese Folterfresse an«, sagt der DEFA-Dokumentarfilmer Jürgen Böttcher. Er hat in dem Turnschuhtypen einen zivilen Stasischläger wiedererkannt. Und dann folgt ein stummes Geisterballett in dieser deutschen Nacht, unter den gleißenden Scheinwerfern der internationalen Fernsehstationen: Der kleine grauhaarige Regisseur deutet mit ausgestrecktem Arm auf den Stasimann, der entsetzt aufschaut, zurückweicht und die Menge

verläßt, die ihn bis dahin geschützt hat, hinaus in Richtung Brandenburger Tor, wo ihn die Dunkelheit schluckt. Der kleine Mann triumphiert. »Weißt du«, sagt er zu seinem Assistenten, »ich habe diese Suggestivkraft, ich beobachte ja noch viel wahnsinniger als du.« Die Kunst, so scheint es, hat endlich doch noch die Macht besiegt.

Vor 24 Jahren ist Böttcher von dem System, das sich diese Schläger abrichtete, der Rücken gebrochen worden. Vor 24 Jahren hatte er seinen ersten Spielfilm gedreht. Er hieß »Jahrgang 45«, eine Liebesgeschichte in Berlin, ein schwarzweißer Sommerfilm über einen jungen Mechaniker und seine Frau, die sich trennen und wieder zueinander finden. Mit langen, stummen, dokumentarischen Sequenzen etwa aus einem Tanzsaal, in dem nur Gesichter und Blicke und Berührungen die Geschichte vorantreiben, gänzlich unpolitisch, doch von großer poetischer Kraft. Dieser Film war wie fast alle der Jahre 1965/66 verboten worden. Die starren Machthaber, die ihre Jugend verloren hatten im Kampf gegen den Faschismus, rächten sich in jenen Jahren an der Jugend des eigenen Landes. Sie räumten auf. Sie zertrampelten Jürgen Böttchers Blütentraum mit dem Vorwurf, er sei »nihilistisch«, etwa, weil er vier untätige Jugendliche vor einer schwarzen Mauer zeigte. Studiochefs und Regisseure wurden zu erniedrigenden »Selbstkritiken« gepreßt. Komplette Leitungsteams wurden ausgetauscht. Erich Honecker hielt Ende 1965 seine berüchtigte Rede auf dem 11. Plenum des ZK, die mit den Worten begann: »Unsere DDR ist ein sauberer Staat.« Doch Jürgen Böttcher blieb in der Partei, blieb angestellter und bezahlter Regisseur der DEFA.

Er haßte sich für seine Schwäche, lieferte sozialistische Auftragsarbeiten und krümmte sich als verhindertes Genie mit Experimentalfilmen und Malerei in den Kunstnischen des sozialistischen Spießeralltags. Je länger das Verbot zurücklag, desto überzeugter war er davon, ein »Caravaggio des Films« zu sein. Mit Christusmiene und flatterndem Künstlerschal hatte er sich mit seinen Leidensgenossen im Februar dem Publikum auf den Berliner Filmfestspielen gestellt, wo die verbotenen Filme der Jahre 1965/66 der Westöffentlichkeit präsentiert wurden.

Jürgen Böttcher, der erst ein paar Wochen zuvor sein Parteibuch zurückgegeben hatte, litt noch einmal auf dem Podium, stellvertretend für alle, und er ließ das Publikum noch einmal leiden, indem er ausländische Frager als »dumm« abkanzelte und sich als genial bezeichnete, und alle sagten sich still: Soll er sich ruhig aufführen wie ein verkrachtes Genie, er hat gelitten, und sein Film damals, vor 24 Jahren, war wirklich schön.
Ein letztes Mal konnten die DDR-Regisseure bei diesem Festival auf der Klaviatur des schlechten Gewissens spielen, ein letztes Mal geballte, umflorte Künstlerblicke ins Parkett der Vollgefressenen werfen und das Publikum zwingen, ihren Seelennöten nachzuspüren: noch Mitläufer oder schon Widerständler? Ein letztes Mal konnten sie mit belegter Stimme von ihren Verfolgern reden und wissen, daß, unabhängig von der gemischten Qualität ihrer Streifen, warmer Applaus antworten würde.
Und dann tauchten sie ab, die verfolgten DDR-Filmkünstler, tauchten ab in den Berlinale-Glamour der Atze Brauners und Maxe Meiers, der Bauspekulanten und Frisöre. Tapfer aßen sie sich, den »Tinnef« sichtbar verachtend, durch die Büfetts im »Schweizer Hof« und »Interconti« und beglichen morgens gegen drei in der Paris-Bar, dem Schickeria-Szenetreff, alte Rechnungen: Da wurden dann dem Reporter Namen ins Ohr geflüstert von prominenten Dunkelmännern, Namen von Drahtziehern und Kollegen, die Westautos fahren.
Während also auf der Horror-Politshow Berlinale die Denunziation blühte bei Schampus und Austern, hockte eine verzweifelte DEFA-Belegschaft ein paar Kilometer weiter im Ostteil der Stadt und hatte Angst vor dem Kapitalismus.
Bisher mußte sich die DEFA (Deutsche Film-AG) keine Sorgen machen als vollsubventioniertes Staatsunternehmen. Aus den Trümmern der Ufa, die von den Nazis zum strammen Propagandainstrument gehämmert worden war, wurde sie von den Stalinisten nach Kriegsende zu ähnlichen Zwecken wiederaufgebaut. Von Anfang an hatten auch die Filmkünstler der DEFA einen Erziehungsauftrag: den sozialistischen Menschen zu formen. Und damit die Dokumentarfilm-Abteilung, mit 900 Beschäftigten zur wohl größten der Welt aufgebläht, bei ihren

Streifzügen durch die Wirklichkeit ihren Auftrag nie vergaß, wurde sie in der Otto-Nuschke-Straße unter die Fittiche genommen: ein hohes verfallendes Gebäude zwischen ZK, Stasifiliale und Polizeirevier.

Von hier aus dokumentierte die DEFA nicht die Wirklichkeit, sondern die Kulissen, die der Partei genehm waren. »Honecker hat später an diese Filme tatsächlich geglaubt«, sagte einer, »und das war seine Tragik.« Noch im Mai hing vor dem Gebäude das Transparent »DEFA-Dokumentaristen – Helfer der Partei«. Unter den 80 festangestellten Regisseuren, von denen Dutzende hier nur auftauchten, um ihr Gehalt abzuholen, gab es in den letzten Jahren einige nachdenklichere wie Roland Steiner. Sein Film »Unsere Kinder« (1989) zeigt die ungeschönte DDR-Realität von Ausländer hassenden Skinheads und Hakenkreuz pinselnden Aussteigern.

In der Kantine im dritten Stock sitzt er nun, ein asketischer 40jähriger mit hoher Stirn, vor dem Mikrofon und versucht gleichzeitig aufzurütteln und zu beschwichtigen. »Wir wissen ja noch nicht mal, ob wir nächsten Montag noch unser Geld bekommen«, ruft eine Kantinenhilfe. »Deshalb müssen die Studioleiter schnellstens unternehmerische Konzepte ausarbeiten«, sagt Steiner. »Wir müssen eine Gruppe bilden, die im Schnellehrgang Marktwirtschaft büffelt. Von unseren Ökonomen konnte mir keiner sagen, was das eigentlich ist.«

Bisher kamen die Direktiven von oben. Wie wird man initiativ? Im trüben Kantinenlicht sind sich alle nur einig darüber, daß der Kapitalismus grauenvoll ist. Die Dokumentarfilmer, die jetzt mit ihren Kameras auf den Straßen sein sollten, bilden Ausschüsse und palavern, als ginge es um ein selbstverwaltetes Jugendzentrum und nicht um einen Riesenkonzern. Studioleiter Heinz Rüsch, ein grauhaariger Papatyp, seit 1952 bei der DEFA, einige Tage später in der Kantine: »Ihr wißt, daß es bei uns auch viel Faulheit und Inkompetenz gab. Das können wir nicht mehr decken.« Alle schweigen betreten.

Da ein Betriebsrat in der Otto-Nuschke-Straße wegen mangelnder Wahlbeteiligung der resignierten Belegschaft nicht zustande kam, ist der »Runde Tisch« eine Verlegenheitslösung. Vor dem

Aushang mit den Abstimmungsergebnissen, neben dem Schild »Fluchtweg«, steht eine Mitarbeiterin und lächelt geringschätzig. »Bei uns in Babelsberg«, sagt sie gutgelaunt, »läuft das anders – wir sind weniger exzentrisch.« In diesen Zeiten gilt das DEFA-Spielfilmstudio in Babelsberg als lukrativer Betriebsteil.

Von nahem betrachtet, ist die DEFA-Spielfilm-Abteilung jedoch ein Koloß auf tönernen Füßen. Mit einem Etat von 100 Millionen Mark wurden in den letzten Jahren im Schnitt nur 16 Spielfilme und etwa 30 TV-Produktionen jährlich hergestellt. Die Gebäude und Studios auf dem einstigen Ufa-Gebäude sind größtenteils baufällig. Nach vorsichtigen Schätzungen beträgt der dringende Investionsbedarf rund 120 Millionen. Und zwar Westmark.

Eine echte Wende hat in Babelsberg nicht stattgefunden. Generaldirektor ist seit September Gert Golde, jahrzehntelang SED- und nun PDS-Mitglied. Ausgerechnet die einstige SED sucht in diesen Tagen den Schulterschluß mit der kritischen Intelligenz, spricht davon, »die nationale Identität der Kultur« zu bewahren, und verspricht der »Filmkunst« Millionen-Subventionen.

Gert Golde, ein eher phantasiearmer Angestelltentyp, ist treuer Erfüllungsgehilfe seiner Partei. »Bevor ich einen entlassen muß, gehe ich selber«, sagt er seiner Belegschaft, und alle wissen, daß er den 18. März ohnehin nicht lange überlebt.* Da Golde den Film nur als dirigistisches Subventionsunternehmen kennengelernt hat, sind seine privatwirtschaftlichen Visionen eher rührend. »Wenn wir zum Beispiel ein griechisches Dorf aufbauen«, sagte er kürzlich, »könnten wir doch Vicky Leandros dort singen lassen und das noch mal verkaufen.« Die Belegschaft feixte.

Ansonsten, meint Golde im schönsten Parteichinesisch, »werden wir das Kommunikationsmedium Film auch künftig benutzen, um das Bewußtsein zu schärfen.« Ob es denn nicht an der Zeit wäre, mal Kino zu machen, statt dauernd Menschen erziehen zu wollen? »Wir werden natürlich auch den Bedürfnissen des Publi-

* Hier haben sich alle getäuscht: Golde ist auch ein halbes Jahr nach der Wahl noch Chef. Anm. d. A.

kums in zunehmendem Maße Rechnung tragen.« Er spricht tatsächlich immer noch von »wir«.
In den endlosen »Strukturberatungen«, mit denen sich die sozialistischen Studiobosse hinter den gepolsterten Türen im Gebäude III gegen die Wirklichkeit verbarrikadieren, sitzt auch Gerrit List, der nach 30 Jahren endlich Produktionsdirektor wurde.
Gerade ist er, ein Duz- und Kumpeltyp, dabei, für den »lieben Horst« einen Produktionsstab zusammenzustellen. Der liebe Horst E. Brandt war einer der eifrigsten DEFA-Regisseure für linientreue Jubelfilme. Dafür erhielt er auch satte Prämien. Wie seine Machwerke, die sich selbst Studioangehörige nicht freiwillig anschauten, trotzdem relativ hohe Zuschauerzahlen aufweisen konnten, ist eines der Zauberkunststücke subventionierter sozialistischer Planwirtschaft: Schon vor Drehbeginn von »Der Hut des Brigadiers« (1986) etwa stand fest, daß diesen Film 300 000 Zuschauer sehen würden, da er als sogenannter 1A-Film eingestuft war. Der Rest lief nach erprobten Regeln ab: An die Bezirksfilmstellenleitung wurden rechtzeitig vor dem Start 300 000 Kinokarten verteilt, die gebündelt an die Kreisfilmstellen weitergegeben wurden. Diese schickten die Tickets über ihre Parteifunktionäre in die Betriebe, wo sie verteilt wurden. Und dann lief ein 1A-Film wie »Der Hut des Brigadiers« dreimal am Tag drei Wochen lang in den Kinos »ausverkauft« und vor leeren Reihen und war ein voller Erfolg, obwohl ihn niemand gesehen hatte.
Trotz solcher Tricks, so enthüllt eine betriebsinterne Bilanz, schafften in den letzten sechs Jahren gerade drei Filme die Millionengrenze, allesamt kritische Diskussionsfilme wie »Einer trage des anderen Last«, denen das publikumswirksame Zensurverbot drohte. Filme galten jedoch schon als Erfolg, wenn sie 100 000 Zuschauer erreichten. Selbst Betriebsangehörige sprachen gelangweilt von »DEFA-Schoten«.
In diesen Tagen sind es wohl nur die DEFA-Regisseure, die PDS und die Westberliner Subventionskünstler, die für ein Durchpäppeln des DDR-Filmblähbauches mit »Staatsknete« sind. Die hochqualifizierten Facharbeiter auf dem Gelände sehen das völ-

lig anders. Ein Aufnahmeleiter: »Wir würden gern unter härteren, kapitalistischen Bedingungen produzieren – wenn wir damit auch mehr verdienen.« Bei knapp 900 Mark monatlich muß er nebenher sein Auto vermieten, um seine Familie durchzubringen. Sein westdeutscher Kollege kann das Zehnfache in Westmark mitnehmen.

Gegen den kaufmännischen Dilettantismus der Direktion und die bisweilen publikumsverachtende Arroganz auch der kritischen Regisseure, denen gerade ein Verbot oft den entscheidenden Karriereschub einbrachte, meuterte jetzt die DEFA-Belegschaft. Beleuchter, Fahrer, Dekorateure boykottierten den Film »Volks Entscheid« von Siegfried Kühn. Volksentscheid gegen einen Film, der sich, ausgerechnet jetzt, mit Vorgängen im roten Halle 1946 »auseinandersetzen« möchte. Gequält sprach der Regisseur daraufhin von einer sich »ausbreitenden kunstfeindlichen Tendenz im Studio« und verglich die Arbeiter mit den Parteibonzen, die frühere Filme von ihm verboten. »Die waren nur dagegen, weil der Film seine Kosten wahrscheinlich nicht einspielen würde. Als ob das wichtig wäre.«

Realitätstüchtig dagegen sind die DDR-Filmkünstler immer gewesen, wenn es um ihre Gage ging: Siegfried Kühn, der wie alle DEFA-Regisseure außerhalb seines Gehalts (bis zu 2000 Mark monatlich) pro Film rund 15 000 Mark kassierte und wie alle Regisseure von einem Fahrer ins Studio gebracht wurde, bereitet schon wieder ein neues Projekt vor, für das ihm die Studiobosse grünes Licht gegeben haben.

In diesen Tagen wird in den Studios kaum gearbeitet. Die große Mittelhalle, einst die größte Europas, in der Ufa-Klassiker wie »Metropolis« entstanden, ist bereits um drei Uhr nachmittags verwaist. »Fritze Bollmann« soll hier gedreht werden. Die Szene: ein kleiner Brandenburger Marktplatz. Der Plot: keimfreie Provinzunterhaltung nach dem Geschmack der vermufften PDS-Leute, die das Studio noch regieren. Doch auch hier hat die neue Zeit bereits genagt: Über dem Tresen der Attrappenkneipe hängen jetzt Reklameschilder für »Coca-Cola« und »Pall Mall« – die fehlten in den ursprünglichen Ausstattungsentwürfen.

In einem kleinen Nachbarstudio hingegen wird noch gearbeitet.

Fernsehregisseur Wagner dreht einen »Polizeiruf 110«, das DDR-Pendant zum »Tatort«. Er gibt das Kommando: »Los, Anja, fang an zu kotzen!« Über einer Toilettenschüssel krümmt sich ein Mädchen im Punk-Outfit und übergibt sich. Diese Folge, die »Zerstörte Hoffnung« heißt, lag lange auf Eis, bevor sie realisiert werden konnte – sie beschäftigt sich mit den No-future-Kids der DDR.

In der Tischlerei findet ein Pingpongturnier statt, und die Stukkateure lesen Zeitung. Sie sind Könner ihres Faches, und sie wissen es. Ein Medusenhaupt steht auf der Werkbank, und dahinter hängt die Zeitungsschlagzeile: »Alle Macht dem Volk«. In einem Regal stehen historische Köpfe. Stalin, unter zentimeterdickem Staub, hat die Nummer 56. Beethoven Nummer 3. Hitler fehlt. Hitler ist eingeschlossen. »Der wurde immer wieder geklaut, war ein begehrtes Sammlerobjekt.« Die Facharbeiter haben keine Lust mehr. Planwirtschaft und Dilettantismus haben ihnen die Motivation geraubt. »Arbeitslosigkeit«, sagt einer, »fand bei uns *in* den Betrieben statt.« Erst nach Feierabend, wenn es darum ging, Häuser für Betriebsangehörige in extra bezahlten Schichten zu errichten, drehte man auf.

Während Ost- und Westberliner Feuilletons damit beschäftigt sind, Resolutionen zur Rettung der »nationalen Filmkultur der DDR« abzudrucken und davor zu warnen, daß einer »Diktatur der Ideologie nun eine Diktatur des Geldes« folgt, wünschen sich die Facharbeiter potente, vor allem kompetente Produktionsfirmen. Aufnahmeleiter Zielske aus der Wellblechbaracke 307 sehnt sich eine CDU-Regierung herbei. Ein Produktionsleiter beschreibt die Gewerkschaftswahl verächtlich als »kindisch-basisdemokratisches Ritual«. Er hat bereits ein West-Vertragsangebot in der Tasche. Regisseur Hans, der gerade einen Polizeiruf vorbereitet, hat schon Post aus dem Kapitalismus bekommen: Die »Nordwestdeutsche Klassenlotterie« schrieb ihm an seine Potsdamer Privatanschrift: »Lieber Herr Hans, sicher interessiert es Sie, wie Sie in kurzer Zeit viel Geld gewinnen können.«

In Baracke 307 hospitiert Tom Zickler, ein Student der Babelsberger Filmhochschule. Mit Freunden hat Tom die Gruppe »Man Ray« gegründet. Sie produziert seit Jahren Kurzfilme,

Dokumentar- und Spielfilme auf Super-8. Ohne einen Pfennig Subvention. Dafür sind es Filme, »die wir wirklich machen wollen, machen müssen«. Bei den Dreharbeiten zu »Zehn Tage im Herbst« wurde er von der Stasi inhaftiert und 14 Stunden lang verhört. Später erhielt der Film auf dem Festival in Leipzig die »Goldene Taube«. An den DEFA-Film, bei dem er zur Zeit hospitiert, »glaubt außer dem Regisseur keiner mehr«.
Wir verlassen das Studiogelände, das bereits um fünf Uhr nachmittags still und tot daliegt, und fahren zur Potsdamer Albert-Einstein-Straße. Das Haus Nummer 15 hat Tom mit anderen Freunden von der Filmhochschule vor einigen Tagen besetzt. Hier wollen sie wohnen und arbeiten. Ein Kino soll entstehen und Werkstätten.
Auch dieses Haus ist auf makabre Weise Filmkulisse. Weil Erich Honecker vor drei Jahren einmal die Potsdamer Parteileitung gegenüber besuchte, wurde die Fassade von Haus Nummer 15 restauriert. Selbst der sichtbare Teil des Daches wurde repariert – das Auge des Parteichefs sollte wohlgefällig auf dem Potemkinschen Dorf seiner DDR ruhen. Kulissen wurden nicht nur in den DEFA-Studios hergestellt.
So hat dieses Haus zwei Hälften: eine offizielle und eine wirkliche. In der wirklichen sind bereits drei junge Filmstudenten eingezogen. Tom will Produzent werden. Er träumt vom großen Kino, von Spielberg, von Filmen, die das Publikum unterhalten. Sein Freund Thomas Frick dagegen denkt an eine ganz andere Art Film. »Ich will die Menschen zum Besseren erziehen.«
Jeder von beiden sitzt unter einer wandgroßen Landkarte, die Tom aus seiner Schule mitgehen ließ. Die eine zeigt Afrika. Die andere die DDR. Und ihre Standpunkte sind ähnlich weit auseinander. In einem sind sie sich jedoch einig: »Ehrliche Filme« wollen sie machen. »Und da ist es egal, ob auf Super-8 oder auf 35 mm à la Babelsberg.«

DIE WAHL

Meine Beziehung zu Karen war abgekühlt. Um so mehr, da sie in einem Betrieb arbeitete, über den ich recherchierte und sie damit in Loyalitätskonflikte brachte. Sie hatte giftige Blicke in der Kantine zu ertragen, wenn ich ihre Kollegen befragte, und sie gab diese giftigen Blicke an mich weiter. Ich ging ihr auf den Wecker, weil ich zu schnell, zu unverschämt, zu direkt war. Sie fiel mir auf die Nerven mit ihrem Negerkinder-Tick, mit ihrer Langsamkeit und mit ihren Nörgeleien über den korrupten Westen, der ihr Land vereinnahmen wolle. Wir hatten uns in unsere eigenen Klischees verwandelt. Sie war der Osten, ich der Westen. Sie hörte sich an wie Gysi, ich wie Lambsdorff. Es ist ziemlich merkwürdig, mit Gregor Gysi zu schlafen. Besonders, wenn man Lambsdorff ist. Eines Nachts sagte sie: »Ich bin dafür, daß die Mauer wiederaufgebaut wird.« Und ich antwortete mit dem Brustton tiefster Überzeugung: »Ich auch.« Wir sahen uns wochenlang nicht wieder.
In meinem Hotelzimmer-Tapetendschungel fühlte ich mich wie ein Siedler im Kampf gegen eine feindselige Natur. Wer spricht von Siegen ... Da waren die Unbilden der Klimaanlage und die gelegentlichen Betrugsversuche des Zimmerservice. Ich warb um die Sympathie der Telefonzentrale, denn Anrufe wurden nur in seltenen Fällen durchgestellt. Und ich versuchte, im DDR-Fernsehen die Sitten und Bräuche der Ureinwohner zu verstehen. Es gab Kabarett, über das ich nicht lachen konnte, wahrscheinlich, weil bei mir der »Humor nicht mit an Bord war« (Christa Wolf), und es gab Zirkus, der allerdings an Faszination verloren hatte: Die Sieger einer Quizsendung waren vor Enttäuschung den Tränen nahe, als sie erfuhren, was sie gewonnen hatten – kein Mallorca, sondern »eine Woche lang mit dem Zirkus Berolina in einem Wohnwagen durch die DDR, na, dassisdochwas«!
Morgens gab es »Medizin nach Noten«, das auf diesen bunten westlichen Aerobic-Schnickschnack ganz verzichtete und einfaches, ehrliches Turnen brachte. Und es gab Sendungen wie »Kontakte, Liedermacher & Co.«, wo langhaarige, bärtige Sän-

ger in Overalls die Gefühlslage der Jugendlichen besangen: »Wo sollen wir hin, wo bleiben wir, ey, ich kann ja nur zu dir und du zu mir.« Vor allem das »ey« schien den Sängern zu gefallen, weil es in jedem Lied auftauchte.

Dazwischen Interviews mit DEFA-Regisseuren über ihre Kinderfilme, denn um Kinder ging es immer wieder, die ganze DDR war ein Kindergarten, der von ernsten Pädagogen geleitet wurde: »Was muß in einen jungen Menschen gepflanzt werden, daß eine Persönlichkeit daraus wird?« fragte sich einer der Kinder-Propaganda-Verkorkser laut und zeigte dann einen Dokumentarfilm über . . . nein, nicht über die Kinderkrippe in Marzahn, sondern über syrische Waisenkinder, die später mal Jura studieren wollten und »die Sache des palästinensischen Volkes vertreten«.

Es gab noch andere Siedler außer mir. Die Dresdner Bank hatte pioniermäßig im 4. Stock eine Dependance eingerichtet, und in der Sinus-Bar im Hotelkeller saßen Nürnberger Strumpffabrikanten mit Kombinatsleitern in den dunklen Ledernischen und ließen Rotkäppchensekt springen, und sie verstanden sich prima. *Mein* Deutschland war das nicht, das da wuchs.

Ich konnte das vermurkste Verlautbarungsdeutsch, hinter dem sich meine neuen Landsleute verbarrikadierten, nicht mehr ertragen. Wenn ein Buchhändler sagen wollte, daß die alte Parteiliteratur eingestampft wird, sagte er: »Die Gesellschaftsliteratur wird dem Handelsrisiko zugeführt, das heißt der Altpapierverwertung.« Selten sprach einer direkt aus, was er dachte. Doppelsprech. Neusprech.

Ich haßte es, in Biographien herumzuwühlen und Interviewpartner zu fragen, ob sie in der Partei waren, was notwendig war, um die Informanten und Denunzianten besser einschätzen zu können, die durch meinen braungrünen Hotelzimmerdschungel defilierten. Alle waren Opfer. Ich begann, die Opfer zu hassen, die den Westen und sich dafür haßten, daß sie Opfer waren. Ich hielt diese vorwurfsvollen, unfreundlichen, apathischen Opferblicke nicht mehr aus, die sagten: Gib dein Geld her, Gringo, und laß uns in Ruhe.

Dabei war dieser rohe, dumpfe Umgangston offenbar nicht nur

eine Abwehrhaltung gegenüber dem Eindringling, dem Westler. Er war strukturell. In einem bei Suhrkamp erschienenen Tagebuch notierte der Dresdner Schriftsteller Thomas Rosenlöcher: »Das Schlimmste an diesem Land: neben Verfall und Zerstörung und offizieller Verlogenheit eben auch der Niedergang der Umgangsformen, die unter uns herrschende Unfreundlichkeit, die längst in den Gesichtern festgeschriebene Verdrossenheit.«
Gab es überhaupt Opfer? Ein Volk aus lauter Opfern? Ohne den notorisch-deutschen vorauseilenden Gehorsam wäre dieser absurde Spuk DDR längst in sich zusammengekracht, das bestätigten mir alle meine Freunde im Osten. Was kam da auf uns zu? Was auf uns zukam? Ganz einfach ein paar Zahlen: 500 000 Stasizuträger, sozusagen Honorar-Spitzel. Dazu 86 000 hauptamtliche Stasis: Knochenbrecher, Verhörspezialisten, Erpresserprofis. Zwei Millionen ehemalige SED-Mitglieder. Das macht, summa summarum, sechzehn Millionen Fünfziger-Jahre-Deutsche, sechzehn Millionen Untertanen ohne Studentenrevolte und Flower-Power-Schaumbäder, hart, ästhetisch verroht, ausgehungert und gelb vor Neid.
Diese Opferblicke, die mich trafen, waren oft kühl und berechnend. Irgendwie waren sie sauer, die Opfer, daß man ihnen auf die Schliche gekommen war – sie entsprachen überhaupt nicht der Springer-Kitsch-Legende von gepeinigten Kreaturen in Kerkern. Sie hatten sich, verdammt noch mal, alle relativ gemütlich eingerichtet in diesem Alptraum. Ab und zu hatte man den Nachbarn verraten, ab und zu den Kindern aufs Maul gehauen, wenn sie dumme Fragen stellten. Und abends Westfernsehen.
Ich wußte, daß ich ungerecht war. Ich hatte Menschen getroffen, die ungekünstelt freundlich waren, die neugierig waren, hilfsbereit, ohne alle Berechnung, Menschen, die voller Zukunftspläne steckten. Etwa der Grafiker Roland Beier. Auf einer Karikaturen-Ausstellung am Alex hatte ich eine Marx-Zeichnung von ihm entdeckt. Sie zeigte den bärtigen Propheten des Proletariats, der eine Hand in die Hosentasche gestemmt hatte und lässig sagte: »Sorry, Jungs, war nur so eine Idee von mir.«
Das Blatt war witzig und souverän und absolut ungewöhnlich für die reichlich verquälte Humorproduktion der DDR. Ich setzte

mich mit ihm in Verbindung. Er lebte in Neubrandenburg und verdiente seinen Unterhalt mit Buchillustrationen. Daneben bastelte er versponnene Objekte, entwarf Comic strips und kritzelte Karikaturen. Ich traf mich mit ihm. Seine Frau kochte, sie erzählten mir von alten Zeiten, er führte mir seine Sammlung vor, und wir lachten viel. Irgendwann überredete ich ihn, die Marx-Karikatur als Druck herauszugeben, und schrieb eine Meldung für die »Szene«-Seite im »Spiegel«, in der ich seine Adresse angab.

Der Erfolg seiner Zeichnung war phänomenal. Drei Wochen später zeigte er mir in seiner Neubauwohnung am Juri-Gagarin-Ring, einer Gegend, die haargenau so aussieht, wie sie klingt, stolz einen Riesenkarton mit Bestelleingängen. Museen hatten angefragt, große Verlage umwarben ihn. Und er stand in seinem Zimmer an einer alten Siebdruckpresse und arbeitete im Akkord. Es spielte überhaupt keine Rolle, daß wir aus den verschiedenen Deutschlands stammten. Im Umgang mit ihm gab es keine Schuldkomplexe, kein Neidgefälle. Er war witzig und herzlich und wußte, daß er gut war.

Doch Roland war ein Einzelfall unter wenigen anderen. Insgesamt war das Ostwestklima längst in einen neuen Frost gestürzt. In der »Berliner Zeitung« hatte ich die Notiz gelesen, daß es der Polizei nachts »unter großem Einsatz von hilfsbereiten Mitbürgern« gelungen war, einen Fahrerflüchtigen zu stellen, der sein Auto vor eine Laterne gefahren hatte. Warum spielten aufgebrachte Ostberliner Bürger in Bademänteln und gestreiften Schlafanzügen mitten in der Nacht Sheriff? Nur, weil irgendeiner zuviel getrunken hatte? Falsch: Es war ein Westauto, das da an der Laterne parkte.

Ich würde die Zonis nie verstehen. Ich lag in meinem runden Bett, und der grüne Dschungel brach über mir zusammen. In meinem Zimmer war ich wie auf dem Mond. »Ground control to Major Tom, the circuit's dead, there's something wrong . . .« Die Funkverbindung zur Erde war abgebrochen. Selbst die Fenster ließen sich nicht öffnen – rostbraune Alurahmen und Doppelscheiben. Für frische Luft sollte eine Klimaanlage sorgen, die ich gleich nach meinem Einzug verklebt hatte, weil sie auf Ant-

arktis eingestellt war. In diesem Zimmer war ich wie eingeschweißt in meine Trübsal. Rasender Reporter? Deutschland raste – und ich lag in meinem Ostberliner Hotelbett und fühlte mich miserabel!
Aber da war doch West-Berlin, nur zehn Minuten vom Palasthotel entfernt, und fünf Minuten, wenn man die Busspur benutzte, vorbei an dem trojanischen Silber-Schiff, das das Kreuzberger »Büro für ungewöhnliche Maßnahmen« im ehemaligen Todesstreifen aufgestellt hatte, am Tiergarten entlang, und schon war man . . . ja, wo eigentlich? West-Berlin war keine Alternative. Zwei Restaurants in Kreuzberg, zwei in Charlottenburg, eine Kneipe, ein paar Kinos. Eine Weltstadt? Dieser größenwahnsinnige Spießerdschungel mit seinen arroganten Linksbiotopen und dumm-lauten Schrebergartenmafiosi, diese häßliche Krakenstadt, die jahrzehntelang symbolisch zur Metropole aufgepumpt worden war, ohne je Metropolenformat zu haben, dieser Alptraum aus falschen Tönen, dieser Subventionskultursumpf mit dem wuchernden Sozialneid der einzelnen Stämme aufeinander, dieser verrottete Morast aus schwäbischen Anarchos und Neuköllner Republikanern war durch den Fall der Mauer erst recht ballaballa.
Rücksichtslosigkeit war ein Berliner Kult. Da gab es die berüchtigte »Berliner Schnauze«, eine Wahnform, die jeden, den sie befällt, glauben macht, seine laut quietschende Dummheit sei komisch. Dieses »Wa-und-icke«-Gelalle war die schlimmste phonetische Verirrung seit der Erfindung deutscher Talkshows und in diesen Tagen doppelt aufdringlich – der ganze Osten der Stadt lallte genauso.
Im übrigen war auch der Westteil auf merkwürdige Art ver-ostet. Hier gab es diesen nölenden Anklageton selbstverwalteter Germanistikstudenten im achtzigsten Semester, die irgendwelche Jobs bei den Berliner Festspielen abgegriffen hatten und über den Schweine-Bullenstaat jammerten und nun über die Polen auf dem Polenmarkt und die bettelnden Rumänen und die DDRler, die die Aldi-Märkte verstopften. Oder Taxifahrer, die eigentlich Genies waren und die sich mit gefälschten Eintrittskarten auf irgendwelchen Filmbällen tummelten und darüber

nörgelten, daß ihr bahnbrechendes Filmvorhaben durch den Förderungsrost gefallen war, und dahinter natürlich politische Verschwörungen vermuteten.
Auch Margita und Alfred, meine ältesten Berliner Freunde, litten. »Ich lebe in einer anderen Stadt, obwohl ich nicht umgezogen bin«, sagte Margita, bevor sie ihren Sohn schnappte und für einige Monate nach Irland verschwand.
Ich wußte nicht mehr, wo ich hingehörte. Ertragen konnte ich weder die Ganovenvisagen des Westens noch die Opfergesichter des Ostens. Es war immer schwieriger, einen Sinn zu finden in diesem gierig ineinander verschlungenen Knäuel aus Interessen und Schiebereien. Es schien mir kaum noch möglich, eine Reportage zu schreiben, die einen Anfang und ein Ende hatte und mittendrin all die klugen Sätze, die dem Leser suggerieren, man habe begriffen, was man schreibt. Wie konnte ich über etwas schreiben, das ich selbst nicht mehr verstand? Kurz darauf erlitt ich einen Kollaps.
So was war mir nur einmal in meinem Leben passiert – vor achtzehn Jahren in Delhi, wo ich mir im Basar, ein todsicherer Tip!, einen internationalen Studentenausweis kaufen wollte. Aber damals waren es 45 Grad im Schatten, und mein Rikscha-Fahrer versuchte gerade, einem zwölfjährigen Jungen mit einem Steinbrocken den Schädel zu zerhämmern, und ich war ziemlich unterernährt und sensibilisiert, weil ich gerade zwei Monate lang im »Central Jail of Amritsar« von Dall und Chapati gelebt hatte.
Hier hatte ich genug zu essen. Aber ich hatte zwei Monate in der DDR hinter mir, in der ich mich fremder fühlte als in Delhi. Deutschland? Ein Alptraum, der immer wirklicher wurde. Darüber hinaus war ich körperlich am Ende. Die Hotelärztin diagnostizierte alle möglichen Krankheiten, die mit -itis aufhörten, und empfahl mir vier Wochen Urlaub.
Drei Tage lag ich im Bett. Ich las Entlegenes wie Friedenthals Goethe-Biographie, um nicht an die DDR erinnert zu werden, und jede zweite Zeile hatte DDR-Bezüge. »Was Sakkerzement soll man denn hier schonen? Sind's nicht verfluchte Patrioten? Die Kerls sind schuld daran, daß wir soviel ausstehen müssen . . .«

Ich sehnte mich nach Hamburg, nach der Alster und nach den Spaziergängen an der Elbe mit meinem Hund, nach ganz normalen Menschen mit ganz normalen Problemen, nach meinen Freunden, die nicht dauernd mit der Zukunft oder der Vergangenheit beschäftigt waren, sondern mit einer freundlichen, unaufgeregten Gegenwart, wo kluge Nachbarinnen Liebesromane schreiben und wo das Gerücht, daß ein Szene-Café schließen soll, für stundenlangen Gesprächsstoff sorgt.
Da lernte ich Caroline kennen. Sie kam aus Hamburg. Eine Schauspielerin, die mit einem Berliner Produzenten in der »Paris-Bar« saß, als ich mit ihr flirtete. Ich verliebte mich rettungslos und mit allen üblichen Symptomen geistigen Niedergangs. Sie hatte viel Haare, viel blaue Augen, viel Mund. Sie war schön und so wirklich wie ein Illustrierten-Starlet. Sie gab sich cool. Und war dabei so verletzlich und unsicher wie jeder, der noch nicht weiß, was er will. Ihr Vater hatte eine Bank, und sie hatte ein Pferd, und wenn sie über ihre Jugend sprach, fielen Namen wie Niarchos und Delon und Cannes und New York – und sie war noch mittendrin in dieser Jugend. Nie in meinem ganzen Leben fand ich den Kapitalismus so sexy. Ich mußte an die Zeile aus einer Harold-Brodkey-Geschichte denken: »To see her in sunlight, was to see Marxism die.«
Doch nun, in diesem Zauber-Verhältnis, stand ich plötzlich wieder auf der falschen Seite – ich war der Osten, sie war der Westen. Ich hatte dumpfschwere Probleme, sie hatte entzückende Ticks. Ich nörgelte über das Leben, sie schenkte mir einen teuren Gürtel. Ich zeigte ihr meine Lieblingsmuseen, sie jammerte über ihre Schuhe. Ich diskutierte über Theaterinszenierungen, sie bekam morgens gegen fünf Heißhunger auf Pommes frites. Sie war kapriziös wie Audrey Hepburn, wie Holly Golightly in »Frühstück bei Tiffany«, welches ihr Lieblingsfilm war.
In der Nacht zu meinem Geburtstag bestellte sie mir die Melodie aus dem Film bei einer Combo in der Piano-Bar des Grand Hotels, und die blonde Sängerin mit Dauerwelle und Leipziger Jazz-Diplom sang »Moon River« kurz und klein und trieb dem Song alle Flausen aus. Trotzdem hörte es sich wunderschön an,

denn Caroline lachte. Sie war unbekümmert und lustig. Sie brachte mich ins Leben zurück. Sie blieb zwei Wochen. Ihre Tasche packte sie nie aus – hier in Ost-Berlin, sagte sie, brauche sie das Gefühl, von einer Sekunde auf die andere verschwinden zu können.
Allmählich funktionierten meine Überlebensinstinkte wieder. Zu meinem Geburtstagsessen im Hotelrestaurant erschienen Freunde aus West-Ost-Berlin und aus Hamburg, und jeder hatte noch jemanden mitgebracht – und das Palasthotel gab keinen Rabatt, trotz längerer Ausführungen über das deutsch-deutsche Verhältnis und die Wichtigkeit gerade auch zwischenmenschlicher Begegnungen. Obwohl ich bei der Menüplanung am Zwischengang sparte und mich hauptsächlich auf Kartoffeln verließ, die in der DDR sehr zu Recht »Sättigungsbeilage« genannt wurden, war alles schweineteuer.
Mein Trumpf war Angelika Unterlauf. Ich hatte die Nachrichtensprecherin der »Aktuellen Kamera« eingeladen, weil mein Freund Wolfgang Menge in seiner angeborenen Zurückhaltung zu schüchtern war, sie selber anzurufen. Und da einige Reporter von Radio Bremen gerade ein Porträt über sie erstellten und darum baten dabeizusein, hatte ich nichts dagegen, daß bei dem Cocktailempfang auf meinem Zimmer gedreht wurde.
Angelika Unterlauf, das hübsche Nachrichtengesicht des alten Systems, das seit der Wende ein paar Kummerfalten bekommen hatte, hielt sich tapfer, und Wolfgang Menge ließ einige gutgelaunte Menge-Sottisen gegen den Bremer Intendanten in die surrende Kamera ab (die nie gesendet wurden), und als es ans Essen ging, lud ich das Team dazu und murmelte freundlich irgend etwas von »Kostenbeteiligung, denn der Spaß war teuer«. Offenbar war ich doch noch nicht richtig in Form. Sie witterten die Falle. Sie lehnten meine Einladung ab. Ich hörte eine windige Erklärung über »Spesenrahmen« und wurde mit einer Flasche Whisky abgefunden, die lustige »Radio Bremen«-Aufkleber trug. Kollegen! Es gab tatsächlich keine Solidarität im Westen. Die BRD, eine Wolfsgesellschaft!
Nachts in der Sinus-Bar sprach ich mit der Frau eines befreundeten Produktionsleiters der DEFA über das unterschiedliche

Tempo zwischen Ost und West. »Drüben«, sagte ich, und mittlerweile meinte ich den Westen damit, »bin ich schneller dran an den Leuten. Hier muß ich stundenlang in Kantinen herumsitzen und mich belauern lassen. Dabei gibt es doch keine Mauer mehr und keine Stasi.« Sie antwortete mir mit der Geschichte ihrer ersten großen Liebe. Kurz vor der Heirat fand sie heraus, daß der Mann von der Stasi auf sie angesetzt war. »So was prägt. Hier dauerte es eben immer sehr lange, bis du jemandem wirklich trauen konntest.«

Eine Woche später wurde gewählt. Es war der erste freie Urnengang in der DDR, und die Parteien hatten einen Gespensterwahlkampf geführt. So muß ein bundesdeutscher Wahlkampf in Afrika aussehen – alles importiert, alles glänzend und vierfarbig, wie eine Werbevorführung von Mercedes, und man durfte tatsächlich, wie im Quellekatalog, ankreuzen. Die SPD kramte ihre liegengebliebenen Landtagswahlplakate aus den Kellern, und F.D.P. und CDU lieferten ihr Humbadrumherum, und für die Menschen in Halle und Dresden war alles so, wie sie es früher heimlich im Westfernsehen erleben konnten. Nun waren sie mittendrin in dieser Mammutshow! Bang fragte die »Berliner Zeitung« einige Tage vor der Wahl: »Wahlkampf nun auf dem Höhepunkt?«

In Leipzig fand die Buchmesse statt. Auf dem Marktplatz gab die F.D.P. Freibier aus und Wimpel, und im Konzertsaal las Günter Grass. Der deutsche Dichter trug sein 17.-Juni-Drama »Die Plebejer proben den Aufstand« vor, seehundsbärtige, nobelpreisschwere Tiefgedanken zur deutschen Geschichte, zur DDR-Geschichte. Als er geendet hatte und der artige, ja warme Applaus verebbt war, eröffnete der Dichter die Diskussion.

Er nahm seine Brille ab und wartete und setzte die Brille wieder auf. Und wartete weiter. Er räusperte sich. »Sollte es Ihnen tatsächlich die Sprache verschlagen haben?« Höfliches und zugleich schuldbewußtes Gelächter. Irgendwie wußte jeder, daß man Grass, dem Mahner, dem DDR-Sympathisanten und Großdeutschlandgegner, eine freundliche Frage schuldig war. Etwa: Finden Sie nicht auch, daß die DDR Bewahrenswertes hat, all die geistigen Interessen, all die Lesekultur? Irgendwas in der Art. Fehlanzeige. Schweigen im Parkett.

Grass starrte noch eine Weile unschlüssig in seinen erkalteten Pfeifenkopf und gab schließlich auf und verließ das Podium mit seinen Blumenrabbatten. Und nun rannten die Leselandbewohner und drängten heran an den berühmten Dichter – um sich ein Autogramm zu ergattern.
Grass hätte es besser wissen müssen. Er hätte draußen, auf dem Marktplatz, lernen können. Es kommt nicht darauf an, was die F.D.P. verspricht, sondern nur darauf, daß sie die echte F.D.P. aus dem Westen ist. Es kommt nicht darauf an, worüber Grass redet. Nur darauf, daß er der echte West-Grass ist, der aus dem Fernsehen.
Verkabelt und elektronisch ist Demokratie sowieso am schönsten. Daß die DDR zu Ende war, zeigte sich in der Lässigkeit, mit der die ARD- und ZDF-Matadoren am Tag der Wahl den Palast der Republik eroberten. Hajo Friedrichs, live! Sogar das alte, düstere ZK-Gebäude gegenüber sah bunt und lustig aus – die PDS hatte es im spätantiautoritären Mal-und-Spaß-Aktionsstil bepinseln lassen.
Sämtliche Fernsehstationen hatten am Wahlabend im Palast der Republik ihre Verschläge gemietet, und nun stritten sich die Reporter um die Politiker und zupften und zogen sie in ihre Kombüsen wie Jahrmarktschlepper vor der großen Geisterbahn. Dort standen sie dann ziemlich klein und ziemlich gepudert Rede und Antwort, und sie sahen aus wie Spielzeugmodelle, an denen man für die realen Politstars trainierte, so daß die Wahlparty-Besucher immer wieder von ihnen weg und auf die Monitore starrten, wo das Bild übersichtlicher war und echter.
Vor dem Büffet der VIP-Longue im ersten Stock stand ergrimmt Stefan Heym und bohrte den goldenen Schellfischen die Augen aus – die CDU-Schwarzen hatten gewonnen, und Walter Jens murmelte »issdasnichentsetzlich«. Caroline sprach Udo Lattek konsequent mit »Herr Littbarski« an, was nicht schlimm war, denn die Stimmung war fortgeschritten, und Udo Lattek mochte Caroline trotzdem so sehr, daß er ihr immer wieder seine Zimmernummer nannte.
Angelica Domröse wartete darauf, von Hajo Friedrichs interviewt zu werden. Friedrichs kannte meine Reportagen und fand

sie »brillant«, was mich enorm stolz machte. Ich liebe Komplimente. Die Staatsschauspielerin Angelica Domröse dagegen sagte verbittert: »Ich muß mit dir noch ein Hühnchen rupfen.« Ich kannte sie noch aus den Tagen der Biermann-Ausweisung. Damals war sie gerade mit Hilmar Thate von Ost nach West gezogen. Und obwohl sie eine Kollegin meiner Frau war und wir uns gut vertrugen, hatte ich sie verrissen, als sie die »Lulu« spielte. Doch sie meinte die Kritik gar nicht. Sie erzählte mir von einem Kommentar, in dem es um Ostkünstler ging und ihr Talent im Gagenpoker. »Wer soll das geschrieben haben? Ich? Nie!« – »Wirklich nicht?«
Nun warf sie mir vor, ich hätte mich korrumpieren lassen, seit ich aus Berlin weggegangen sei, immer dem Gelde nach. Hilmar Thate stand daneben und nickte und bestellte traurig einen weiteren Scotch, weil die letzte Hochrechnung den Schwarzen noch mehr Punkte gab. Ich konnte sie dadurch versöhnen, daß ich ihnen erzählte, daß meine ehemalige Frau in gesegneten Umständen war und daß ein Bürger der Deutschen Demokratischen Republik, wenn auch schon seit geraumer Zeit »flüchtig«, sie dorthin gebracht hatte. Und als sich herumsprach, daß die PDS in Berlin an die 30 Prozent abgegriffen hatte, fanden sie sogar wieder Grund zu feiern.
Alice Schwarzer war die Charmanteste und Komischste von allen. »Klar hat die SPD verloren«, sagte sie fröhlich, »die Leute haben gleich da gewählt, wo das Klavier steht, also die CDU und die PDS.« Und ebenso reizend war Johannes Groß, der sich von seinem Stuhl erhob, um Caroline die Hand zu küssen, und dabei kaum größer wurde und sagte: »Gestatten, Groß« und dabei lächelte wie über einen äußerst gelungenen Witz. Er fand das Wahlergebnis »praktisch«.
Anders als Jens, Heym und Co. litt ich nicht unter dem Wahlergebnis, weil ich in Caroline verliebt war und nicht in die DDR. Dieser Abend war etwa so wichtig wie die Oscar-Verleihung in Hollywood – ein glamouröses Nichts. Einige Bierwetten, aufgeregtes Mediengeschnatter einen Fernsehabend lang. Und am nächsten Tag der Kater. Das ist nun mal Demokratie.
Einige Tage später traf ich Heiner Müller. Er hatte sich die

Chose von seinem gelbweißen Liegestuhl aus angeschaut, der vor seinem Fernseher stand, und sich dabei systematisch und gepflegt betrunken. Er wohnte im dreizehnten Stock eines Neubausilos am Tierpark, und seine Wohnung war *camp*. Sie unterstrich den Realismus des realen Sozialismus, statt ihn mit dunklem Cord und grünen Palmen und gestickten Pfauen auf Wandteppichen verschwinden zu lassen. In langädrigen Rissen platzte die Decke, und außer Büchern gab es kaum nennenswerte Einrichtungsstücke.

Er lebte dort mit Kathrin, einer hübschen Schweizerin, die seinen Terminkalender führte. Da saßen wir zwischen den Bücherstapeln, viel Esoterik darunter, und Heiner Müller zitierte seitenweise Ernst Jünger. Tatsächlich Jünger. »Und kein Glas Sekt war köstlicher als jenes, das man uns an die Maschinen reichte in der Nacht, da wir Sagund zu Asche brannten.« Aristokratisch in den Weltuntergang – das war seine Haltung in diesen Tagen. Er spielte mir jenes legendäre Rundfunk-Streitgespräch vor, das Gottfried Benn und Johannes R. Becher in den dreißiger Jahren geführt hatten. Becher forderte Tendenzlyrik, forderte Parteinahme, forderte den Künstler als Kämpfer für die Änderung der Verhältnisse. Eine hohe, begeisterte Stimme in diesem alten Rundfunkrauschen aus den Tagen, als Intellektuelle noch meinten, Geschichte zu machen, und dann wieder Benns metallisches, ruhig-resignatives Credo: »Die Unteren wollen immer hoch, und die Oberen wollen nicht herunter. Schaurige Welt, kapitalistische Welt, seit Ägypten den Weihrauchhandel monopolisierte und babylonische Bankiers die Geldgeschäfte begannen!« Und: »Eine Offenbarung der Weltvernunft, die Verwirklichung einer Idee, wie es Hegel aussprach, kann man nicht feststellen.« Heiner Müller war eindeutig auf seiten Benns.

Ich kannte Müller seit Jahren, und plötzlich wußte ich, warum ich ihn mochte. Er war sehr liebenswürdig, sehr amüsant – und absolut unmoralisch. Er hatte nicht diesen qualmigen Predigerüberschuß in seinen Argumenten. Er ging von der Voraussetzung aus, daß Menschen keine Heiligen sind, keine gereinigten Comic-Helden, sondern gleichzeitig großartig und Schweine –

das war eine solide Basis. Sein Zynismus und die geplatzte Neubaudecke – eine Oase in diesem deutsch-deutschen Qualmgewusel.
In der Generalprobe seines »Hamlet« im plüschigen Deutschen Theater holte mich die DDR wieder ein. Wegen der vielen technischen Pannen zog sich die Arbeit hin, und ich saß nun schon seit über sechs Stunden in einer der hinteren Reihen und hatte die Füße hochgelegt. Aus dem Dunkel rechts neben mir wurde ich angezischelt. »Gönnse sisch mol den Gebflognheitn des Deutschen Deoders anbossn und de Fieße rondernähm?«
Prompt meldete sich links von mir eine Blondine und sagte: »Lassen Sie ihn doch entfernen, lassen Sie ihn doch rausschmeißen.« Die Blondine neben mir, stellte sich später heraus, war eine junge Regisseurin des Berliner Ensembles. Sie, die mich »entfernen lassen« wollte, weil ich die Füße hochgelegt hatte, hatte soeben dort ein Jugendstück inszeniert – über antiautoritäre Erziehung!
Die Ophelia, sagte mir Heiner Müller, habe er mit einer Schauspielerin aus dem Westen besetzt. »Die aus dem Osten haben alle diese herben Mundwinkel.«

REQUIEM FÜR EINEN STAAT

ÜBER HEINER MÜLLERS »HAMLET/HAMLETMASCHINE« IN OST-BERLIN

Ein Gespenst geht um im Norden Europas, fahl im goldenen Harnisch, ein Schwert vor sich haltend, dem es folgt wie einer Kompaßnadel. Gemessen schreitet es hinter schimmernden Eiswänden über die Bühne, zu den Klängen von Chopins Trauermarsch, und im Ätherrauschen einer historischen Radioübertra-

gung meldet sich die Stimme des Reporters: »In diesem Augenblick wenden sich die Gedanken von Millionen hier auf dem Roten Platz zum Lenin-Mausoleum, wo die letzte Ruhestätte Stalins ist.« Stalin ist tot. Und der Geist von Hamlets Vater findet keine Ruhe.
So grandios beginnt Heiner Müller im Deutschen Theater von Ost-Berlin das Shakespeare-Drama – als Staatsakt und als Requiem, und er führt im düsteren Bunkerpomp der Bühne einen unerlösten Geist im »Blutsumpf der Ideologien« vor. Er zeigt Frühgeschichte.
Noch als die DDR von ihren greisen Führern im stalinistischen Winterschlaf gehalten wurde, noch unter Honecker, Mielke, Stoph und Hager, lief das Unternehmen »Hamlet« vom Stapel. Und die Inszenierung zeigt die Spuren ihrer Entstehung. Sie beginnt im ewigen Eis. Und wenn am Ende, nach einem achtstündigen Theater-Marathon, die Bühne in glühender Sonne verbrennt und Ophelia in Flammen aufgeht, wenn die politische Beschleunigung zur Weißglut geführt und der Sturz der Epoche die Erde zu roter Asche versengt hat und als Hitzeflimmern über Helsingör liegt, dann fällt es schwer, diese Aufführung nicht als Zeitkommentar zu erleben. Ein halbes Jahr dauerten die Proben. Ein halbes Jahr Theater im Untergrund, während oben der Sturm die alte Macht und ihre Religion hinwegfegte.
Shakespeares Hamlet: ein Intellektueller, privilegiert und ohnmächtig. Seine Waffe ist sein methodischer Wahnsinn, sein Zynismus, sein Witz, sein Ekel. Als politischer Haudegen ist er ein Stümper, eine Fehlbesetzung.
Heiner Müller ist Hamlet. Als er am 4. November auf dem Ostberliner Alexanderplatz seine Stimme erhob, las er einen fremden Text – er maskierte sich wie Hamlet und klinkte sich kurzfristig ein in einen Diskurs, der nicht seine Sache war. Eine politische Pflichtübung, für die er die erwarteten Pfiffe kassierte, um sich befreit wieder in Hamlets Labyrinth zu vergraben, in einem Irrgarten, der sein eigener ist.
»In der Einsamkeit der Flughäfen / Atme ich auf Ich bin / ein Privilegierter Mein Ekel / ist ein Privileg«, heißt es in der »Hamletmaschine«, Müllers Höllenwitz auf Shakespeare, der sich in

diesen langen Theaterabend hineinfrißt wie eine Säge. »Ich will in meinen Adern wohnen, im Mark meiner Knochen, im Labyrinth meines Schädels.«
Die Geschichte dieser Inszenierung ist auch die Geschichte des Ortes, an dem sie stattfindet: Hier im Deutschen Theater wurde in einer hitzigen Debatte die Protestdemonstration auf dem Alexanderplatz vorbereitet. Hier erlebt »Hamlet«-Darsteller Ulrich Mühe den glücklichsten Tag seines Lebens, hier hatten die Künstler für einen Moment die Illusion, »gemeinsam mit dem Volk« auf der Höhe der Geschichte zu sein.
Doch während sie noch ihre Roben als Volkstribune probierten und Proklamationen formulierten, war das Volk längst weiter, und vom revolutionären Brausen etwa der Schriftsteller blieb nur eine lächerliche Verbandstagung, auf der die Erhaltung von Seniorenheimen für Autoren gefordert wurde. Heiner Müller blieb dieser Peinlichkeit fern und ignorierte alle Vorwürfe.
Und während Ulrich Mühe eine Stunde vor Schließung der Wahllokale versucht, mit Hans Modrow über »Hamlet« ins Gespräch zu kommen – Kunst und Macht, die freundlich aneinander vorbeireden vor den Kameras der Westberliner Mediengruppe »Studio K 7« –, sitzt Heiner Müller vor seinem Fernseher, trinkt Chivas Regal und ärgert sich, daß der Reißer »Bullitt« wegen der Wahlübertragung verschoben werden soll. Was soll der Künstler mit der Macht und ihren Ritualen? Er kann sie beobachten, angewidert und interessiert wie Hamlet den Claudius. Mehr nicht.
Müllers Inszenierung ist ein Abgesang nicht nur auf Stalin und auf die DDR, sondern auch auf den Terror von Ideen und den Größenwahn der Künstler, die meinen, sie könnten die Welt verbessern – Hamlet als schwarze Messe.
Bühnenbildner Erich Wonder zerstört den Raum im »Deutschen Theater«, um ihn zu erobern: Über die gemütliche Samtsesselschatulle, als Stolz sozialistischen Biedermeiers von Honecker persönlich eingeweiht, wirft er gelbes Autobahnlicht, das das Plüschrot des Zuschauerraums in ein matschiges Schwarzbraun verwandelt. Vom Bühnenhimmel bis unter die Logen stößt eine metallene Schiene, an der ein Theaterscheinwerfer scheppernd

und kreisend sinnlose Pirouetten vorführt – Zyklopenauge einer entgleisten, menschenleeren Hamlet-Theater-Maschine.
Hinter milchigen Gazewänden, eingeschlossen in einen mächtigen Eiskubus, steht der Mörder Claudius mit seinem Hofstaat, stehen Ophelia und Polonius und all die anderen Mitspieler und Opfer dieses politischen Komplotts wie erstarrt. Und unaufhörlich plätschert Wasser auf die Bühne, Tauwasser, und verwandelt den Boden in große Pfützen.
Wie atomisiert sind die Figuren, haben Beziehung untereinander nur als Geiseln eines übergreifenden Zeremoniells, das sie selber nicht durchschauen. Sie sind auf sich gestellt, und der Regisseur läßt sie gründlich allein. Die Qualität von Heiner Müllers Inszenierung ist gleichzeitig ihre Schwäche. Er verzichtet auf Parteinamen, erst recht auf Tagesparolen. Er verzichtet auf Einfühlung, er zeigt Strukturen. Seine Inszenierung ist die Arbeit eines Kommentators. Nicht die eines Regisseurs.
So tanzt Ulrich Mühe seinen Hamlet zwischen expressionistischen Karikaturen und leisen Miniaturen, immer auf der Kippe zwischen Clown und Selbstmörder, und wenn er auch in diesen acht Stunden keine Figur entwickelt, so zeigt er doch ihre verblüffenden Masken.
Grandios trumpft diese Hamlet-Inszenierung immer dort auf, wo sie politisches Kalkül demonstriert, den Staatsakt. Da die Tragödie jedoch auch ein familiäres Drama ist, da sie eine intime Geschichte aus Liebe und Verrat erzählt, dehnt sich bisweilen die Zeit, und der Zuschauer spürt die Schwielen am Hintern. Er beginnt den Nichtregisseur Heiner Müller zu verfluchen. Und er denkt an den alten Theaterwitz über die Geburt des Regieberufs. Stehen zwei Schauspieler auf der Bühne. Sagt der eine zum anderen: »Geh mal runter und schau, ob ich in der Mitte stehe.« Heiner Müller beschränkt sich darauf zu zeigen, wo die Mitte ist. Während ihm die Theaterei seiner Protagonisten, die den Hamlet nicht nur denken, sondern *ausspielen* wollen, bisweilen entgleitet, beweist er die glücklichste Hand in der Besetzung des Horatio: Jörg-Michael Koerbl ist die Verdoppelung des Autors auf der Bühne, kein ausgebildeter Schauspieler, sondern Dilettant, der das Geschehen von außen kommentiert,

wie ein resignierter Buchhalter, Grenzgänger zwischen Leben und Theater.
An die Stelle des Eiswürfels rückt im zweiten Teil eine Art U-Bahn-Schacht, an dessen Tunnelende ein Tintoretto-Gemälde leuchtet – die Bagage von Helsingör verwandelt sich in eine merkwürdige Reisegruppe am Ende der Zeit. Hier erlebt der Hofstaat die Schauspielerszene, das Stück, mit dem Hamlet den politischen Mord an seinem Vater entlarven will. Und hier spielt die jüngste Vergangenheit der Inszenierung wieder jene politische Spannung zu, die im privaten Kammerspiel verlorenging. Mißmutig schauen Claudius und Gertrud dem Treiben der Theaterleute zu, bis sich der Potentat, mit schlaffen, ekelschweren Backen, an die Königin wendet und fragt: »Habt Ihr den Inhalt gehört? Ist kein Ärgernis daran?« Jörg Gudzuhn spricht mit dem Argwohn eines müden Diktators, der sich nicht um alles kümmern kann und an seine Frau delegiert – Künstler sind ihm von Natur aus suspekt. Die Schauspielerszene: Heiner Müllers Nachruf auf das Theater unter den Bedingungen Honeckers, unter den Bedingungen der Zensur.
Im letzten Teil verwandelt sich die Temperatur der Inszenierung, die alte Macht wankt, das Eis ist geschmolzen, gelbes Blaken hängt in den Palastfenstern und flirrende Hitze über roter Erde. Draußen liegt die Tatarenwüste, die fremden Horden rücken näher, Laertes stürmt den Palast. In dieser angstvollen Hysterie der letzten Tage steht Ophelia wie Erz, von Margarita Broich mit wundervoller Kälte ausgestattet. Sie und Gertrud (Dagmar Manzel), eine statuarische Herrscherin, bestreiten den Schlußteil, zwei starke Frauen, neben denen Hamlet und die sich abschlachtende Männergesellschaft nur noch grotesk wirken.
Wie Feuerzungen lodern Zitate der »Hamletmaschine« in den Schlußteil, und die erste offizielle DDR-Erstaufführung dieses Textes, die den Abend in der Mitte unterbricht, ist das Herz der gesamten Veranstaltung. Die »Hamletmaschine« pumpt Kommentare in Shakespeares Monstertragödie – sie zieht eine Summe: »Ich war Hamlet. Ich stand an der Küste und redete mit der Brandung BLABLA, im Rücken die Ruinen von Europa. Die Glocken läuteten das Staatsbegräbnis ein.«

Die »Hamletmaschine« führt keine Menschen, sondern Rollen vor, und sie ist als kühles Ballett choreographiert, als Collage von Körpern und Stimmen, die wirken wie Jazz. Die lange Theaterreise, die am frühen Nachmittag beginnt, endet kurz vor Mitternacht mit einem Gedicht, das über Lautsprecher eingespielt wird. Es heißt »Fortinbras Klage« – der Eroberer spricht über der Leiche des Besiegten. »Du wähltest das leichtere teil den effektvollen stich / doch was ist der heldentod gegen das ewige wachen / mit kaltem apfel im griff auf erhöhtem Stuhl / mit sicht auf den ameisenhaufen und auf die scheibe der Uhr.«
Diesen Blick wirft Heiner Müller auf den Hamlet, auf die Geschichte. Es ist nicht der Blick eines Politikers, sondern der eines Biologen: Ein Blick auf diese merkwürdige, blutige Menschenrasse, und er wird aus dem nahen nächsten Jahrtausend hergeworfen, aus der Epoche der Klimakrisen, der großen planetarischen Katastrophen.

REISE IN DIE PROVINZ

Caroline war nach Hamburg zurückgefahren, um an einem Film weiterzuarbeiten. Und ich versuchte, ein Visum für Leningrad zu bekommen, weil ein Münchner Szenekünstler dort Performances gab. Ich hatte nicht genau verstanden, um was es ging, Hammer-und-Sichel-Tätowierungen spielten dabei eine Rolle sowie Sprünge durch Glasscheiben und die Perestroika – auf jeden Fall klang es gefährlich und verrückt genug für eine Geschichte, und ich war noch nie in Leningrad gewesen.
Ina, die Freundin des Künstlers, hatte mir davon erzählt, eine blonde Saxophonistin, die mich zu ihrem Auftritt auf eine Peter-Stuyvesant-Promotion-Party verschleppt hatte. Ihre Band-Mitglieder sahen aus, als ob sie vor Jahren direkt von Heroin auf Vitaminpillen umgestiegen seien, und im Saal war die hübsche Stuyvesant-Familie unter dem Motto »Come together« versammelt, Zigarettengirls aller Rassen, aller Nationen und alle unter 25 Jahren, eine atemberaubende Internationale, und obwohl wir hier im westlichsten Westen West-Berlins waren, in der Disco »Metropol« am Nollendorfplatz, mußte ich an meine Lieblingswerbung an der Autobahn nach Leipzig denken: Küken aus Segrehna, gesund, vital, leistungsstark, und linkszwodrei für den Sieg der Peter Stuyvesant.
Eine Woche lang hatte Wladimir im Empfangsraum der sowjetischen Vertretung in Ost-Berlin bedauernd den Kopf geschüttelt. Mein Visumantrag sei ans Außenministerium gegangen, aber der Veranstalter müsse erst noch ein Telex und ... die Erklärungen wurden von Mal zu Mal komplizierter. Ich schaute auf die großen Fotowände, auf denen Gorbatschow mit treuen Bäuerinnen die Perestroika diskutierte, er in Hut und Mantel, sie mit Ähren auf dem Arm. Wladimir wußte es, und ich wußte es: Mein Antrag würde nimmer rechtzeitig beantwortet werden. Leningrad war gestorben.
Draußen blühten die Linden. Draußen war Frühling, Selbstmordwetter, denn Caroline war in Hamburg. Ich litt. Statt die deutsch-deutschen Probleme zu lösen oder zumindest die der

Menschheit, schrieb ich sentimentale Briefe an Caroline, die jeden Tag länger wurden, und ich schrieb täglich. Ich saß im Palasthotel und konnte die Geschichten um Schuld und Verstrickung nicht mehr ertragen. Ich vergaß die Namen der Denunzianten, mit denen ich mich unterhielt, und mußte dann durch vorsichtiges Fragen »Herr äh . . .« herausbekommen, um wen es sich dabei handelte. Die Geschichten klangen ohnehin alle gleich, und ich war randvoll davon wie ein Papierkorb, der lange nicht geleert worden war. Jeder schmiß seinen Müll in mich hinein, sein jammervolles Leben, seine Hoffnungen, seine Tricks und Lügen, und allmählich versagte meine Abwehr.

Ekel. Menschenekel. Ich erlitt einen der heftigen misanthropischen Anfälle, unter denen wohl jeder Reporter (und jeder Psychologe) von Zeit zu Zeit leidet. Berührungsangst, schon wenn ich durch die Hotellobby ging. Ich grub mich ein in meinem Zimmer und verließ es kaum noch. Eines Morgens gegen fünf, ein paar Tage vor Ostern, räumte ich die Minibar leer. Ich trank alles, was ich in die Finger bekam, und hielt mich nicht damit auf, auf die Etiketten zu schauen, und ich machte mich über das Geburtstagsgeschenk von »Radio Bremen« her – ich soff zum ersten Mal seit Jahren.

Dann ließ ich mich zum Flughafen fahren. In der ersten Frühmaschine nach Hamburg kotzte ich mich gründlich aus. Ich klingelte Caroline, das schöne Zauberwesen, aus dem Bett. Sie schaute aus dem Fenster. Ich stand unten im Regen – natürlich regnete es in Hamburg – und sah mit der Blume in der Hand, die ich irgendwo gepflückt hatte, wohl ziemlich bescheuert und lächerlich aus. Ich muß sie gerührt haben – eigentlich war sie viel zu klug, um sentimental zu sein.

Am nächsten Tag flogen wir nach Venedig. Ich sehnte mich nach Sonne und glücklichen Gesichtern und glücklichen Palmen und glücklichen Gondeln. Und das Schönste war: Italien hatte den Touristen aus der DDR die Einreise unmöglich gemacht durch allerlei Visa und Devisen-Schnickschnack. In einem Rückfall in die alte Blocklogik empfand ich das als Rache für meinen verhinderten Leningrad-Besuch: Venedig war frei von Sachsen.

Und Caroline war so unberechenbar, wie es eine vierundzwan-

zigjährige Diva nur sein kann. Wir küßten uns auf nächtlichen Spaziergängen an der Lagune, und wir prügelten uns im Hotelzimmer. Wir bewohnten das »Danieli«, in dem Richard Wagner seinen Parsifal komponiert hatte. Wir suchten nach kitschigen Verlobungsringen und nach Tintorettos in Renaissancekirchen und tranken Espresso vor dem Dogenpalast und schenkten uns venezianische Masken. Sie bekam die Sonne, ich den Mond.
Wir schrieben uns verliebte Postkarten, die wir zerrissen. Als wir mit dem Motorboot das Danieli verließen und durch die Lagune zum Bahnhof zurückglitten, regnete es. Wir ließen uns schaukeln und schauten zurück, wo die Stadt im Nebel verschwand, und wir wußten beide, daß unsere Beziehung tot war, bevor sie richtig begonnen hatte – ein Ende in Cinemascope.
Meine Liebe zu Caroline war ungefähr so schwärmerisch und so vergeblich wie die alter Kommunisten zum Sozialismus – das Paradies gab es nicht.
Aber es gab Arbeit, wie immer die beste Therapie. Kulturchef Hellmuth Karasek, dessen Ressortleiterpersona aus den Anteilen Sadismus, Klugheit und sehr viel Humor besteht, hatte mir vorgeschlagen, »mal ein kleines, ganz normales DDR-Provinztheater zu besuchen«. Ich wußte nicht, welcher Anteil für diesen Vorschlag verantwortlich war, aber ich nahm ihn auf und fuhr nach Anklam an die Ostseeküste.
Was nicht ganz fair ist, wenn man vorher in Venedig war. Aber ich hatte wieder Lust bekommen, Lust auf die Wirklichkeit. Daß der Trip nach Anklam wie eine Reise in die Karpaten sein würde und auf seine Art ebenso irreal wie Venedig, wußte ich noch nicht. Ich nahm mir vor, mich an die goldene Regel eines Meditationslehrers zu halten, mit dem ich befreundet war: nicht urteilen, nur hinschauen. Die Faustregel für ein glückliches Leben. Vielleicht galt sie auch für eine gelungene Reportage.
Vor acht Jahren hatte ich einen jungen Regisseur hier oben besucht, der eine phantastische Musset-Inszenierung hingelegt hatte, ein Geheimtip meines Kritikerfreundes Andreas Roßmann, der damals heroisch fast jede DDR-Aufführung besuchte und der beste Kenner der DDR-Szene war, gerade in der Provinz. Herbert Königs Inszenierung war wie ein Messer. Sie war

Theater in Anklam an der Ostseeküste

ohne Trost, und sie war genau. Die Kriterien für den Erfolg einer Theaterarbeit waren völlig verschieden von den unseren. Für eine seiner Inszenierungen etwa hatte König eine Blockflöte zersägt. Das Publikum tobte und protestierte – Blockflöten waren Mangelware in der DDR.

Damals hatte ich gerade bein »Stern« angefangen, und obwohl der Artikel über König in der Nummer mit den gefälschten Hitlertagebüchern erschien, hatte er Wirkung. Königs Ausreiseantrag wurde beschleunigt behandelt. Ein halbes Jahr später inszenierte er bei Beelitz in Düsseldorf. König hatte Erfolg. Was aber war aus Anklam geworden?

Ich sprach mit Castorf. Castorf war lange Jahre in Anklam gewesen, und er kannte den Intendanten des Theaters. Mittlerweile hatte auch Castorf Karriere gemacht. Gerade hatte er am Hamburger Schauspielhaus eine phänomenale »Stella«-Inszenierung präsentiert, albern und laut und verrückt, und bereitete nun eine »Räuber«-Inszenierung an der Volksbühne vor. Früher war er als Punk von den großen Ostberliner Bühnen ausgeschlossen. Nun saß er im Intendantenzimmer von Dr. Rödel, einem weißhaarigen, groß gewachsenen Sportlertyp, und verlangte ein Pferd. Ein echtes Pferd für seine Schiller-Inszenierung. »Aber sicher«, sagte Dr. Rödel, »und wenn Sie wollen, wird es sogar geschminkt.« Castorf gehörte nun auf die Gewinnerseite und Dr. Rödel zu den Verlierern. Ein paar Wochen später trat Rödel in den Ruhestand.

Die Fahrt an die Ostseeküste zeigte mir zum ersten Mal, wie schön dieses Land war, das ich nie richtig kennengelernt hatte. Wogende Rapsfelder, pappelbestandene Alleen, Dörfer, in denen der Hang zu Klotzbauten nur unwesentliche Blessuren hinterlassen hatte.

Die Orientierung in den sozialistischen Kleinstädtchen war denkbar einfach. Es gab Wilhelm-Pieck-Straßen und Straßen der Völkerfreundschaft, Marxalleen und Rosa-Luxemburg-Ringe, es gab »Volkskulturheime« und »Häuser der Jugend« – diese ganze Neusprechtünche, die sich über die Gemeinden gelegt hatte und über Landschaften und sie konserviert hatte. In Wahrheit hatte sich seit Kriegsende kaum etwas geändert. Unter der Tünche hatte sich vielleicht ein bißchen Schimmel gebildet, das war alles.

Der Intendant des Theaters bot mir an, bei ihm zu wohnen. Es gab kein Hotel in Anklam, und so nahm ich sein Angebot dankend an und bezahlte für die Unterkunft, denn natürlich war sein Angebot nicht uneigennützig. Auf diese Art hatte er mich unter Kontrolle und konnte versuchen, mich einzuwickeln.

Wieder eine schizophrene Situation. Wolfgang Bordel war ein angenehmer Gastgeber. Und wäre ich nicht »im Dienst« gewesen, hätte ich mich sicher mit ihm angefreundet, und mir wäre völlig egal gewesen, mit welchen Schlampigkeiten er sein Theater heruntergewirtschaftet hatte. Er gehörte zum Anklamer Establishment. Sein Freund war Museumsdirektor, ein anderer war Bürgermeister. Sie hatten sich vor Jahren an der Uni kennengelernt und sich, als Dreißigjährige, entschlossen, in die Provinz zu gehen und hier abzuhängen und ihren Lebensabend zu beschließen – für die sozialistische Akademikerelite gab es eine Menge bequemer Jobs. Alle hatten ihre groß ausgebauten Bauernhöfe und ausgesprochen wenig zu tun. »Wenn du drei Wochen früher gekommen wärst«, sagte Bordel, »hätte ich dir ein Bauernhaus für 500 Mark verschaffen können.«

Auf Bordels Hof wohnten Mitarbeiter des Theaters, die sich um den Hausbau verdient gemacht hatten. Ein ehemaliger Vopo war darunter und seine hübsche junge Freundin, die aussah wie Shirley MacLaine und sich in diesen Tagen mit Meditation beschäftigte. Nach und nach tauten die beiden auf, und Shirley MacLaine schenkte mir zum Abschied ein gemaltes Pferd, das über einen Zaun springt.

Am spielfreien Wochenende, das sich von den spielfreien Wochentagen dadurch unterschied, daß die Kantine geschlossen hatte, fuhr ich mit Monika, der Kostümbildnerin, an die Küste. Ein paar hundert Meter weiter am Strand trennte ein Stacheldraht die ostdeutschen von den polnischen Badetüchern. Der Grenzturm war nicht besetzt. Monika sprach mit nörgelnder Genugtuung darüber, wie heruntergekommen Polen sei, während wir die Strandpromenade entlangschlenderten, vorbei an uralten, wunderschönen Holzvillen, die zu schlafen schienen, und an Betonwürfeln, die »Freizeiterholungsheim für sozialistische Mütter« oder so ähnlich hießen. In einem dieser Bunker aßen wir zu Mittag, wobei wir zwischen Schnitzel Florida und Schnitzel Zigeuner wählen konnten. Florida unterschied sich durch eine Scheibe Ananas. Wir redeten über die deutsche Sache, also über Geld. Über Mieten und Löhne und Versicherungsbeiträge. Es war sehr romantisch.

Nachdem sich im Theater herumgesprochen hatte, daß ich kein Bordel-Mann war, wurde ich überschüttet mit Hinweisen auf seine Machenschaften. Jeder zweite hatte noch eine Rechnung mit ihm offen. Ich beobachtete mit wachsender Faszination das komplexe Beziehungsnetz einer Provinzstadt. Abends saß ich mit Bordel in der Küche und hörte mir sein Leben an. Natürlich hatte Bordel seine Widerstandsvita. Er fragte mich, was ich von seinen Mitarbeitern hielte. Ich sagte: »Nicht viel. Und ich glaube nicht, daß du ein guter Intendant bist.«

Im »New York Magazine« war vor einer Weile eine große Debatte darüber geführt worden, ob Reporterjournalismus ethisch überhaupt zu verantworten sei. Eine Reporterin hatte sich die Freundschaft zu einem berühmten Wissenschaftler erschlichen – und ihn anschließend gnadenlos hingerichtet. In jedem Fall handelt es sich um ein Ausbeutungsverhältnis. Eine unfaire Beziehung, weil die Mittel ungleich verteilt sind – am Ende bist du derjenige, der schreibt. Der andere kann versuchen, dich zu manipulieren und zu benutzen. Und du kannst nur hoffen, daß du hinter seine Tricks kommst und gerecht sein kannst. Bordel beschwor und beschwindelte mich, er beleidigte mich, und er rührte mich.

Es gibt nur einen Ausweg aus dem Dilemma: im Kontakt mit dem anderen so ehrlich wie möglich zu sein. Wenn dir nicht gefällt, was du siehst – sag es ihm. Er wird nur selten den Kontakt abbrechen. Meistens wird er noch näher an dich heranrücken und versuchen, dich von sich zu überzeugen.

Bordel war in diesen Tagen damit beschäftigt, seine Zukunft zu sichern. Er hatte sich bei mehreren Provinztheatern als Intendant beworben, was er seinen Schauspielern gegenüber stets heftig bestritt, und er kandidierte gleichzeitig für die PDS bei den Kommunalwahlen. An seiner Seite erlebte ich die komischste Wahlveranstaltung meines Lebens.

Im Kreiskulturhaus von Murchin trafen sich acht alte Männer und zwanzig Frauen. In den Decken saß der Schwamm, und der Saal war riesig. Und obwohl der alte Pomp vorbei war, wurden zunächst die »Vertreter der Massenorganisationen« vorgestellt und dann die der Parteien.

Dann legten die Männer und Frauen, die die Politik des Kreises repräsentierten, der Reihe nach feierliche Bekenntnisse zur freien Marktwirtschaft ab und tranken rosa »Limonade mit Fruchtgeschmack vom VEB Getränkekombinat Neubrandenburg«. Der PDS-Kreisvorsitzende betonte, daß er für »Basisdemokratie« sei und daß die Partei sich geändert habe. Dann kam er auf das Programm der PDS zu sprechen.

Er räusperte sich. Geändert habe sich die SED-Nachfolgerin »besonders, was ihre Position zum Atheismus angeht und gegenüber den Behinderten«. Dann machte er eine Pause und legte schließlich nach. »Und auch jenen 800 000 DDR-Bürgern gegenüber, die aufgrund ihres Hormonhaushaltes der gleichge-

schlechtlichen Liebe anhängen.« Draußen brüllte eine Kuh, und in China fiel ein Fahrrad um, und die PDS warb um die Stimmen von Schwulen, und die rotgesichtigen Bauern nickten bedächtig aufs karierte Tischtuch.
Dann war Bordel an der Reihe. »Nächstes Jahr«, sagte er, »wollen wir Otto-Lilienthal-Festspiele abhalten. Eine attraktive Show mit Fliegerzirkus und Ballonfahrten und Segelflugzeugtrips von Anklam nach Morchin.« Die Bauern nickten anerkennend.
»Schönen Dank«, sagte der Vorsitzende. »Es war notwendig zu sagen, daß die Kultur wichtig ist. Und wenn ich mir hier unten in der Halle die Spielautomaten angucke, dann ist das für mich nicht gerade Kultur.« Nun nickten die Frauen. Es waren viele Mütter unter ihnen.
Zwei Wochen verbrachte ich in Anklam. Wie ein Ornithologe notierte ich mir alles, weil alles für mich neu war. Die Titel der DDR-Schlager aus den sechziger Jahren in Bordels Musikbox ebenso wie die Gedichte, die bei der Jugendweihe im Theater vorgetragen wurden. In Anklam waren 95 Prozent der Schüler zur Jugendweihe gegangen, ein knappes halbes Jahr nach der Wende – die alten Riten, an die man sich gewöhnt hatte, liefen weiter. Hier verging die Zeit langsamer als in Berlin, betulicher. Im »Volkshaus«, einer Kneipe, in der sich Rechtsradikale und muskelbepackte Zigeuner aus verschiedenen Räumen in einem labilen Nichtangriffspakt gegenseitig belauerten, wurde mir ein Feldgesangbuch aus dem Ersten Weltkrieg angeboten. »Da stehen auch Gebete gegen die Itzigs drin«, sagte der Nazidealer, den alle Django nannten. In der Zwischenzeit war Detlev von zwei schmaläugigen Söldnertypen zur Tür gelockt worden. Im letzten Moment rief unser Schutzengel, irgendein Rudi, der wegen Totschlags gesessen hatte: »Halt, bist du wahnsinnig. Die stechen dich ab!«
Mit rund 50 Leuten führte ich ausführlichere Gespräche. Es gab Gewinner und Verlierer. Typen, die in jedem System durchkamen, und die anderen. Eine von den anderen war Frau Jarling, die Theaterpförtnerin, die in ihrer Loge saß und gerade ein Kreuzworträtsel löste, als ich sie ansprach. 144 waagerecht, Ern-

Das Ehepaar Jarling in Anklam

teergebnis? »Ertrag« schrieb sie in die Kästchen und sagte: »Seit neuestem tauchen da Städtenamen auf, von denen ich noch nie gehört habe. Singapur zum Beispiel. Wäre ich nie drauf gekommen.«

Ich besuchte sie zu Hause. Sie wohnte in einer Siedlung, die in den dreißiger Jahren für Wehrmachtsoffiziere errichtet worden war. Sie bügelte in der Küche und erzählte vom Theater, freundlich und mit Mutterwitz, und immer wieder schnappte sie nach Luft, denn sie war Asthmatikerin. Kurz darauf kam ihr Mann von der Arbeit, rußgeschwärzt und dampfend vor Hitze. Er arbeitete in der örtlichen LPG. Im Grünland, Winterfuttergewinnung. Er war Traktorfahrer. »Bei dem Wetter sind es auf der Maschine über 50 Grad«, sagte er. »Laß man, Mutti, bleib sitzen, ich hol' die Gläser.« Auf dem Büffet in der engen Küche klebten Aufkleber von »Chiquita«-Bananen und »Tchibo«.

Und dann erzählten die Jarlings ihre Geschichte. Zwei Jahre zuvor hatten die beiden ihren einzigen Sohn verloren. Er war depressiv, und seine Frau hatte sich mit einem anderen herumgetrieben. Eines Tages erschien er nicht zur Arbeit – auch der

Sohn fuhr Traktor in der LPG. Herr Jarling fuhr mit einem Kollegen hinaus, um ihn zu suchen. Der Traktor stand vor einer Scheune. Herrn Jarling verließ der Mut. Sein Kollege ging hinein und fand den Sohn. Er hatte sich am Dachbalken erhängt. Jeden Morgen, wenn Herr Jarling auf die LPG fährt und den Traktor seines Sohnes sieht, bekommt er einen Stich ins Herz. Und er versucht, sich mit Arbeit zu betäuben, weil er sein Leben lang nichts anderes gemacht hat als arbeiten. Jetzt müssen 30 Leute auf der LPG entlassen werden. Und Herr Jarling betet, daß er seine Arbeit behalten kann.
An diesem Abend konnte ich mir Bordels Geschichten und die der anderen Theaterleute, der Durchstecher und Schnorrer und Wichtigtuer nicht mehr anhören. Mir war zum Heulen.

RODEO IM WILDEN OSTEN

ÜBER DAS PROVINZTHEATER IN ANKLAM, DDR

Abends, wenn die Rapsfelder ihr Giftgelb in den verblassenden Himmel feuern und vom Hochmoor weiße Nebelfäden herüberziehen, dann wird Anklam zur Geisterstadt. Dann liegt das dunkle Häusermeer der alten Hansestadt verlassen hingewürfelt da, abgebrannt in Pommerland. Eine aufgebrochene, nie ausgebaute Straßentrasse streckt sich wie eine erdige Zunge über die Peene in die Innenstadt, wo ein halbes Haus über einen menschenleeren Marktplatz wacht. Das Haus wurde nie zu Ende geführt. Man hatte vergessen, das angrenzende Grundstück zu enteignen.
Eine abgebrochene Metallschwinge, die am Markt senkrecht in die Höhe stößt, ist das Wahrzeichen der Stadt. Sie soll an Otto Lilienthal erinnern, der in Anklam geboren wurde, und sie tut

es mit einer schwarzen Pointe. An ihrem Sockel ist der Spruch eingraviert: »Die Macht des Verstandes wird auch im Fluge dich tragen.« Jedes Schulkind aber weiß, daß der Tüftler bei einem Flugversuch tödlich abgestürzt ist; die Macht des Verstandes hat ihn nicht getragen.

In diesem Dämmerlicht, in dem sich die Macht des Verstandes in Nacht auflöst und ein ganzer Staat, der sie auf seiner Seite glaubte, verschwindet wie Zaubertinte, könnte die Stunde der Phantasie schlagen. Aufschwingen, hinaus und – fliegen!

Das alte Schützenhaus liegt am Rande der Stadt, gleich hinter dem Soldatenfriedhof. Mit zitternder Krücke zeigte eine alte Frau hinüber, auf eine Plakatwand, die unter einer mächtigen Kastanie halb verborgen ist. ERPRESSUNG steht da. »Wer hat das dahingeschmiert?« Keiner? Das ist ein Theaterplakat? »Ach so«, kichert die Alte und humpelt davon. »Theater! Faxenmacher!« Hinter der Pförtnerloge ein schmuckloser Schankraum. Ein Dutzend bleiche, junge Gesichter. Und mittendrin, gemütlich und rund, ein Onkeltyp mit Brille, dem ein schwarzer Schnurrbart in schweren Zapfen über die Mundwinkel wächst. Der Intendant des Theaters, Dr. Wolfgang Bordel. »Wie Bordell mit einem l.«

Es gibt kein Kino in Anklam. Nichts. Nur das Theater – ein Nachtasyl. Der Totentanz hier drinnen ist eine Premierenfeier. Am Nachmittag haben sie vor einer Schulklasse das Kinderstück »Kikerikiste« aufgeführt, im Klubraum: Simone, die hochwangige Sekretärin aus Schwerin, Jana, die Berliner Pädagogik-Studentin, und Kathrin, die OP-Schwester, die gerade von ihrer Lieblingsamputation erzählt – sie alle haben irgendwann einmal vom ganz anderen Leben geträumt. Und sie sind in Anklam gelandet. René läßt einen Sektkorken knallen. Am Nebentisch springt wütend ein Bühnenarbeiter auf und brüllt: »Noch einmal, du Fatzke, und ich hau' dir die Fresse ein!«

Keiner der Jungen hat eine Schauspielschule von innen gesehen. Und ausgebildete Schauspieler kommen nur noch selten hierher. »Wer bei uns landet«, sagt Bordel mit grimmigem Behagen, »hat entweder Probleme mit dem Alkohol oder mit dem Leben.«

In einer Glasvitrine ein weißes Theaterkleid, aufgespannt wie ein toter Schmetterling. »Früher war'n da mal Grünpflanzen drin«, sagt Bordel, »aber man hat vergessen, sie zu gießen.« Früher... Auf einem Theaterplakat neben der Vitrine steht: »Man spielt nicht mit der Liebe.« Der junge Regisseur Herbert König hatte dieses Stück inszeniert, 1983, kurz bevor er seinen Ausreiseantrag stellte.

Damals war Anklam nicht irgendeines der 69 DDR-Theater, die vom SED-Staat gehätschelt und geknebelt wurden. Anklam war die Strafkolonie am Ende der Welt. Unbequeme Regisseure wurden hierher ins vorpommersche Sibirien geschickt, wo sie keinen Schaden anrichten konnten. König hatte aus der französischen Komödie einen hochartifiziellen, kühlen Alptraum gemacht. Liebe war ein Fremdwort in seiner Inszenierung – »l'amour« stand in roter Schrift auf blauen Bühnen-Kacheln. Zur Premiere waren Berliner Freunde und die SED-Kultursheriffs erschienen. In der dritten und letzten Vorstellung dösten nur noch rund 15 Volksarmisten im Parkett. Angetreten zur »organisierten Kulturmaßnahme Theater«. Wer blieb, bekam hinterher ein Bier.

Damals war Frank Castorf Oberspielleiter. Die asthmatische Pförtnerin erinnert sich noch gut an ihn: »Das war doch so 'n Spacker, mit Nickelbrille.« Castorf in Anklam, das war Rock 'n' Roll auf dem Mond. Wie war das mit Desdemona? Im Wassereimer ertränkt oder im Kühlschrank erschossen? Damals war die Phantasie an der Macht – und wenn auch nur für zwei Theaterstunden vor leerem Provinzparkett. Und sie schien der Macht des Verstandes, der Parteimacht, gefährlich. Eigens abgestellte Stasileute, die sich allen Ernstes »Abwehroffiziere Kunst und Kultur« nannten, lieferten streng vertrauliche Verschlußsachen wie: »Alternative Theaterauffassungen am Landestheater Anklam haben sich weiter verfestigt.«

Damals wurde Bordel aus Berlin geholt. Und der sorgte für Ruhe. Für Friedhofsruhe. Dr. Wolfgang Bordel, gelernter Physiker und Laiendarsteller, die Tragödie eines lächerlichen Mannes. Von Kindheit an liebte Bordel das Theater. Doch das liebte nicht zurück. So rächte sich Bordel am Talent, das er nicht hatte, rächte sich an allen, für die Theater mehr sein konnte als ein Laienbums. Der ideale Mann für die Partei und alle »Abwehroffiziere Kultur«.

Er feuerte Castorf, angeblich, weil der mit dem »Neuen Deutschland« den Bühnenboden ausgelegt hatte. In Wahrheit aber, weil Castorf, wenn er gut war, in jene Zauberregionen stieß, von denen Bordel nur ahnen konnte. Er feuerte Bühnenbildner, Regisseure, Dramaturgen, Schauspieler, erdrosselte sie mit seinem lachend-vergnügten Dilettantismus, bis er allein dasaß, in seinem monströsen Kinderzimmer, und Theater spielen durfte, stümpernd und bieder.

Gefährlich war der schnaufende Dicke nur für jene, die arrogant und damit dumm genug waren, ihn zu unterschätzen, seine opportunistische Intelligenz und seine Zähigkeit. Bordel, sympathisch verschlampt und gesellig, wahrscheinlich ein guter Physiker – und ein furchtbarer Intendant.

Ganz sicher einer, der die Macht liebt und die Bequemlichkeiten, die sie verleiht, selbst in der Provinz. In seinem Intendantenzimmer, das mit schweren, dunklen Gründerzeit-Möbeln vollgestellt ist, hängt sein Wahlspruch. Er stammt aus Kleists »Zerbrochenem Krug«: »Und find' ich gleich nicht alles, wie es soll, ich freue mich, wenn es erträglich ist.« In Kleists Komödie muß der Dorfrichter Adam, jener unsterbliche Provinzpotentat, gegen einen Gauner ermitteln, der er selber ist.

In diesen Tagen ist Bordel nicht nur Kandidat der PDS für den Kreistag, sondern auch Dorfrichter Adam. Er sitzt im Ausschuß zur Untersuchung von »Amtsmißbrauch und Korruption«. Und wacht darüber, daß keiner allzu genau nachfragt, wie er etwa zu der Privatstraße gekommen ist, die zu seinem Gehöft führt, und mit welchen Mitteln er sein Haus ausgebaut hat.

Natürlich hat Bordel zur Wendezeit Protestversammlungen im Theater abgehalten, hat den Zug angeführt, der die örtliche Stasi auflöste. Und hat gleich zwei Stasimitarbeiter an seinem Haus angestellt. Der Stasifunker besorgt jetzt die Tontechnik. Und Stasihund Berry bewacht sein Gehöft.

Am nächsten Tag zeigt Bordel sein Theater und den Fundus, ein Leichenschauhaus mit früh gestorbenen Inszenierungen wie »Frau Holle« oder »Ein irrer Duft von frischem Heu«. Die Musikbox aus seinem eigenen Ausflug ins Regietheater, Shakespeares »Was ihr wollt« mit Fischernetzen, steht bei ihm zu

Hause. Die letzte Vorstellung lief vor drei Besuchern. »Drei sind das Minimum.«
Aber warum eigentlich spielen? Und für wen? Die Subventionen fließen auch so. 1,7 Millionen Mark für eine Geisterkultur mit kleinen Privatgeschäftchen, von der rund hundert Beschäftigte ganz gut leben. Bordel führt über das Gelände. Im Fuhrpark ein Schulbus und zwei Lkw, die fürs Theater so gut wie nie gebraucht werden. In der Werkstatt wird das Sofa der Kostümschneiderin aufgepolstert. Im Schuppen neben der Requisite sind Ziegelsteine gehortet, Zementsäcke, Betonmischer und Teerpappe. Einer der Theaterleute baut immer.
Hoch steht die Sonne über dem alten Schützenhaus. Drinnen, im trüben Schankraum, sitzt die Stammbesetzung vom Abend zuvor. Mißmutig wischt der Wirt über die Regalbretter mit Aprikosenlikör und Nordminze, Rum »Kaminfeuer« und »Rotkäppchen«-Sekt. Sortiert Konfektschachteln, Marke »Grandios«, und Erdnußflips. Vor zwei Monaten noch war er Maler. Aber jetzt, wenn die Westler kommen, will er hier »'ne Gaststätte mit Niveau aufziehen, wo man mal 'nen Soljanka bekommt und ein Steak mit Kräuterbutter«.
Welcher Westler will ausgerechnet im Theater von Anklam eine Soljanka essen? Und warum muß die Suppe mit 1,7 Millionen Mark subventioniert werden? Die Westler . . . Der Radiosprecher verliest Einzelheiten zur Währungsunion. Irgendein Politiker spricht von Ehe und Aussteuer. Die Gespräche verstummen. Und einer sagt: »Der Westen wird uns überrollen!«
Plötzlich wird die Schwingtür aufgestoßen, und der Westen stapft in den Schankraum. Er trägt Lederjacke und Texanerstiefel mit roten Herzchen, und über die blauen Augen fällt ihm eine Strähne blondes Haar: Torsten Münchow aus Lübeck. Ein Boxertyp mit Kindergesicht, ein Glücksritter. Im Westen kämpfen Theater ums Überleben. Lübeck hat gerade dichtgemacht. Im Osten dagegen stehen sie noch. Auf nach Anklam!
Torsten, gerade 24, ist die Ochsentour gegangen. Schauspielschule, Provinztingel, große Rollen. Mit 21 hat er in Hamburg den »Woyzeck« inszeniert. Seine letzte Rolle war der »Konzentrationslager-Ehrhardt« aus Lubitschs »Sein oder Nichtsein«.

Und nun will er im Osten Oberspielleiter werden, Bordel hat es ihm versprochen – Torsten, der Eroberer. Als er vor einigen Wochen aus dem Nichts hier auftauchte, waren sie alle schwer beeindruckt von seinen Plänen. Tourneeabstecher nach Südtirol. Und Computer und Telefone von seinem Freund Penzel aus Bayern! Philip Morris wird sponsern und Astra die Kantine aufmöbeln. Der strahlende Herold der neuen Zeit.
»Morgen kommt Penzel!« Das sagt er schon seit Wochen. Mittlerweile glaubt ihm keiner mehr. Die anderen im Schankraum werfen sich vielsagende Blicke zu. Penzel wird nie kommen, und Philip Morris erst recht nicht, hierher, ans Ende der Welt. »Was sollen wir jetzt tun?« fragt Becketts Wladimir. »Warten!« Und so warten sie im Theater, auf Penzel, auf den Westen, auf Godot. Ihr Favorit als Oberspielleiter ist Peter, der so alt ist wie Torsten. Er war Fischer, bis Bordel ihn holte. Er hat zwar keine Ahnung vom Theater. Aber er ist einer von ihnen.
Torsten hat noch gar nicht bemerkt, daß ihm allmählich die Felle wegschwimmen. Er probt, schiebt die Techniker, verkauft Theatertickets auf Schulhöfen. Er kann sich mittlerweile nur noch mit Vitaminspritzen auf Touren halten. Torsten ist theaterverrückt. Und noch schlimmer: Er ist liebestoll. Und er braucht das Theater, um seine Liebe zu inszenieren.
Seine Liebe zu Sylvia, der Schauspielerin aus Schwerin, die schön und zart an seiner Seite schwebt, in einem gelben Seidenkimono aus Vietnam, auf den weiße Kraniche gestickt sind. Er lernte sie kurz nach der Maueröffnung kennen. Jetzt ist sie im vierten Monat schwanger. Morgen soll Hochzeit sein. Und gleichzeitig Premiere. Zusammen inszenieren sie Sams Shepards »Liebestoll«, als DDR-Erstaufführung.
Vor vier Monaten wäre das noch ein Illustriertenstoff gewesen. Jetzt, im deutsch-deutschen Kater, ist es nur noch der peinliche Kitsch von gestern. Außer für Torsten. Man spielt nicht mit der Liebe? Mit was sonst soll man spielen? Die Bühne – ein Bett! »Hier«, sagt Torsten und wedelt mit einer Zeitung, »'ne halbe Seite, wer hat das schon!« Auch die »taz« hat über Torsten und Sylvia geschrieben. Das Bett – eine Bühne!
Torsten aus Lübeck schnappt sich seinen Kaffee und verschwin-

det mit Sylvia im Theatersaal zur Generalprobe. »Das ist immer noch unser Land«, murmelt ihm einer hinterher. »Der macht sie doch fertig«, sagt ein anderer.

Sam Shepards »Liebestoll« spielt in einem Motelzimmer am Rande der Mojawe-Wüste, wo der Westen so trostlos ist wie Anklam. Ein Mann und eine Frau knallen aufeinander, hemmungslos, bedingungslos, mörderisch. Der Text? Pure Oberfläche. Trivial. Unergiebig für Gesellschaftsanalysen und dialektische Dramaturgenübungen. Eine Hülle, die von Wut und Haß und Leidenschaft weggesprengt wird. Regieanweisung des Autors: »Dieses Stück ist, ohne Pause, erbarmungslos durchzuspielen.«

Shepards New Yorker Off-off-Broadway-Inszenierung war ein Prügelwestern, war Körpertheater, in dem eine verschmierte Blondine und ein Baumfällertyp sich gegenseitig das Herz aus dem Leib zu reißen versuchen.

In Anklam steht Werner, ein schmaler, 40jähriger Alkoholiker, auf der Bühne und versucht, ein Lasso zu schwingen. Und auf dem Bett liegt Kirsten, seine spirrlige Freundin, die mit dieser Rolle ihr Schauspielerinnendiplom machen möchte. Torsten-Lübeck hat einen mannshohen Pappfernseher bauen lassen, in welchem ein Schauspieler zu Playback Country singt. Es ist grauenvoll – und deshalb von alptraumhafter Klasse.

Der Westen im Osttheater. Amerika in Pommern, Rodeo in Anklam. Die Karambolage zweier Kulturen. Und mitten auf der Bühne, in einem Schrotthaufen aus Trabi-Blech, ein alter, grauhaariger Wolf, der ruhig und gelassen ist und niemand als er selbst. Ein Chargenspieler namens Gerhard Schönerstedt, der den Vater der beiden spielt – die Kinder, die sich da hassen und lieben, hat er beide gezeugt, mit verschiedenen Frauen.

Schönerstedt war 20 Jahre lang Parteisekretär der SED am Theater. Und früher, unter Hitler, war er in der anderen Partei. Er ist »zweimal verarscht worden im Leben«. Ende der fünfziger Jahre kam er hierher, in der Hoffnung, irgendwann »entdeckt zu werden«. Heute ist er 68 und wird den Egmont wohl nie mehr spielen. Aber der Alte in Shepards Stück liegt ihm. Die Macht des Verstandes? Pah – der Alte kann nur noch lachen! Zwei Kin-

der von verschiedenen Frauen, die sich ineinander verlieben. Zwei Deutschlands, die jetzt aufeinanderkrachen. Was gibt es da zu erklären! Man sollte lachen.
Leise erzählt Schönerstedt in der Kantine, über Rotkäppchen-Sekt und Schneeglöckchen aus Plastik, die in grünen Riffelvasen vor sich hin stauben, von seinem »ergreifendsten Theatererlebnis«. Damals, da war er noch Parteisekretär, spielte er ausgerechnet unter Castorf in Heiner Müllers »Schlacht«. Und als er in der Bomberpilotenszene mit einem abgeschlagenen Kopf über die Bühne gehen sollte, schlug er Castorf vor, »ein bestimmtes Lied« zu summen, das man früher gesungen hat. Castorf war sofort einverstanden.
»So ging ich über die Bühne«, sagt Schönerstedt versonnen. »Der Kopf war in Zeitungspapier eingeschlagen, Blut tropfte heraus, und ich summte ›Die Fahne hoch . . . SA marschiert‹.« Schönerstedt wischt sich über die Augen. »Mir waren die Tränen näher als alles andere. Das war so feierlich, so choralartig. Und die alten Genossen im Parkett waren ebenso hin, das ging durch Mark und Knochen.«
Ein junger Theaterpunk, ein abgeschlagener Kopf, Schlachtenerinnerungen alter SED-Genossen an ihre Nazizeit und Tränen beim Horst-Wessel-Lied – mit der Macht des Verstandes hat das nichts zu tun. Aber mit Deutschland.
Anklamer Voodoo – wer hier überleben will, muß unter harten Schalen böse träumen können, muß ein Käfer werden unter schweren Steinen. Er darf nicht naiv sein und ganz sicher nicht liebestoll. Torsten ist zusammengebrochen. Auf den Matratzen seiner Mansardenwohnung erzählt er von seinem letzten Alptraum. Er hatte sich in einen Frosch verwandelt und lebte in einem Teich, einem nebelverhangenen pommerschen Froschteich. Er lernte quaken und schwimmen und verstand sich mit den anderen Fröschen, bis er merkte, daß er gefressen wurde.
Sylvia steht am Herd und kocht Tee. Auch sie hat geträumt. Sie picknickte im Schutz der Berliner Mauer. Plötzlich bemerkte sie, wie von der Westseite her schwarzmaskierte Soldaten über die Mauer kletterten, lautlos. »Es war eine richtige Invasion.« Sie

floh. Die Schwarzen besetzten die Hauseingänge. Sie flüchtete über die Dächer und stürzte ab. Deutsche Träume.

Beide wollen in Anklam Stücke spielen, die hier nie gezeigt werden durften. Die Phantasie an die Macht! Doch das Theater ist hinter ihrem Rücken schon längst verraten und verramscht. Der gemütliche Dr. Bordel hat andere Pläne, als Cocteau aufzuführen oder Beckett oder Ibsen. Und er hat recht damit. Denn Anklam braucht kein Theater. Anklam braucht einen Exorzisten. Irgend jemanden, der die Gespenster vertreibt, die Verhexungen löst.

Im »Volkshaus«, der einzigen Kneipe des Ortes, die bis abends um zehn geöffnet hat, sitzen ungefähr 150 Jahre Zuchthaus zusammen, harte Trinker mit Hakenkreuzen auf den Unterarmen, die davon träumen, Juden und Kommunisten und »dieses ganze Viechzeug« abzuknallen.

In der Gärtnerei einer LPG dagegen steht Frau Dr. Töwe, eine kernseifig-muntere BDM-Blondine, und schneidet Rosen. Vor einem Jahr noch hat sie, als Parteisekretärin für Agitation und Propaganda, Brandreden gegen einen Heine-Abend gehalten. »Hier lachen die Leute, die uns bald aufhängen werden«, beschwor sie Bordel damals. Heute besucht ihr Mann, Kombinatsleiter und SED-Vasall, eine Managerschule. »Wir sind anpassungs- und lernfähig«, sagt Dr. Töwe und strahlt.

Durch die engen Straßen Anklams prescht ein Trabi. Er verfolgt einen Golf. Er zwingt ihn zum Halt. Heraus springt ein Halbwüchsiger und zückt eine Karte, die ihn als »Hilfspolizist« ausweist. Das Westauto, behauptet er, sei falsch abgebogen. Und dann fordert der Hilfssheriff, Feierabend-Akrobat des »Fritz-Reuter-Ensembles« und Clint-Eastwood-Fan, D-Mark. Als sich der Westler seine Personalien aufschreiben will, verschwindet er in der Nacht. Weit draußen vor der Stadt, hinter den lohenden Rapsfeldern, hocken Lin und Doc und 40 andere Vietnamesinnen, zusammengepfercht in Sechs-Bett-Zimmern in einem verfallenen Gehöft. Sie sitzen hier draußen, weil die Bewohner der Anklamer Südstadt sie nicht in ihrer Siedlung dulden wollten. Sie sind als Geiseln der »Internationalen Völkersolidarität« gekommen und arbeiten im Kleiderwerk für 380 Mark im

Monat. Doch zur Zeit wird gar nicht gearbeitet. Ihre deutschen Kolleginnen, die das Dreifache verdienen, streiken. Gegen die Niederlassung ausländischer Firmen. Und für ein Einfuhrverbot von Kinderschuhen. Ob sie im Theater schon »Liebestoll« gesehen haben? »Also, wenn ich von der Arbeit komme«, sagt eine Dicke in geblümter Schürze, »dann bin ich ganz bestimmt nicht liebestoll.« Die anderen kreischen.

Auch in der Oberschule, hundert Meter vom Theater entfernt, wird gestreikt. Für höhere Löhne und einen Kündigungsschutz auf zehn Jahre. Die Deutschlehrerin kann sich nicht erinnern, wann sie zum letztenmal im Theater war. Das soll so »modernistisch« sein, sagt sie, die Lehrerin für Literatur.

Auf dem Marktplatz spricht ein DSU-Vertreter. Er sagt: »Selbst die Neger haben eine Demokratie, nur wir nicht.« Daneben versucht ein fliegender Händler mit Goldzahn und pomadisierten Haaren aus einem Nürnberger Mercedes heraus »echt vergoldetes Besteck, 25teilig in schmucker Kassette«, loszuwerden, für 2500 Ost-Mark, als Kapitalanlage vor der Währungsunion.

Ein Staat löst sich auf, die Wirklichkeit löst sich auf, und im Rathaus geben sich Torsten-West und Sylvia-Ost das Jawort. Feierlich spricht die Standesbeamtin von der Freude an »gemeinsamen Anschaffungen« und drückt einen Knopf unter der Schreibtischplatte, worauf die Orchesterversion ausgerechnet von »Strangers in the night« erklingt. Dann treten alle in die Mittagssonne hinaus und stellen sich fürs Hochzeitsfoto auf, auch Torstens Mutter und Sylvias Vater, die sich von der ersten Sekunde an nichts zu sagen hatten. Sie ist Schriftstellerin. Er arbeitet als Ingenieur im KKW Greifwald. Er hat Angst um seine Tochter. Sie wundert sich über ihren Sohn.

Und abends ist Premiere. Abends strömen die Premierengäste, strömt das Anklamer Establishment: der ehemalige Leiter des Zuckerkombinats sowie Herr Kruse mit Frau, Leiter des Fritz-Reuter-Ensembles. Dazu noch ein paar Dutzend andere Theatergänger. »Bei uns ist die Bude immer gerammelt voll«, sagt Kruse gutgelaunt. An diesem Abend dagegen sind von den 300 Plätzen gerade 50 verkauft.

Die Abteilung »Öffentlichkeitsarbeit« wird von Herrn Flesch

geleitet, einem ehemaligen Bauarbeiter, den alle »Fleschi« nennen. Bordel, der Bau-Herr, hatte ihn eingestellt. Fleschi, der die Ärmel seines taillierten Sakkos gerne hochgekrempelt trägt, beobachtet das Theater von der Analphabetengrenze aus mit äußerstem Mißtrauen. Vor Jahren gab es mal eine Art Handzettel. »Theater Anklam – Theater IHRES Interesses« stand darauf. Seither passiert nichts, doch Fleschi befehligt immerhin sechs Leute.

Das Stück hat er nicht gesehen. »Handelt irgendwie von ... äh ... Amerika, oder?« Warum er glaubt, daß an diesem Abend nur drei Reihen verkauft sind? Seine Frau Dörthe, die hinter der Kasse sitzt, springt ihm bei. »Weil wir niemanden mehr zwingen dürfen«, sagt sie, und ihre Stimme bebt vor Mißbilligung. Zwei Minuten vor Vorstellungsbeginn stürzt Sylvia herbei und möchte noch ermäßigte Karten für überraschend eingetroffene Freunde. »Nee«, sagt Dörthe, »das hättest du letzte Woche schriftlich beantragen müssen.«

Und dann stoßen auf der Bühne wieder zwei Welten aufeinander, ein amerikanisches Muskellibretto und zwei real sozialistische Sänger, und auf seinem Trabi-Schrotthaufen sitzt Gerhard Schönerstedt und schaut ins Publikum, und er lacht und lacht und lacht.

Eine Woche später wird im alten Schützenhaus hinter dem Friedhof die Zukunft gemacht. Bordel ist in der Zwischenzeit für die PDS in den Kreistag gewählt worden. Seine Zukunft ist gesichert. Nun geht es um die seines Theaterhobbys. Während sich das Ensemble unten im Klub zur Vollversammlung einfindet, schreitet oben, in Bordels Intendantenzimmer, das Theaterkalb Torsten zur Schlachtbank. Penzel ist nicht gekommen, und die Premiere war nur ein mäßiger Erfolg. Er unterschreibt einen Vertrag als Spielleiter. Oberspielleiter bleibt Peter. Torsten Münchows Bezüge: 900 Mark plus Leistungsprämie. Schwungvoll zieht er seine Anfangsbuchstaben übers Papier, und das H bekommt einen Extraschnörkel.

Der Vertrag stammt noch aus der alten Zeit. In einer Präambel verpflichtet sich Torsten, »die wachsenden kulturellen und künst-

lerischen Bedürfnisse der Arbeiterklasse und aller Werktätigen immer besser zu befriedigen«. Dann steigen beide hinab in den Klub, wo 100 Menschen gleichmütig auf die Bestätigung ihrer fortlaufenden Bezüge warten, Früh- und Spätrentner, die ebensogut in einer Konservenfabrik arbeiten könnten. Die Republik ist im Arsch und das Theater sowieso. Wen kümmert's.
Das Geld fließt weiter, verspricht Bordel gleich zu Beginn. Nur müßten sich alle mehr anstrengen. Seine Vision vom Theater? Fremdenverkehr mit Bums! »Die Werkstätten könnten Anklam-Souvenirs herstellen, Tücher und Schlüsselbretter, wo ›Gruß aus Anklam‹ draufsteht.« Wer, um Himmels willen, möchte an Anklam erinnert werden? Und mit welchen Motiven? Mit den »Wohnblocks vom Typ WBS 70«, die stolz im Stadtführer erwähnt werden? Die Werkstättenleute grinsen.
»Und die Öffentlichkeitsarbeit«, fährt Bordel fort, »könnte sich ›Nord-Agentur‹ nennen und eine touristische Zimmervermittlung übernehmen.« Aber wo will Fleschi, selbst wenn er telefonieren könnte, Zimmer herkriegen in Anklam? Die Baukombinatsmafia hat sich lediglich um die Datschen der SED-Prominenz gekümmert – in Anklam ist die Wohnungsnot groß. »Hunderttausende von Touristen«, bringt sich Bordel in Fahrt, »müssen durch Anklam, wenn sie zur Ostsee wollen – die müssen wir irgendwie abgreifen.« Einer schlägt Straßensperren vor. Dann stellt Peter seinen Theaterspielplan für den wilden, harten, bösen Anklamer Osten vor. »Als Knüller« zur Saisoneröffnung eine Inszenierung des Intendanten, nämlich »Das Wirtshaus im Spessart«. Bordel erläutert. Das Theater müsse sowieso umgebaut werden. Regieexperimente ab sofort nur noch im kleinen Klubraum. Und in den großen Saal kommen Tische. Da können Getränke serviert werden und Noten zum Mitsingen. Eifrig schlägt eine Schauspielerin Sonntagsquiz-Veranstaltungen vor. »Das könnte ein gesellschaftlicher Höhepunkt werden.«
Da platzt, ganz im hintersten Eck des Raums, eine dunkle Stimme in das fröhliche Geschnatter. »Das Problem an diesem Theater«, ruft Manfred Otto mit kalter Wut, »ist der Dilettantismus der Intendanz.«
Und plötzlich geht es nicht mehr um alberne Anklamer

Zukunftsmusik, sondern wieder um die bösen Gespenster der Vergangenheit. Seit sieben Jahren hat Otto nicht gespielt. Seit sieben Jahren ist er kaltgestellt. Seit sieben Jahren haßt er den dicken Doktor, der jetzt in seiner wendebeschwingten Kinderschar zum Marsch in den fröhlichen Provinzkapitalismus ansetzt. Otto ist ein Profi. Er hat früher selber Schauspielunterricht gegeben. Mit blutendem Herzen hat er mit angesehen, wie dieses Theater von einem Spießer ruiniert wurde. Sein Haß ist längst zur paranoiden Fixierung geworden. In parolenartigen Schüben hat er ihn in einem Brief an die Kreisleitung formuliert. Dieser Brief wird nun vorgelesen. Otto spricht darin von »Konzeptionslosigkeit«, von »stalinistischer Alleinherrschaft«. Davon, daß der Intendant »mit Menschen und Material umgeht, wie er will«. Die Bretter, sagt er, seien doch heilig. »Wir könnten im letzten Schuppen spielen – wenn wir die Leute wirklich packen, dann brauchen wir keine Pufftischchen mit Weinausschank.«
Bordel wartet ab, bis die ersten seiner jungen Kläffer über den Störenfried hergefallen sind. Dann stellt er, ganz demokratisch, den Antrag, Otto zu kündigen. »Er hat sich mit diesem Brief vom Kollektiv gelöst.«
Kaum einer in diesem ganzen Haufen, der dem Schauspieler zur Seite steht. Alle, vor allem die Jungen, verdanken Bordel ihr Brot. Am Theater von Anklam findet die Revolution nicht statt. Aber die Wende. Bordels Wende. Auf seinem Anwesen hinter den Rapsfeldern empfängt er am nächsten Abend hohen Besuch aus Hamburg. Einen mäkelnden, älteren Herrn, der von den Flausen spricht, mit denen die Schauspieler sich an »einer Literatur abzappeln, die die Leute hier nicht sehen wollen«. Und der schnaufende Doktor ist beglückt, als ihm der Besucher ein Gastspiel »vielleicht für '91« in Aussicht stellt. Es ist der Intendant des »Ohnsorg-Theaters«. Der Raps glüht. Anklam versinkt in der Nacht. Das alte Schützenhaus steht leer bis auf den Schankraum, wo einige versprengte Schauspieler über ihrem Bier brüten. An den Wänden die Programme anderer Provinzbühnen. Alle spielen das gleiche: Lehárs Operette »Land des Lächelns«.

Nach Erscheinen des Artikels schrieb mir Bordel einen Brief, in dem er mir vorwarf, ich hätte mit Kanonen auf Spatzen geschossen. Vielleicht hatte er sogar recht – es gab wahrhaftig größere Opportunisten als ihn. Für ihn selber hatte mein Artikel keine Konsequenzen. Er saß eher noch fester in seinem Sattel als zuvor. Torsten Münchow war kurz nach Erscheinen der Reportage mit Sylvia nach München gezogen. Vorher hatte er aber noch eine Kopiermaschine für Bordel besorgt, denn »was ich verspreche, halte ich«. Mit den Umbauarbeiten im Theater war ziemlich schnell begonnen worden – die Sitze wurden herausgerissen, um Platz zu schaffen für »Pufftischchen mit Weinausschank«.

Und doch blieb die Veröffentlichung nicht folgenlos. Rund vier Wochen später erhielt ich einen der merkwürdigsten Briefe meiner Journalistenkarriere, und das will etwas heißen, denn Redaktionen sind offenbar begehrte Anlaufstellen für Verrückte. Einer meiner Kollegen bekommt alle zwei Wochen Post von einem Hobby-Physiker, der ihm die Relativitätstheorie erklärt. Ich selber verfüge über eine umfangreiche, ständig wachsende, farbige Skizzensammlung, in der mir ein Architekt auseinanderlegt, wie er an einem Nachmittag im August 1985 in der U-Bahn-Station Spichernstraße in Berlin zwischen 17 Uhr 05 und 17 Uhr 08 vom BND beschattet worden war. In seinen Briefen finden sich immer neue Schriftstücke, Kopien von Strafanzeigen und beglaubigte Erklärungen, daß er nicht geisteskrank sei . . .

Im Unterschied zu diesem kannte ich den Anklamer Leserbriefschreiber. Es handelte sich um einen ehemaligen Dramaturgen, der sich bei Bordel hoch verschuldet hatte und selbst für Anklamer Theaterverhältnisse ausgesprochen unfähig war. Ein Sandalenträger mit Rauschebart, der im Wendeestablishment auf dem Ticket des »Neuen Forum« in den Gemeinderat eingeritten war – Bordel hatte ihn von seiner »Arbeit« freigestellt, da ein Kontakt zum Rathaus immer nützlich ist, und so hatte er viel Zeit

und tauchte öfter im Theater als christusmäßiger Wende-VIP auf. Ich hatte mich nur kurz mit ihm unterhalten, und die anderen schnitten ihn.
Sein Leserbrief war hektographiert. Offenbar kursierte er im Vorpommerschen auch als Flugblatt. Der Dramaturg a. D. forderte den kompletten Abdruck und schlug vor, »eventuell anfallende Honorare für die Verbesserung der Lebensbedingungen der Häftlinge im Hochsicherheitstrakt« zu spenden.
Da die Leserbriefredaktion den Brief nicht brachte, will ich es hier nachholen und schlage vor, eventuell anfallende Honorare zur Verbesserung der Lebensbedingungen des Ehepaars Jarling zur Verfügung zu stellen.
»Ich war sicher der einzige Anklamer, der dem Herrn Matussek über den Weg gelaufen ist, der eine außenstehende und doch kenntnisreiche Auskunft über das Theater Anklam geben konnte – schließlich habe ich sechs Jahre in diesem Haus gearbeitet und nehme seit März diesen Jahres im Auftrag des Neuen Forum die Funktion eines Ratsmitglieds für Kultur wahr. Davon im Artikel kein Wort, und andere sind erst gar nicht befragt worden.«
Doch besonders beeindruckt hatte ihn, daß Detlev, mein Fotograf, eine gepflasterte Kopfwunde trug. Detlev und seine Freundin waren bei den Demonstrationen am 1. Mai in West-Berlin zwischen die Reihen geraten und von Polizisten zusammengeschlagen worden. Seine Freundin, auch Fotografin, lag im Krankenhaus. Der »Stern« hatte darüber berichtet. Bereitwillig hatte Detlev in Anklam jedem, den es interessierte, erzählt, wie es zu seiner Kopfverletzung gekommen war.
Ich arbeitete gern mit Detlev zusammen. Er war kontaktfreudig, er hatte Ideen, und er paßte sich jeder Situation an. Beim »Stern« hatte ich mir angewöhnt, im Team mit Fotografen zu arbeiten – besonders Kulturgeschichten hatten dort nur dann eine Chance, entsprechend groß im Blatt aufgemacht zu werden, wenn der Redakteur eine möglichst spektakuläre Optik präsentieren konnte.
Beim »Spiegel« ist der Zwang zum Bild nicht so stark. Dennoch hatte ich die Erfahrung gemacht, daß gute Fotografen auch dem

Reporter helfen – sie schaffen Zwischensituationen, Realitätsverdichtungen, und manchmal öffneten sich meine Gesprächspartner für einen Fotografen eher als für den Schreiber.
Ohne Fotografen wäre ich nie zu dem phantastischen Geisterschauspiel gekommen, das eine japanische Butogruppe auf einem Shinto-Friedhof in Kyoto für die Kamera inszenierte. Und nie hätte ich einem New Yorker Schriftsteller begreiflich machen können, daß es für *mich* wichtig war, ihn beim Fitneßtraining am Broadway zu beobachten – es war der *Fotograf*, der sein Bild genau dort brauchte.
Eine der wichtigsten Eigenschaften eines Fotografen besteht jedoch darin, sich im geeigneten Moment in Luft auflösen zu können. Die anderen vergessen zu lassen, daß es ihn gibt. Robert Lebeck, wahrscheinlich der größte aller Reportagefotografen, ein Haudegen und Ästhet, dem die Herzen aller meiner Interviewpartner zuflogen, beherrschte diesen Trick perfekt. Nur ein einziges Mal hatte er sich zu weit aufgelöst. Ich hatte mich im Oberoy-Hotel in Kalkutta von einem sehr affektierten Dichter und Nobelpreiskandidaten in die Übersetzungsprobleme bengalischer Lyrik einweisen lassen, da wurde sein Monolog durch ein sanftes Rasselschnarchen unterbrochen. Lebeck war nach hinten gekippt und eingeschlafen, und sein glückliches Gesicht verriet, daß er nicht von bengalischen Langversen träumte, und er wachte erst auf, als der Dichter sich frostig und eilig verabschiedete.
Es gibt natürlich auch Fotografen, die unweigerlich im wichtigsten und fragilsten Moment eines Gesprächs nach dem Klo fragen, oder solche, die mit ihrer Arbeit eine ganze Situation absorbieren. Bei meiner DDR-Schulen-Reportage hatte ich mit dem Problem zu kämpfen. Der Fotograf hatte im Klassenzimmer eine ganze Flutlichtanlage aufgebaut und turnte ständig hinter dem Rücken des Lehrers herum, so daß die Schüler dem Unterricht nur selten wirklich konzentriert folgen konnten.
Seit diesem Erlebnis arbeitete ich in meinen DDR-Reportagen mit Detlev zusammen. Er lieferte gute Bilder, und die Chemie zwischen uns stimmte, was wichtig ist: Manchmal bist du mit einem Fotografen länger zusammen als mit deiner Freundin.

Für den Dramaturgen und Leserbriefschreiber nun muß ich der personifizierte Teufel gewesen sein, denn er nahm an, daß *ich* Detlev die Kopfverletzungen zugefügt hatte. »So, wie der kleine, spillerige Matussek seinen bulligen, anonym exilrumänischen Fotografen sadistisch schikaniert, hätte man besser eine Fotoanleihe von ›Penthouse‹ nehmen sollen.« Spillerig meinetwegen, aber klein bin ich nun wirklich nicht: immerhin 1,87 Meter. Der Dramaturg reichte mir gerade bis zur Schulter. Er hatte mich gleichzeitig schrumpfen lassen und zum Monster aufgeblasen ... Die Seele ist ein weites Land, und die ostdeutsche wurde in diesen Tagen bevölkert von Gnomen und Riesen und bösen Zauberern, die aus dem Westen kamen.

Interessant für mich waren die erotischen Metaphern, mit denen er die deutsch-deutsche Heirat beschrieb, da »Ehe« ja auch in meiner Geschichte eine Art roter Faden war: »Oh, du schöne deutsche Lesben-Heirat! Die alte, starke Germania beugt sich über die junge, schöne, legt ihr lederne Fesseln an, begehrlich erwartet die junge die Peitsche.« Als jung, schön und lesbisch hatte ich weder die DDR noch den Dramaturgen in Erinnerung, und ich wollte in diesen Tagen auch niemanden auspeitschen. Auf diese lustvollen Selbstbestrafungsphantasien ließ der Dramaturg den üblichen idealisierenden Widerstandskitsch folgen, und weil er so typisch war, zitiere ich ihn: »Der Schreiber sollte für eventuelle spätere Einsätze: ›Denk' ich an Königsberg in der D-Mark-Nacht ...‹ gut bei Laune gehalten werden. Und am Ende bleibt das Salz auf den Lippen. Wir haben in dieser DDR gelebt, sie geliebt und gehaßt. 40 Jahre hat man uns den falschen Hut aufgesetzt, haben wir uns ihn aufsetzen lassen. Auch in dieser Provinzstadt Anklam sind im Herbst Menschen auf die Straße gegangen, bewaffnet mit ihren Träumen: keine Stasi-Überwachung, keine Privilegien für Staats- und Parteidiener, Demokratie! Dann kam der Rattenfänger und münzte vermeintliche Armut um in unser D-Mark-Fieber und dann der Vertrag, der keiner Besserung, aber eines 15-Millionen-Werbeetats bedarf. Pressefeldzüge à la Spiegel-Matussek machen Land und Leute kapitulationsbereit. Wann werden wir wissen, welch langer Abschied unser Beginnen im Oktober war?«

Salz auf den Lippen und mit Träumen bewaffnet – routinierte Neusprechbetroffenheit, durch die die goldene alte Propagandaregel schimmerte: Nicht die SED hat das Land ruiniert, sondern die Presse des Klassenfeindes, die es »kapitulationsreif schießen« will. Im Gespräch mit dem DDR-Schriftsteller und Funktionär Hermann Kant bin ich einige Wochen später auf eine intelligentere Version der gleichen Regel gestoßen.
Die politische Achse hatte sich gedreht und mit ihr die literarischen Moden. Der Rezensionsbetrieb – eine saisonale Angelegenheit. Im Literarischen Colloquium, einer prächtigen alten Villa am Ufer des Westberliner Wannsees, kamen noch einmal die jungen DDR-Poeten-Rebellen zusammen, Sascha Andersen und andere, die vor nicht allzulanger Zeit noch als Genies einer neuen *lost generation* gefeiert wurden und von denen nach der Wende eigentlich niemand mehr etwas wissen wollte.
So wurde es ein Familientreffen der Prenzlauer Underground-Literaten, die noch einmal ihre angejahrten Beat-Verarbeitungen vorstellten. Sie hatten ihre Groupies mitgebracht, und so dürftig – selbst bei mildem Wende-Sommerabendlicht besehen – ihre lyrische Produktion auch war, so schön waren ihre Freundinnen, die sich im Salonpunk der frühen Achtziger aufgedonnert hatten. Unter schimmernden Glasvitrinen lagen die alten Samisdat-Lyrikbände der Prenzlauer-Berg-Existentialisten. Ach, der Ruhm ...
Der Moderator bemerkte, daß in totalitären Regimen immer auch die Sprache korrumpiert sei, und Andersen sagte ziemlich unrasiert: »Jetzt komm'n drei Gedichte aus'm Pasolini-Zyklus«, und Papenfuß-Gorek zischte: »Mein Schwanz steht scharf im Untergrund«, und dann stand eine ältere Dame mit roter Hose und weißer Bluse vor dem Mikrofon und fragte empört: »Wem gehört der Suzuki-Jeep B-3220?« Die Anwohnerin war zugeparkt worden, und, noch schlimmer, sie hatte sich mindestens drei Gedichte anhören müssen, bevor sie es geschafft hatte, sich durch die Meute zu boxen.
Ich war milde gestimmt in diesen Tagen. Ich freute mich über den schönen Sommer, über die idyllischen Seen rund um Berlin und über die Fußballweltmeisterschaft. Die deutsche Mann-

schaft versöhnte mich mit dieser merkwürdigen Nation. Das Tor zum 3:1 von Lothar Matthäus im Spiel gegen Jugoslawien trug mich tagelang. Matthäus war nicht nur »stolz auf Deutschland«, sondern auch zu tiefen kulturpessimistischen Einsichten fähig. In einem Interview faßte er Schopenhauer, Karl Kraus und Adorno in einem einzigen lakonischen Statement zusammen, als er sagte: »Ich habe mich bereits für den Umweltschutz und weltweiten Frieden ausgesprochen. Aber es hat anscheinend nichts genützt.« Die Jungs spielten phantastisch, auch wenn es dem Weltfrieden nichts nützte, und das Pfützenschießen gegen Saudi-Arabien war eine großartige Abwechslung zur Schlammschlacht, mit der die SED-Intellektuellen im »Neuen Deutschland« zur Attacke gegen ihre Kritiker übergingen.
Ich war wieder »für Deutschland«, zum ersten Mal seit Jahrzehnten. Im Alter von 14 hatte ich geweint, als der russische Linienrichter den ominösen Lattenschuß zum Tor erklärte, der Deutschland den Titel kostete, und ich haßte von Stund an alle Russen. Und als in der Schicksalsbegegnung von 1970, im Spiel der Spiele, Italien in der Verlängerung 4:3 gegen uns gewann, haßte ich Gott.
Und nun, nach der Schamphase von '82 und '86, waren wir wieder da. Mit Technik und Häßler und Klinsmann gegen den Rest der Welt. In der liberal aufgeklärten Szene gehörte es zum guten Ton, den Ersatzkrieg, den Sport auch darstellt, zu sublimieren. Es galt als höhere Kulturleistung, für Kamerun zu sein. Aber seit wann hat Fußball mit gutem Ton zu tun? Als Frank Rijkaard Rudi Völler anspuckte und der Schiedsrichter beide hinausstellte, kommentierte Heribert Faßbender sehr richtig: »Schickt den Mann doch in die Pampas.«
Ein öliger Schreibtischhengst vom Auswärtigen Amt sah damit in einer TV-Talkshow routinebetroffen den Tatbestand der Völkerverhetzung erfüllt, und Walter Jens, natürlich Walter Jens, sah die Aufklärung seit Lessing in Gefahr. Eine harmlose Bemerkung – und der ganz große Knüppel! Wo soll da ein unverkrampftes Verhältnis zum Nationalismus herkommen? Mit dieser Zensurlatte hatten die Propagandamaschinen der SED gekloppt – mit dem Erfolg, daß eine schweigende faschistische

Jugendarmee im Untergrund blühte und jetzt hervorkroch, um Vietnamesen zu verprügeln.

Die groß- und nationaldeutsche DDR-Variante des Fußballpatriotismus war genau deshalb so widerlich, so brutal, so roh, weil er jahrelang angestaut werden mußte. Das Spiel gegen die Tschechen wollte ich mir im Lustgarten anschauen. Der Ostberliner Magistrat hatte dort eine Riesenleinwand installiert. Es war ein schöner Sommernachmittag. Irgendwo wurde Popcorn verkauft, und DDR-Familien zogen mit Picknickkörben und reichlich deutschen Fahnen auf den Platz gegenüber der Volkskammer. Und Papa und Mama und alle dicken Kinder trugen deutsche Trikots. Manfred Deix hätte es sich nicht schöner ausdenken können.

Als die deutsche Nationalhymne gespielt wurde, standen alle auf. Und alle sangen mit. Viele hoben die Hand zum deutschen Gruß – und es waren keine irregeleiteten, pubertären Skinheads, die da sangen, sondern Familienväter. Ich flüchtete in mein Hotelzimmer, wo ich mir das Spiel zusammen mit Nina anschaute.

Nina hatte sich von ihrem Mann, einem Lungenfacharzt, getrennt. Nun war sie mit ihren beiden Kindern aus der Villa am Wannsee ausgezogen und lebte mit ihnen bei einer Freundin in einem Zimmer im Ostberliner Nicolaiviertel, gleich gegenüber dem Palasthotel. Ihre Freiheit war ihr mehr wert als die Villa, und sie war immer gut gelaunt und verstand überhaupt nichts von Fußball. Dafür sang sie aber auch die Nationalhymne nicht mit.

Während Andi Brehme und Co. Runde um Runde gewannen, war ein neuer Krieg um Deutschland ausgebrochen. Wem gehörten die Siege der deutschen Mannschaft? Nach dem Elfmeterschießen im England-Spiel rollten ganze Karawanen hupender Trabis auf den Ku'damm. Und die Schlachtenbummler aus dem Westen riefen: »Ossis raus!«

Auf der »Kursbuch«-Fete in der Mommsenstraße war das Elfmeterschießen an diesem Abend kein Thema. Dennoch wurde auch hier eine Art Krieg geführt, ein kultivierterer, übers Weinglas hinweg. Man stritt sich um Christa Wolf. Frank Schirrmacher hatte die Autorin in der »FAZ« auf die Psycho-Couch gelegt und analysiert, und Ulrich Greiner hatte in der »Zeit« temperamentvoll wie lange nicht geschrieben. Christa Wolf war bei dem Versuch ertappt worden, sich literarisch ins Lager der Widerständler zu schummeln. Dabei war sie unter allen versöhnlichen DDR-Intellektuellen die versöhnlichste. Natürlich, da hatte Karasek im »Spiegel« recht, steckte hinter den Attacken auf Christa Wolf auch Selbsthaß des liberalen Westfeuilletons, das jahrelang von der Widerstandsromantik gelebt und am Kartell des Verschweigens mitgewirkt hatte: kaum je kritische Töne über DDR-Künstler, aus Angst, zu Komplizen der »Bild«-Zeitung zu werden oder um die Ostpolitik nicht zu gefährden oder als Folge linken Gruppendrucks oder aus welchen Gründen auch immer. Man hatte sich mit dem Status quo der beiden deutschen Staaten eingerichtet – und nun war alles falsch.

Seit längerer Zeit hatte ich Kontakt zu Ruth Berghaus. Schon als ich ihren Namen beim Biermann-Konzert auf den alten »ND«-Ausgaben entdeckt hatte, wollte ich mich mit ihr treffen. Jetzt kam ein aktueller Fall hinzu: In der »Berliner Zeitung« las ich wütende Erklärungen ihrer Dramaturgin zur Absetzung eines Berghaus-Projekts in der Semperoper. Offenbar war die Berghaus nun in ihrer Heimat in Schwierigkeiten geraten.

Ich telefonierte mit der Regisseurin, die gerade in Kassel weilte, weil sie dort, für die Münchner Biennale, die »Apokalypse des Johannes« erarbeitete. Sie war nur selten in Berlin. Aber zur Kommunalwahl wollte sie kommen, »um das Kreuz an die richtige Stelle zu machen«. Die richtige Stelle war selbstverständlich die PDS. Ich besuchte sie einige Tage später am wunderschönen Zeuthener See in ihrem wunderschönen Zuhause.

Vier Stunden lang unterhielten wir uns an diesem Nachmittag. Sie war auf verbitterte Art freundlich – sie behandelte mich wie den Offizier einer Besatzerarmee. Mittlerweile war ich diese Rollenzuweisung gewöhnt. Offenbar hatte sich dieser Trick in der Ostberliner Szene herumgesprochen, als wirkungsvollste Art, sich unangenehme Frager vom Hals zu schaffen. Eine Art Totschlagklischee, das früher »Klassenfeind« hieß.

Da sie über ihre Arbeiten oft in marxistischen Begriffen redete, interessierte mich, ob der Zusammenbruch der Heilslehre ihre konzeptionellen Überlegungen, ihre künstlerische Arbeit berührte. Ich war verblüfft darüber, wie vage und parolenhaft sie darauf antwortete. Hatte sie an den ganzen Spuk gar nicht geglaubt? Sie hielt mich für einen Agenten. Ich hielt ihr ihr Verhalten während der Biermann-Ausweisung unter die Nase. Und ich verhehlte nicht, daß ich die fürchterlichsten Qualen meines Theaterlebens in ihren Inszenierungen erduldet hatte. Auf dieser soliden Ebene gegenseitiger Verachtung klinkte zwischen uns eine Art Kontakt ein.

Sie zog alle Register an diesem Nachmittag. Mehrmals stand ich kurz vor dem Rauswurf, mehrmals war ich selber kurz davor abzubrechen. Einmal stand sie auf, stapfte über den Rasen auf ihr Haus zu und verschwand. Nach einer Weile fragte mich Detlev: »Meinst du, sie kommt wieder?« – »Aber sicher«, sagte ich, obwohl ich mir überhaupt nicht sicher war. Zehn Minuten später tauchte sie wieder auf.

Erst als alle Tonbänder vollgesprochen waren, ließ sie einige Deckungen fallen. Sie führte mich durch ihr Haus, zeigte mir den Schemel aus der Uraufführung der »Mutter Courage«, der vor Paul Dessaus Flügel stand. Schließlich begaben wir uns auf die Dachterrasse, schauten aufs Wasser hinaus und sprachen über Sport. Jeden Morgen schwamm die alte Dame eine halbe Stunde im See. Das imponierte mir. Wir verabredeten uns für weitere Gespräche in Wien.

Der »Spiegel«-Schreibdienst, der die Bänder schließlich abtippte, lieferte 200 Seiten Interview. 200 Seiten voller Sophistereien, lauernder Provokationen, Phrasen, Antwortverweigerungen. Ich filterte eine Fünfzig-Blatt-Fassung. Und entschied mich dann doch für ein Porträt. Denn das Wesentliche sagte die Berghaus nicht auf Band. Das Wesentliche lag in der Art, *wie* sie es erzählte.

DIE LUXUS-DISSIDENTIN

ÜBER DIE REGISSEURIN RUTH BERGHAUS

»Warum reden Sie nicht mit jemandem, der prominenter ist als ich? Mit Christa Wolf zum Beispiel.« – »Aber Sie sind prominent, Frau Berghaus. Eine weltbekannte Opernregisseurin. Hochdekoriertes SED-Mitglied. Der Staat hat mit Ihnen Staat gemacht.« Ruth Berghaus verzieht geringschätzig ihre Mundwinkel. Schriftsteller, murmelte sie, haben es wohl leichter. Die sitzen allein vor ihrer Maschine. Papier ist geduldig. Sie mag dieses Interview nicht. Aber es ist wohl die Zeit der Rechtfertigungen.

Ihr Murmeln wird geschluckt von den schrappenden Rotorblättern eines Helikopters, der schließlich hinter den Bäumen der Ufervillen verschwindet. Zwei Surfer gleiten über die spiegelnde Wasserfläche. Es ist ein schöner Sommernachmittag am Zeuthener See. Und still, ohrenbetäubend still, nachdem der Hubschrauber seine Runde gedreht hat. Splendid isolation.

Rechts hinter dem kurzgeschnittenen, gepflegten Rasen, da, wo die Pflaumenbäume nicht so richtig wachsen wollen, lag das Stasigebäude. Links wohnte ein Politbüromitglied. »Ich glaube, Günter Mittag«, sagt Ruth Berghaus. So genau weiß sie es nicht, sagt sie, obwohl sie seit Jahrzehnten hier zu Hause ist.

Unübersehbar ihre Schwäche für rechte Winkel, für Ordnung, für Geometrie. Der Garten sieht aus, als sei er gerade gesaugt worden. Aus einem Fachwerkhaus wächst ein mondäner Bungalow-Flachbau mit Dachterrasse, Marke Tatort siebziger Jahre. An den Panoramafenstern ihres Studios stehen rund 30 Kakteen stramm, streng der Größe nach geordnet, in einem Schuppen ihre beiden Boote, sauber vertäut. Und aus der Garage schaut das saubergeputzte Heck eines Mercedes.

Es ist der Tag nach der Kommunalwahl. Ihre Partei hat gut abgeschnitten – die PDS ist beliebt in Berlin. Besonders beliebt ist sie bei Künstlern und Intellektuellen. Denn sie verspricht beides: die idealistische Phrase und die alten Pfründen. Mit diesem politischen Silberblick waren vor allem die im Ausland erfolgreichen DDR-Künstler schon unter der alten SED gut gefahren.

Es ist nicht leicht, mit Ruth Berghaus ins Gespräch zu kommen. Klaren Antworten zieht sie die Andeutung vor, die vage Verdächtigung, die revolutionär klingende Wendung. Ihre Lieblingsfloskeln: »Jeder ist doch irgendwo politisch« und »Es kommt immer auf die gesellschaftliche Haltung an«. Oft wechselt sie in den moralischen Diskurs. »Die Sieger schreiben nun die Geschichte«, sagt sie mehrmals, mit dem bitteren Vorwurfston des Opfers. Ist Ruth Berghaus ein Opfer? Wir sitzen in ihrem großen schönen Garten, und sie spricht leise. Sehr leise. Das, sagt sie, sei eine Angewohnheit von früher. »Man wußte nie, wer zuhört.« Dabei war sie alles andere als eine Oppositionelle.

Noch vor drei Jahren beglückwünschte Erich Honecker sie zu ihrem 60. Geburtstag im »Neuen Deutschland« als sozialistische Kämpferin. Als Ehefrau des hochdekorierten Komponisten Paul Dessau gehörte sie schon früh zum sozialistischen Kunstestablishment. In den sechziger Jahren trat sie in die Partei ein, nicht aus jugendlicher Schwärmerei, sondern mit einem entschlossenen Karriereschritt, »kühl und überlegt«.

Sie saß in der Berliner Stadtverordnetenversammlung und leitete in den siebziger Jahren das »Berliner Ensemble«. Nach Querelen mit den Brecht-Erben inszenierte sie immer häufiger im Ausland. Und da ihre streng verrätselten Opernarbeiten oft für Tumulte unter Premierenbesuchern sorgten, warf Ruth Berghaus, zumindest in den Feuilletons, subversive Schatten. In ihrer Arbeit, das betont sie immer wieder, habe sie »nie irgendwelche Kompromisse gemacht«.

Nur ein einziges Mal bezog sie auch außerhalb des Theaters Stellung. Und dieses eine Mal stand sie ganz unzweideutig auf der falschen Seite. Sie paktierte mit den Bonzen, als es um die Ausbürgerung Wolf Biermanns ging. Als der Liedermacher nach dem Fall der Mauer sein erstes Konzert in Ost-Berlin gab, hingen im Foyer des »Hauses der Jungen Talente« Ausgaben des »Neuen Deutschland« mit SED-Ergebenheitsadressen prominenter Künstler aus. Ruth Berghaus' Name war dabei.

Ob ihr diese Unterschrift heute peinlich sei? »Nein«, sagt sie und

Ruth Berghaus vor ihrem Haus am Zenthener See

schaut streng und schmallippig auf den See hinaus, »dazu stehe ich. Ich hätte mich im Ausland nie über das eigene Land geäußert und es madig gemacht.« Und warum nicht? Biermann hatte doch nur Grundfreiheiten eingeklagt, Redefreiheit, Gedankenfreiheit . . . »So was tut man einfach nicht. Das ist Nestbeschmutzung. Das ist schon im Tierreich ein Instinkt.« Aber während des Vietnamkriegs haben viele amerikanische Künstler das eigene Nest beschmutzt und sind gegen Nixon auf die Straße gegangen. »Trotzdem«, sagte die Berghaus. »Im übrigen ging es hier um das Verhältnis von DDR und BRD.«
Tatsächlich hat die international renommierte Künstlerin nie das eigene Nest beschmutzt. Weder in ihren wolkigen Interviews noch in ihrer praktischen Arbeit. Es war bekannt, daß sie sich weigerte, mit sogenannten Republikflüchtlingen zusammenzuarbeiten. »Stimmt«, sagt sie lässig, »ich habe ungern mit Gästen gearbeitet.«
Ihre Loyalität zu Partei und Staat, den sie ihr »Ländle« nennt, hatte jedoch nicht nur mit zynischem Komplizentum einer Privilegierten zur herrschenden Clique zu tun. Diese Loyalität war

mehr. Sie war Religion. Seit 1974, sagt sie, hatte sie zwar jede Hoffnung auf Veränderung aufgegeben und deshalb meistens im Ausland gearbeitet. Aber in der Partei ist sie dennoch geblieben. Warum? »Treten Sie etwa aus der Kirche aus, wenn der Pfarrer schlecht ist?«

Sie trat nicht aus. Ein Austritt hätte sie auch von ihren produktiven Ressourcen abgeschnitten. Denn der Druck durch eine Partei oder eine historische Idee spielt eine zentrale Rolle in ihrem Kunstkosmos. Unterdrückung ist geradezu eine Voraussetzung. Aus der Notwendigkeit, ihre Regiekonzepte vor Bürokraten zu rechtfertigen, sagt sie, habe sie ihre »geistige Kondition« gewonnen.

Wie viele DDR-Künstler redet sie über den Fall der Mauer mit einer untergründigen Angst. Sie sah die Fernsehbilder in ihrem Hotelzimmer in Wien. Die Mauer schützte ihr »Ländle« gegen die Beliebigkeit des Westens, schützte ein intellektuelles Experiment, die Mauer war ein Stimulans für Künstler, vor allem für jene, die sie ohne Schwierigkeiten passieren durften. »Das ging alles viel zu hektisch«, sagt sie.

Wie viele ihrer Kollegen war sie produktiv in einem ständigen Ritual aus Unterwerfung und heimlichem, heimeligem Ketzertum. Ich lese ihr einen Text von Tofik Schachberdjew vor, den ich im Programmheft eines DDR-Theaters der Wende gefunden hatte: »Für Stalinisten ist die Unfreiheit Existenzbedingung, so, wie sich Kosmonauten im All nicht ohne Raumanzug und Raumschiff bewegen können.«

Mit reglosem Gesicht sitzt sie da und hört zu, soldatisch streng, die grauen Locken zu einem kurzen Flaum geschoren, in schwarzer Hose, schwarzem, hochgeknöpftem Hemd. »Würde man ihnen Freiheit geben und die Nabelschnur durchschneiden, würde man sie ins Verderben stürzen.« Sie schüttelt den Kopf. »Der Stalinist kann nur in Verbindung mit etwas Großem, Gewaltigem existieren.« Angespannt beugt sie sich nach vorn, wie auf dem Sprung. »Freiheit bedeutet für den Stalinisten Zerfall der Beziehungen, Unverständlichkeit, Chaos, Nebel, Angst und Schrecken.«

Sie springt auf. »Das können Sie mit mir nicht machen«, sagt sie.

»Aber Frau Berghaus, Sie haben von geistiger Kondition durch Zwänge gesprochen, und ich habe einen Text vorgelesen.« Trotz ihrer Erregung ist sie auf merkwürdige Art kontrolliert. Und kontrolliert greift sie in die dunkle, unterste Schublade der deutschen Geschichte. »Jetzt geht es also wieder gegen die Künstler«, sagt sie, »letzte Nacht haben sie schon das Grab von Bert Brecht beschmiert.« Und um diesen Keulenhieb wirken zu lassen, dreht sie sich herum, marschiert über den kurzgeschnittenen Rasen auf ihr Haus zu und verschwindet.

Zehn Minuten später kehrt sie wieder zurück. »Unsere Leute werden schon noch merken«, sagt sie sarkastisch, »was sie von dieser Freiheit haben, die werden sich noch umschauen.« Viele ihrer Landsleute hätten sie doch sicher um *ihre* Freiheiten beneidet, um ihre Boote, ihre schöne Villa, ihr Auto? »Das habe ich mir alles erarbeitet«, bricht es aus ihr heraus, »man hat es, und man zeigt es, das ist doch im Westen genauso.« Aber niemand hat behauptet, daß der Westen das Paradies der Klassenlosigkeit sei. Kam man sich dagegen als sozialistische Kämpferin im Mercedes nicht merkwürdig vor? Ihre Antwort klingt wie ein Slogan der Deutschen Bank: »Jeder soll aus seiner Leistung was machen können.«

Immer wieder kommt sie auf Leistung zu sprechen. Sie habe sich bei Mitarbeitern oft unbeliebt gemacht, weil sie Leistung verlangte. Über Theaterschließungen macht sie sich keine Sorgen. »Was nichts leistet, muß weg«, sagt sie. Sie spricht über Ensembles wie über verschlampte Rekruten, und tatsächlich sehen viele ihrer Inszenierungen aus wie zeremonielle theatralische Truppenübungen.

Im Theater, sagt sie abermals, sei sie nie irgendwelche Kompromisse eingegangen. Dort habe sie nie taktiert. Das klingt wie ein Mantra, von dem sie sich Kraft verspricht. Ihr Theater: ein Purgatorium. Da Ruth Berghaus in ihrem Alltag, wie viele Künstler, Kompromisse einging, hat sie, in heiligen Ersatzhandlungen, ihren Krieg im Opernparkett geführt und das Premierenpublikum im Smoking in Rage gebracht.

In einer üppig bebilderten Monographie des Ostberliner Henschelverlages widmet ihr der Schriftsteller Volker Braun ein

Gedicht, das diese Ersatzhandlung heroisiert. Ein Poem, das die Schwester und »Kampfgefährtin« noch einmal mit dem Lorbeer der Widerstandskämpferin bekränzen soll, dieser regressiven Wunschphantasie saturierter sozialistischer Künstler, die zu feige waren, den Mund aufzumachen. Eine Hymne mit Brechtschem Zungenschlag:

Wenn Ruth die Regisseurin
Auf die Bühne tritt nach der Aufführung
Empfangen sie Buhs und entschiedener Beifall.

Sie bedankt sich
Für diese Kundgebung, und immer
Kommt sie und höflicher
Ein zweites Mal, wie um die Geister
Deutlicher zu scheiden.

Hier, im großen Reich der Kunst, stimmt die Kampfmoral, hier wird das Programmheft zur Waffe und der Abonnent zum Feind. Hier stellt sich die Regisseurin der Konfrontation, der sie im Alltag ausweicht.
In allem, was die vage Sprache der Berghaus berührt, steckt ein dunkler, moralischer Unterton, ein vorwurfsvolles Nörgeln über den korrupten Westen und Respekt für den härteren, reineren Weg, den die DDR mit dem Versuch zu einer besseren Menschheit gegangen sei. Dieses Moralisieren bringt sie natürlich in Zugzwang, wenn es um die eigene Position, die eigene Biographie geht.
Sie gehört zu jener Künstlergeneration der DDR, die noch mit Bert Brechts »Dialektik« genanntem Opportunismus groß geworden ist. Und »glücklicherweise«, sagt sie, erinnere sie sich an ein Zusammentreffen, das ihre Gradlinigkeit beweise. »Ich hatte ihm einige Libretti zu Balletten gezeigt. Und er gab sie mir zurück mit dem Tip, doch eher den klassichen russischen Tanz zu machen. Denn der wurde damals verlangt. ›Sie können ja ein paar von Ihren Schritten einbauen‹, sagte Brecht, ›dann verstehen die Kenner im Parkett schon, was Sie meinen und was Sie

können.‹ Und als er mein enttäuschtes Gesicht sah, sagte er: ›Fräulein Berghaus, Sie sind nicht stärker als die Sowjetunion.‹«
Sie hat Brechts Rat auf ihre Weise beherzigt. Sie »baute ihre Schritte« ein, in all ihren Inszenierungen. Die Wirkung der Ruth Berghaus ist die Überforderung und damit der Skandal. Ihr Verfahren ist simpel. In einer nächtlichen Marathondiskussion über den »Ring« in Frankfurt erläutert sie ihr ästhetisches Credo: »Für mich ist jedes Kunstwerk ein Rätsel. Man versucht dann zwar, das Rätsel zu lösen. Wenn man es gelöst hätte, ist es keine Kunst mehr.«
Also bemüht sie sich zu verschlüsseln. »Warum«, fragte ein erschöpfter Teilnehmer der Diskussion, »schwört Siegfried in der ›Götterdämmerung‹ auf Notungs Spitze und nicht auf Hagens Speer, mit dem er dann erstochen wird?« Berghaus' Erklärung: »Er schwört mit seiner Schwertspitze, beide Spitzen berühren sich. Der Speer liegt unten auf dem Souffleurkasten, wir haben ihn etwas herausragen lassen, damit man ihn auch im Parkett sieht. Und bei Hagen ist die Speerspitze verlängert durch die Mannen, die ihre Speere wie Blutbahnen aneinanderlegen, auf dieser Blutader läuft Brünhilde lang, weil sie diesen Schwur nicht will, weil sie weiß, daß es zum Meineid kommt.« Alles klar? Adornos Wort vom Rätselcharakter der Kunst und seine verheerenden Folgen: die dürftige Verkürzung der Kunst zur Denksportaufgabe, zur Knobelei und zur Umgehung einer insgeheim stets mitkomponierten Zensur.
Kürzlich hatte sie in München die Oper »Patmos« zur Uraufführung gebracht, ein Musikstück nach der Apokalypse des Johannes. Unter den Fresken im Deutschen Museum, vor erlesenem Premierenpublikum, exerzierten hundert weißgewandete Chorsängerinnen nach einem kruden sadistischen Drill. Den religiösen Fieberschub des Johannes vom Ende der Zeiten erdete die Regisseurin mit schmalen DDR-Chiffren. Johannes singt von einem Wachturm der innerdeutschen Grenze herab, und am Schluß blitzt ein wildgewordener Paßbild-Automat – das Ende der DDR als Ende der Welt. Aus der Sicht einer Parteifunktionärin sicher die richtige Diagnose.
Während die Sängerinnen auf der Premierenfeier vom Proben-

horror erzählten, stand die Berghaus mürrisch und einsam in ihrem schwarzen Anzug vor dem Büffet herum, die Schickeria verachtend, die sie gerade versorgt hatte, und unzufrieden mit sich selbst: Es hatte nur matten Applaus gegeben. Und, noch schlimmer, nur matte Buhs.
Über »Patmos« spricht sie ungern. Sie spürt, daß ihr diese Inszenierung mißlungen ist. Vielleicht war auch die Wahl des Stoffes verkehrt: Was soll eine Marxistin mit einem religiösen Offenbarungstext? Wie rationalisiert man eine Vision? »Es war eine Auftragsarbeit.« Sie wollte Hans Werner Henze, ihrem Freund, dem Organisator des Festivals, damit einen Gefallen tun.
Viel lieber als über »Patmos« redet sie über ihre Hamburger »Danton«-Inszenierung. In einem Fernsehfilm, der während der Proben zu Büchners Revolutionsdrama entstand, konnte man der Regisseurin bei der Arbeit zusehen. Bei dem Versuch, Gesten und Gänge zu choreographieren, statt einen Text zu beleben. Irgendwann platzte es aus der Schauspielerin Anne-Marie Kuster heraus: »Ich möchte endlich einmal spielen!«
Doch Spiel kommt im Vokabular der Ruth Berghaus nicht vor. Dafür Leistung und Disziplin. Und das sah man: Disziplin und Leistung, vor allem athletische. Das lustvolle Martyrium an der Revolution und am Verrat der Revolution, dieses ewige Zirkelgespräch jeder Ostberliner Theaterkantine, ließ Ruth Berghaus von rennenden und japsenden, von gefesselten und schließlich geknebelten Schauspielern exekutieren – der sadomasochistische Alptraum einer SED-Veteranin, die ihre Ideale verloren hat. Wo sie leidet, sollen es die Schauspieler auch und erst recht ein Publikum im Lager des Klassenfeindes.
Ihr Weltbild ist einfach. Sie denkt in den Kategorien des Kalten Krieges. Wer ihr damals im Berliner Ensemble Schwierigkeiten gemacht habe? »Das sage ich nicht. Sie erzählen solche Sachen doch auch nicht von Ihrem Kapitalismus.« Was mit den Stasiakten ihrer Ansicht nach geschehen solle? »Da fragen Sie mal besser die CIA.«
Ihre Analysen kommen mit dem Besteck des vorigen Jahrhunderts aus, mit dem Antagonismus von Lohnarbeit und Kapital. »Unser Elend war, daß wir nicht von Proletariern, sondern von

Handwerkern regiert wurden.« Um eine tapfere Formel ist die alte Parteisoldatin nie verlegen: »Die Zeiten werden härter, da brauchen wir Kopf und Herz.«

Dem Unterfutter dieser Verhärtungen nachzuspüren ist schwer. Ruth Berghaus verrätselt die eigene Biographie ebenso kunstvoll wie ihre Inszenierungen. Gekonnt steuert sie Mißverständnisse an, falsche Spuren. Sie wurde 1927 in Dresden geboren. Ihren Vater, der kurz nach ihrer Geburt starb, kannte sie nicht. »1933 zog meine Mutter mit uns in den Süden, ins Erzgebirge.« Warum? »Na, das können Sie sich doch wohl denken«, sagt sie tadelnd und schweigt vorwurfsvoll.

Stammt sie möglicherweise aus einer jüdischen Familie? Und ist das der Anlaß für eine tragische Flucht, das Grundmotiv für eine ganze Biographie? Ruth Berghaus, das klingt jüdisch. Wie fragt man so etwas? Schuldgefühle steigen auf. »Sind Sie Jüdin?« Ruth Berghaus schüttelt den Kopf wie über eine Geschmacklosigkeit. »Nein.« In den Süden sind sie aus wirtschaftlichen Gründen gezogen. Das Leben war dort billiger. Und einige Jahre später ist die Familie nach Dresden zurückgekehrt.

Sie erinnert sich noch gut an die Bombennacht. Angst hatte sie nicht. »Alle waren so still.« Nach dem Kriege besucht sie Gret Paluccas Schule für modernen Tanz. Die Emigranten kehrten zurück, die linke Kunstboheme der zwanziger Jahre, Dessau, Brecht, »lauter spannende Menschen«, ein Neuanfang, gegen den der Westen, mit Recht, dumpfmuffig und verlogen wirkte. Doch die sozialistische Morgenröte verblaßte bald. Gret Paluccas Schule war von der Schließung bedroht. Man warf ihr Kosmopolitentum, Formalismus und »alle anderen möglichen Ismen« vor. Als Ruth Berghaus ihrer Lehrerin Entwürfe zu avantgardistischen Choreographien zeigte, sagte sie: »So was kannst du in Paris machen, aber nicht hier.«

Bei einem Fußballspiel lernte sie den Komponisten Paul Dessau kennen, der über 30 Jahre älter war als sie, und sie heiratete ihn, als ihr erster Sohn zur Welt kam. 1962 trat sie in die Partei ein. Mit den Inszenierungen der Dessau-Opern »Puntila« und »Lanzelot« kam bald der internationale Erfolg.

Als sie Anfang der siebziger Jahre die Leitung des Berliner

Ensembles von Helene Weigel übernahm, konnte sie zwar die jüngere Intelligenz um sich scharen und einen theatralischen Sandkastenaufstand gegen einige Kulturspießer der SED probieren, doch ihre Loyalität zur Partei war längst zementiert. Schicksalhaft. Die DDR der SED, das war ihr »Ländle«. Und je öfter sie im Ausland inszenierte, desto mehr verkitschte sie dieses gedrückte, bespitzelte, ummauerte Volk zur Insel der reinen Seelen. Da sie es nur besuchsweise erdulden mußte, liebte sie dieses Leiden.

Und jetzt verändert sich alles. Selbst der Tante-Emma-Laden an der Zonengrenze, in dem sie sich immer mit Obst eingedeckt hatte, hat mittlerweile aufgegeben. »Ich war wohl ihr einziger Kunde.« Reminiszenzen einer Kunst-Revolutionärin an die gute alte Zeit. Mittlerweile gibt es Obst, Westware in Zeuthen »an jeder Straßenecke«, wie sie mißmutig seufzt. Verrat und kapitalistischer Wildwuchs sind überall.

Die neue Zeit macht ihr Sorgen. Sie ist zwar bis 1994 ausgebucht. Aber ihr »Ländle« macht Probleme. Dort, wo »die Leute enger zusammen sind«, statt nur »für sich zu arbeiten wie im Westen«, dort hat sie jetzt einen Korb bekommen. Die Dresdner Semperoper hatte ein Berghaus-Projekt gekippt. Chorsänger weigerten sich, mit der Regisseurin zusammenzuarbeiten. Zwar gab ihre Dramaturgin und Biographin Sigrid Neef sofort eine schneidige Presseerklärung heraus, in der ein Komplott von, na klar, »Reaktionären« gewittert wurde und, na klar, wieder mal den Anfängen gewehrt werden sollte, aber die Berghaus selbst ist nachdenklicher geworden. Sie spürt, daß sie im Jet zu den Opernhäusern der Welt »irgendwo den Kontakt und das Land verloren hat. Proben sind ja ganz intim. Und da muß man sich öffnen. Und da gibt es natürlich Probleme jetzt.«

Das hat dazu geführt, daß sie mittlerweile eher im verachteten Westen zu Hause ist als im »Ländle«. Etwa in Wien, wo sie »Fierrabras« aufmöbelt, eine selten gespielte Schubert-Oper. Auf der verlassenen Probebühne spricht sie eine Woche später wie ein müde gewordener General, der sich an vergangene Schlachten erinnert, noch einmal davon, wie ihre Inszenierungen dazu beigetragen haben, die »Leute in der DDR wachzurütteln«. Das sei schon bei ihrer »Elektra« 1967 so gewesen. Die sei nur ganz selten auf den Spielplan gekommen, »weil das Publikum getobt hat. Und die Regierung wollte natürlich keinen Aufruhr im Theater.« Eine abenteuerliche Vorstellung – empörte Opernfans in Abendgarderobe, die mit einer Inszenierung nicht einverstanden sind, laufen brüllend zum Brandenburger Tor und rufen: »Wir sind das Volk.«

Doch ab und zu dämmert ihr die Erkenntnis, daß sie im goldensten aller goldenen Käfige des Bürgertums eingesperrt war, die SED-Revolutionärin und Luxus-Dissidentin, nämlich in der Oper, und für die interessiert sich immer nur: das Bürgertum. Dann spricht sie davon, daß das Theater sowieso nicht mehr zu retten ist, »diese letzte feudalistische Institution«, und daß sie lieber Filme machen würde.

Und abends beim Italiener, nach einer anstrengenden Probe, in der sie den Chor wieder einmal ganz empfindlich zusammenstauchen mußte – »Ihr müßt die Frauen vor euch herschubsen, nicht so liebevoll, kapiert das doch endlich mal« –, taut sie auf. Nach der fünften Flasche Wein (»Bezahlt ist ja wohl, oder?«) erzählt sie Anekdoten von ihrem Mann Paul Dessau, dem sie mal eine »Partitur um die Ohren schlagen mußte«, weil er »sie nicht richtig zusammengepackt hatte«.

Und irgendwann, gestützt auf ihre verbitterte, devot ergebene Kostümbildnerin, geht sie auf die nächtliche Straße hinaus und läßt sich in das Taxi sinken – eine alte Frau, die den Westen verachtet, in dem sie arbeitet, und das »Ländle« liebt, das nicht mehr ihres ist, irgendwo dazwischen, im Exil. Vertrieben aus einer abstrakten Heilserwartung, mit der der Kommunismus auch sie einst beseelte.

In ihrer Jugend, sagte sie, sei sie fast jeden Tag in die Kirche gegangen. Und es könne gut sein, daß sich diese Frömmigkeit auf ihre kommunistischen Glaubensideale übertragen habe.

Was tun, ohne Gott und ohne goldene Ketten?

DER APOLOGET

Nach dem Artikel über Ruth Berghaus gehörte ich für die Berliner Alternativszene erst recht zu den Verrätern. Im Berliner »Zitty«-Magazin, das ich in den frühen siebziger Jahren mit aus der Taufe gehoben hatte, nannte man mich einen »virtuosen Opportunisten« und einen »jüngeren Karriereschreiber«. Immerhin »jünger«, trotz meiner 14 Berufsjahre. An manchen Tagen, den naßkalten, wenn mir das Rheuma den Rücken hochkroch, kam ich mir ziemlich alt vor. Wenn auch virtuos.
Der Tenor der Polemik war: Wir haben nicht das Recht, Kritik an den DDR-Intellektuellen zu üben, da wir nicht unter ihren Bedingungen gelebt haben. Es war eine Variante des Vorwurfs der »Einmischung in die inneren Angelegenheiten« eines Landes, der um so erstaunlicher war, da er aus der linken Szene kam. Die hatte doch, so verstand ich Internationalismus immer, sich jedes Recht genommen, in den entlegensten Teilen der Welt nach dem Rechten zu sehen, von Chile über Nicaragua bis China. Wieso, verdammt noch mal, durfte man sich da nicht in die DDR einmischen?
Sicher wäre es gut gewesen, wenn der Streit in DDR-Zeitungen geführt worden wäre. Doch in den Medien dort saßen immer noch die alten Haudegen, so daß ein Selbstklärungsprozeß überhaupt nicht stattfand.
Dann kam der übliche Kram. Ich sei ja nur neidisch auf den Mercedes der Ruth Berghaus gewesen, weil ich wahrscheinlich selber »nur einen Peugeot fahre«. Dabei fuhr ich den alten Spider von Alfa, und obwohl er Beulen hatte und Löcher im Verdeck, war er für mich schön genug.
Auf das Cabrio, das zugegebenermaßen ziemlich verwahrlost aussah, reagierte man in den beiden Teilen der Stadt unterschiedlich. Im Westen wurde ab und zu gelächelt. Im Osten beäugte man kritisch die Beulen im Kotflügel, und auf den Schnellstraßen blockierten, wie auf geheime Absprache, Trabis in Formation sämtliche Spuren.
In einem war sich der »Zitty«-Schreiber mit vielen DDR-Intel-

lektuellen, auch dem Anklamer Dramaturgen, einig: in dem Verdacht einer großangelegten publizistischen Verschwörung. Ich sei »mit Entlarvungsauftrag« zu Ruth Berghaus geschickt worden, stand da.

Ich schrieb dem Verfasser der »Zitty«-Polemik. Und schlug ihm zur Wiedergutmachung vor, mein Buch zu besprechen, das im Frühjahr im »Tiamat«-Verlag erschienen war, eine Sammlung unter dem Titel »Palais Abgrund. Geschichten und Porträts aus den achtziger Jahren«. Das Buch verkaufte sich, trotz einiger guter Kritiken, überhaupt nicht, und mein Kreuzberger Verleger sah mich so traurig an, daß ich mich schließlich gar nicht mehr zu ihm traute. Natürlich erschien die Besprechung nie, was ein weiterer Beweis dafür ist, daß auch Westjournalisten keine Ehre im Leib haben.

Die Debatte über die Mitschuld der Intellektuellen an den Verirrungen des SED-Regimes, an der Stabilisierung eines inhumanen Dogmas, lief weiter. Im Hubertussaal des Grand Hotels stellte sich Heiner Müller, der sich in der Zwischenzeit zum Präsidenten der Ostberliner Akademie der Künste hatte wählen lassen, gleich drei »Spiegel«-Redakteuren: Hellmuth Karasek war angereist und Ulrich Schwarz vom Deutschland-Ressort, der als Ostberliner Korrespondent Erfahrungen mit DDR-Intellektuellen gesammelt hatte. Karasek war gut gelaunt, Schwarz war gut vorbereitet, und alle drei stellten wir bohrende Fragen. Müller meisterte die Situation souverän.

Beim anschließenden Essen erzählte er, wie er 1960 wegen seines Theaterstückes »Die Umsiedlerin« aus dem Schriftstellerverband ausgeschlossen worden war. Er erzählte von Kurella und von Hermlin und von der Seghers, die ihm immerhin noch die Hand gegeben habe.

Nach seinem Rausschmiß hatte ihn Helene Weigel angerufen und gesagt: »Bub, du kommst jetzt mal zu mir und setzt dich in das Arbeitszimmer von dem Brecht, und dann schreiben wir deine Selbstkritik.« Kürzlich fiel ihm diese Selbstkritik wieder in die Hände. Eine vierte oder fünfte Fassung, denn die Weigel war mit keiner so richtig einverstanden. »Du darfst nichts erklären«, sagte sie, »und nichts entschuldigen.« Merkwürdig sei nur, sagte

Müller, daß ihm dieses Theater damals gar nicht so fürchterlich vorgekommen sei.
Zwei Wochen später stellte sich Hermann Kant einem »Spiegel«-Gespräch. Kant hatte sich im »Neuen Deutschland« zur Debatte um Christa Wolf gemeldet. Auch Kant sprach von den Raffinessen des Klassenfeindes und seinen publizistischen Komplotten. Auch er ging von der totalitären Grundannahme aus, es gäbe ein ideelles Gesamtsubjekt »Kapitalismus«, das den »Sozialismus« zerstören wolle, und zwar mit Hilfe des »Spiegel« und anderer Magazine und Zeitungen.
Hermann Kant, der Hardliner des DDR-Schriftstellerverbandes, der manche Karriere ruiniert hatte, wohnte im Berliner Vorort Erkner. Ulrich Schwarz, der das Gespräch mit vorbereitet hatte, kannte ihn von früher. Ich kannte ihn nicht. Ich hatte mich durch Berge von Material gelesen und eine Art Strafregister zusammengestellt. Ich war darauf aus, einen eiskalten Funktionär zur Rede zu stellen. Und traf einen herzkranken, liebenswerten Familienvater.
Er sah eingefallen aus und gelb wie ein Herbstblatt. Einige Tage zuvor hatte er sich einer lebensgefährlichen Operation unterziehen müssen – zwei künstliche Herzklappen waren ihm eingesetzt worden, und man konnte sein Herz schlagen hören in der Stille.
Kant parierte alle Angriffe. Er gab schwache Positionen von vornherein auf und massierte seine Kräfte auf andere, um sie zu stabilisieren. Er imponierte mir. Ich mußte an Ezra Pounds Satz denken: »Wichtig ist nicht, für welche Idee ein Mann eintritt, sondern wie stark er für sie eintritt.« Er hatte genug Reserven, um mir nach dem Gespräch noch Tips zu geben – er sagte, ich solle nicht so verbissen sein.
Beim anschließenden Foto stützte er sich an ein Pflaumenbäumchen. Und dann stellte sich heraus, daß er sich nicht stützte, sondern *festhielt*. Fotograf Klaus Mehnert wollte ihn vor dem See fotografieren, der an den Garten grenzte, doch das wollte Kant nicht, weil das auf die Leser womöglich zu feudal wirken würde. Und damit er seinen Vorsatz während unserer Plauderei nicht vergaß, hielt er sich einfach an dem Baum fest.

Ich traf Kant zwei Wochen später auf einer PDS-Demonstration auf dem Alex wieder. Da stand er zusammen mit seiner hübschen Frau und seinen drei kleinen Kindern und genoß die Sonne und den Nachhall der alten Kämpferrhetorik, die vom Lautsprecherwagen kam. Ich erzählte ihm von einem Brief Lutz Rathenows, der mir geschrieben hatte, daß unter den Stasiakten, die Innenminister Diestel vernichten wollte, auch beschlagnahmte Manuskripte von Künstlern seien, Romane, halbe Lebenswerke. Kant sagte: »Im Falle Rathenow wäre die Vernichtung sicher ein Akt der Gnade gegenüber den Lesern.« Kurz darauf gab ich Rathenow den Auftrag zu einem »Spiegel«-Essay. Ich hätte auf Kant hören sollen.

»ICH WAR EIN AKTIVIST DER DDR«

INTERVIEW MIT DEM OSTDEUTSCHEN SCHRIFTSTELLER HERMANN KANT

SPIEGEL: Herr Kant, Ihr Schriftstellerkollege Markus Wolf, der einstige DDR-Spionagechef, hat in einem SPIEGEL-Gespräch gesagt, viele Kommunisten müßten sich jetzt fragen: Wofür haben wir denn überhaupt gelebt? Fragen Sie sich das auch?
KANT: Ehe ich auf diese in der Tat ganz wichtige Erkundigung eingehe, ein Wort zu Markus Wolf: Der gute Mann hat ein Buch geschrieben und macht jetzt von dem Recht, das jedermann zusteht, Gebrauch, sich Schriftsteller zu nennen. Wir hatten im DDR-Schriftstellerverband immer die Schwierigkeit, Leuten, die ein Buch gemacht hatten, klarzumachen, daß sie damit noch nicht Schriftsteller seien.
SPIEGEL: Hat die Distanz zu Markus Wolf auch etwas damit zu tun, daß der Ihrem Staat in einer etwas anderen Funktion gedient hat?

KANT: Er diente diesem Staat in einer entschieden anderen Funktion.

SPIEGEL: Zurück zu Wolfs Frage: Wofür hat der Schriftsteller Hermann Kant, der seiner Partei SED und seinem Staat DDR treu bis zum Untergang gedient hat, eigentlich gelebt?

KANT: Das ist vielleicht die Hauptfrage. Natürlich fragte ich mich immerfort seit Monaten, ob ich einer Schimäre nachgelaufen bin.

SPIEGEL: Was hat dieses Nachdenken ausgelöst?

KANT: All das, was jetzt an Irrtümern, an Tatbeständen herauskommt. Ich habe immer sehr prononciert gesagt: Ich bin ein DDR-Bürger, ich stehe ein für die DDR, ich wollte sie, ich will sie, ich will sie auch verteidigen. Ich muß meine Position überprüfen. Ich muß fragen, wie weit das, wofür ich mich eingesetzt habe, es wert war.

SPIEGEL: Gibt es schon eine Antwort? Sind Sie einer Schimäre nachgelaufen?

KANT: Eine Antwort bildet sich allmählich heraus: Ich habe mir eine Menge vorgemacht. Ich bin keineswegs einer Schimäre nachgelaufen, aber die, mit denen ich glaubte die gleichen Ziele zu verfolgen, hatten oftmals entschieden engere, eigensüchtigere Ziele im Auge als ich. Ich glaube nicht, daß das, was ich als Vorsatz hatte, als ich in die SED eintrat, sich aus meinem Kopf verflüchtigt haben muß. Ich hatte den Vorsatz, an etwas mitzuwirken, einem Staat, einer Gemeinschaft, deren Mitglieder anderen keine Angst mehr einjagen würden. Das war für mich eine Hauptsache, der hänge ich nach wie vor an.

SPIEGEL: Vielen Literaten der DDR ist der SED-Funktionär Kant ganz anders erschienen: als einer, der ihnen Angst eingejagt, sie aus dem Verband geworfen, außer Landes getrieben hat.

KANT: Ich akzeptiere diese Beschreibung nicht. Ich habe DDR-Kollegen nicht aus Jux und Tollerei bekämpft, sondern wir waren in einem politischen Streit politische Gegner.

SPIEGEL: Auf der einen Seite die allmächtige Partei, auf der anderen ein paar Autoren, die gewagt hatten zu schreiben, was sie denken – ein fairer Streit?

KANT: Das ist eine der größten Legenden, die es gibt: auf der einen Seite die Allmacht, auf der anderen Seite die Ohnmacht. Jeder von denen, die Sie im Auge haben, war selbstverständlich auch in den Augen eines sehr mächtigen Westens mit einem Medienapparat, der entschieden besser zugriff als unser eigener. Ich erinnere mich noch genau an die berüchtigt-berühmte Versammlung 1979, bei der es um Ausschlüsse oder Nichtausschlüsse ging. Da kamen die Kollegen, die es betraf, in Begleitung eines ARD-Teams. Es ist doch nicht so, daß auf der einen Seite eine SED das Sagen hatte und niemand ihr widersprechen konnte, und auf der anderen Seite waren Leute, die man nicht hörte, weil sie durch einen Sack voll Kleie riefen.

SPIEGEL: Der Unterschied war nur: Die Westmedien konnten zwar die SED und ihren Exekutor Kant an den Pranger stellen. Hermann Kant aber hatte die Macht, Kollegen um ihre Existenz zu bringen. Ein Schriftsteller, den Sie aus dem Schriftstellerverband warfen, mußte schon sehr gut sein, um materiell überleben zu können.

KANT: Natürlich haben Sie halbwegs recht, auch wenn Ihre Wortwahl, Exekutor zum Beispiel, unangemessen ist. Wer den Verband verlassen mußte, aus welchen Gründen auch immer, hatte Verluste zu ertragen. Nur: Der Verband hat versucht, diese Verluste klein zu halten. Wir sind es doch gewesen, die als erste gesagt haben: Der Ausschluß kann nichts daran ändern, daß dies bedeutende Autoren sind, die gedruckt werden müßten. Die Tatsache, daß nach seinem Ausschluß Stefan Heym mehr gedruckt wurde als vorher, daß von anderen Kollegen, die ehemals dem Verband angehörten, dann wieder Bücher aufgelegt wurden, geht auch zurück auf die Energie des Verbandes.

SPIEGEL: Aber das war bestenfalls ein Gnadenakt.

KANT: Nein, das war kein Gnadenakt, sondern einfach die Einsicht, daß diese Autoren zur Literatur dieses Landes gehörten.

SPIEGEL: Sie haben denen, die Sie ausgeschlossen haben, hinterhergerufen: Wer sich nach Bestseller-Country verziehen will, der soll sich verziehen.

KANT: Wenn Sie zitieren, dann schon genau: Wer nach Bestseller-Country verzieht, dem sei gesagt, er war schon einmal ein Stück weiter. Das habe ich gesagt.

SPIEGEL: Reiner Kunze haben Sie den bösen Satz nachgeworfen: »Kommt Zeit, vergeht Unrat.«
KANT: Ich pflege Gespräche dieser Art danach zu bewerten, zu welchem Zeitpunkt dieses Zitat kommt. Sie sind relativ früh damit dran. Der Satz ist in einem bestimmten Zusammenhang gefallen: Ich habe gesprochen von dem für mich hanebüchenen Vorgang, daß die Darmstädter Akademie den Büchner-Preis an Kunze gegeben hat. Ich habe das schon x-mal gesagt und wiederhole es nochmals: Der Satz gehört zu den Sprüchen, die einer zu bedauern hat. Der hängt mir am Halse und zieht mich andauernd unter Wasser.
Aber nochmals zum Grundsätzlichen: Der Schriftstellerverband hat versucht, in diesem Lande eine Institution zu sein, die auf kritische Vernunft hielt, die den Leuten, die hier leben, einen Halt geben wollte. Dabei konnte es uns natürlich überhaupt nicht passen, wenn rabiate Kräfte von der einen oder der anderen Seite uns dazwischenfuhren.
SPIEGEL: Nennen Sie doch mal einen Schriftsteller, der die DDR gefährdet hat durch seine Meinungsäußerung. Ob Karl-Heinz Jakobs, dem der Paß abgenommen wurde, nachdem Sie ihn aus dem Verband geschmissen haben, oder Kurt Bartsch oder Joachim Seyppel – ist einer von denen tatsächlich in der Lage gewesen, die DDR zu gefährden?
KANT: Die Frage richten Sie an den falschen Mann. Ich habe dergleichen Behauptung überhaupt nicht aufgestellt. Ich habe auch niemandem einen Paß abgenommen. Ich habe gesorgt, daß Schriftsteller Pässe bekamen. Aber Sie können doch nicht bestreiten: Die Geschichte der DDR ist eine Geschichte unter anderem des Versuchs, sie abzuschaffen.
SPIEGEL: Mit dem Argument »Der Klassenfeind versucht uns abzuschaffen« hat das SED-Regime 40 Jahre lang die Unterdrückung von Andersdenkenden und Abweichlern gerechtfertigt.
KANT: Hat es den Vorsatz aus der Bundesrepublik gegeben, die DDR abzuschaffen, ja oder nein?
SPIEGEL: Aber doch nicht über fünfte Kolonnen im Schriftstellerverband. Wollen Sie wirklich mit dem Totschlage-Argument vom

allgegenwärtigen Klassenfeind, der in jedem Gully hockt, den Ausschluß einer Reihe von Schriftstellern aus dem Schriftstellerverband im Jahre 1979 rechtfertigen?

KANT: Keineswegs. Ich will nur darauf hinweisen, daß der Zusammenstoß von 1979 der Endpunkt einer langen Auseinandersetzung war. Es geht mir darum, daß Sie nicht so tun können, als ob auf der einen Seite der böse Wille und auf der anderen Seite die reine Unschuld gewohnt hätten.

SPIEGEL: Herr Kant, fühlen Sie sich als Exekutor der Partei im Literaturbetrieb eigentlich mitschuldig am Untergang der DDR?

KANT: Noch einmal und für unser ganzes Gespräch genommen: Wenn ich nicht jedem unpassenden Wort widerspreche, bedeutet das nicht, ich hielte es für passend. Wir haben, und ich gehöre an erster Stelle genannt, Schuld auf uns geladen, als wir in den Auseinandersetzungen nicht lange genug auf die anderen gehört haben, nicht lange genug nach überzeugenden Argumenten gesucht haben, nicht geduldig waren und versucht haben, uns durchzusetzen, als uns die Geduld ausging. Das war ein schuldhaftes Verhalten. Zu dem bekenne ich mich.

Nur fiele es mir entschieden leichter, mich zu schuldhaftem Verhalten zu bekennen, wenn anerkannt würde, daß dieses Verhalten nicht auf irgendeinen Dolus, der in mir wohnt, zurückzuführen ist, sondern daß mein Verhalten Teil einer politischen Auseinandersetzung gewesen ist, die ich seit 40 Jahren führe.

SPIEGEL: Aber an der ganzen Richtung zweifeln Sie bis heute nicht?

KANT: Da habe ich inzwischen eine Menge Gründe, mehr als Zweifel zu haben. Etwa, wenn ich sehe, daß eine Parteiführung sich in eine Lage hineinmanövriert hat, wo sie gewissermaßen einen der Ihren beauftragen mußte, einen kleinen Kapitalismus zu eröffnen, damit sie die Fehlmengen, die beim Sozialismus herausspringen, dort wenigstens erwirtschaften könne. Das ist hanebüchen.

SPIEGEL: Wen meinen Sie?

KANT: Ich meine die ganze Geschichte mit dem Staatssekretär Schalck-Golodkowski und seiner Devisenbeschaffungsabteilung

»Kommerzielle Koordinierung«. Die ist nur erklärbar, wenn man sieht, die Leute haben irgendwann einmal gemerkt, das eigene System funktioniert gar nicht.

SPIEGEL: Und davon haben Sie nie etwas gewußt?

KANT: Nein, davon habe ich nichts gewußt. Es gab eine Menge Ungerechtigkeiten, die hier verkauft wurden unter dem Bannerspruch: Ja keine Gleichmacherei. Das wußte ich. Meine Erzählungen der letzten Jahre sind Erzählungen von Ungerechtigkeiten.

SPIEGEL: Daß Ihre Bücher ein Stück Widerstandsliteratur waren . . .

KANT: . . . wer sagt denn das?

SPIEGEL: . . . daß Ihre Bücher zur kritischen DDR-Literatur gehörten, ist uns neu.

KANT: Diesen Begriff haben Sie jetzt eingeführt. Ich habe augenscheinlich eine Menge Leser gefunden, die in meinen Büchern etwas fanden, was sie woanders nicht bekamen.

SPIEGEL: Aber nicht das, was sie dort angeblich suchten. Hermann Kant spricht heute ganz anders, als er vor der Wende geschrieben und geredet hat.

KANT: Das hat Hermann Kant, der heute mehr weiß als gestern, mit vielen Leuten gemein, auch auf Ihrer Seite. Aber meinen gestrigen Grundüberzeugungen bin ich treu.

SPIEGEL: Der Verweis auf gewendete Wessis macht die Sache nicht besser.

KANT: Nein. Aber Sie sind mit einem bestimmten Klischee von Hermann Kant hierhergekommen, nämlich: Das ist sozusagen eine Art Wendehals, der jetzt ein Bild von sich malt, das nicht zutrifft. Ich baue mich keineswegs als jemand auf, der sozusagen von nichts etwas gewußt hat, der hintergangen wurde, der mißbraucht wurde und dergleichen und dem es jetzt vor Reue gar nicht genug sein kann. Darum kann es nicht gehen. Ich hatte bestimmte Vorstellungen von dem, was diese DDR sein sollte. Ich hatte zum Beispiel die Vorstellung, es müßte sich hier eine Gesellschaft entwickeln, die so sei, daß niemand sie gegen eine andere tauschen wolle.

SPIEGEL: Irgendwann, und zwar nicht erst 1989, muß Ihnen doch klargeworden sein, daß dieser Traum von der Heimat DDR, die keiner verlassen will, irreal war. Nie hat Hermann Kant vor der Wende auch nur andeutungswseise die triste Realität einer Gesellschaft beschrieben, aus der die Menschen in Massen davonrennen möchten, aber nicht können.

KANT: Ich fürchte, Sie haben mich nicht besonders gründlich gelesen, aber Ihr Eindruck erklärt sich womöglich, weil ich Mitteilungen dieser Art weniger dem SPIEGEL als etwa dem Politbüro gemacht habe.

SPIEGEL: Warum nicht dem SED-Zentralorgan »Neues Deutschland«?

KANT: Weil »Neues Deutschland« wenig Wert auf solche Publikationen legte.

SPIEGEL: Und im Politbüro fanden Sie Gehör?

KANT: Das Politbüro und das Zentralkomitee wußten ganz genau, was sie von einer ganzen Reihe von Schriftstellern zu halten hatten, auch solchen, die innerhalb der Parteiführung zu finden waren. Es ist ja keineswegs so, daß uns dort die reine Liebe umflackerte. Es gab eine ständige Rangelei – ich spreche nicht von Kampf – zwischen dem, was der Bereich der Agitation, dazu gehörten sämtliche Medien, von der Wirklichkeit abzuliefern trachtete, und dem, was wir wollten. Das war eine politische Auseinandersetzung. Ich will von niemandem ein Honorar dafür heute. Ich will nur nicht im nachhinein für Dinge verantwortlich gemacht werden, für die ich keine Verantwortung trage.

SPIEGEL: Fühlen Sie sich als Opfer einer Kampagne?

KANT: Ich fühle mich weder als Opfer noch als Opfer einer Kampagne.

SPIEGEL: Der Pen-Club Ost und der Pen-Club West wollen sich zu einem gemeinsamen deutschen Pen-Club zusammentun. Werden Sie einen Antrag auf Aufnahme in den gesamtdeutschen Pen-Club stellen?

KANT: Ich weiß nicht, wie das vor sich gehen soll. Ich bin Mitglied unseres Pen. Wenn Pen und Pen zusammengehen, bin ich automatisch Mitglied des gesamtdeutschen Pen.

SPIEGEL: Es gibt Bestrebungen, die Aufnahme in den neuen Pen

von Einzelüberprüfungen abhängig zu machen. Würden Sie sich einem solchen Aufnahmeverfahren stellen?
KANT: Selbstverständlich, aber nur, wenn alle geprüft werden. Ich halte es allerdings für ein Zeichen einer verständlichen, aber unangebrachten Hysterie, wenn jede Organisation jetzt eine eigene Untersuchungsmaschinerie aufbaut.
SPIEGEL: Bringen Sie denn Verständnis dafür auf, daß es bei einer Zusammenlegung beider Pen-Clubs Literaten gibt, die nicht mit dem Mann in einem Pen-Club sitzen wollen, der geholfen hat, sie aus der DDR zu vertreiben?
KANT: Das könnte ich absolut begreifen, wenn es sich so verhielte. Es gibt auch Leute, die meine Unterschrift gefälscht haben, mit denen *ich* nicht in einem Pen-Club sitzen möchte.
SPIEGEL: Wer hat Ihre Unterschrift gefälscht?
KANT: Es gibt ein Pen-Mitglied, das hat einer westdeutschen Einrichtung ein Schriftstück zugesandt, das nicht nur belasten sollte, sondern das auch Effekt hatte. Ich komme, wenn der Autor es wünscht, darauf gern öffentlich zurück.
SPIEGEL: Herr Kant, ist eigentlich mit dem real existierenden Sozialismus für Sie eine ganze Welt zusammengebrochen?
KANT: Ich weiß wirklich nicht, wer das Wort vom real existierenden Sozialismus erfunden hat – eine Vokabel, die den vorhandenen Versuch abgrenzen sollte gegen irgendwelche Wunschvorstellungen. Der Versuch, den Sozialismus real existent zu machen, ist ganz augenscheinlich gescheitert. Damit ist aber für mich der Gedanke an einen möglichen oder nötigen Sozialismus nicht aus der Welt, weil ich weiß: Der Sozialismus, den wir versucht haben, war auch eine Reaktion auf etwas, auf einen real existierenden Kapitalismus nämlich. Inzwischen haben wir einen anderen Kapitalismus. Der wird schon dafür sorgen, daß ihm Widerspruch auch in Form sozialistischer Gedanken entgegentritt.
SPIEGEL: Ist das Ende der DDR für Sie ein Unglück?
KANT: Das ist eine sehr schwierige Frage, weil ich hundertprozentig überzeugt bin, daß so, wie es in den letzten Jahren ging, es nicht mehr lange gegangen wäre. Zu aller Beteiligten Unglück wäre es in schrecklichen Verfalls- und Fäulnisprozessen geendet. Die DDR hätte auf jeden Fall eine andere werden müssen. Ich

sehe nicht ein, warum die Dinge jetzt so laufen müssen, wie sie laufen. Ich sehe andererseits nicht ein, daß viele wirklich unschuldige Leute, zu denen ich mich ja nicht zähle, jetzt mit Sorgen behangen sind, die sie vorher nicht kannten, Existenzsorgen. Das halte ich in der Tat für schlimm.

SPIEGEL: Kritik an der alten DDR wollen Sie, zumindest, wenn sie von außen kommt, nicht gelten lassen. Im ehemaligen SED-Zentralorgan »Neues Deutschland« haben Sie vor einigen Tagen in einer Replik auf die Äußerungen von Günter Grass zu der Debatte um Christa Wolf im SPIEGEL geschrieben: Der SPIEGEL sei nicht befugt, Schuldzuweisungen zu verteilen. Wer darf Ihrer Meinung nach denn Kritik üben an den Intellektuellen der DDR und ihrer Rolle im SED-Staat?

KANT: Zunächst mal sie selber und die Betroffenen. Wenn zum Beispiel Christa Wolf sich hinstellte und an jenen, mit denen sie ihre Schwierigkeiten hatte, Kritik übte, wäre das eine absolut zulässige Angelegenheit. Vielleicht können Sie mir an dieser Stelle helfen. Ich verstehe nicht, was Sie reitet, Christa Wolf so anzugreifen. Ich kapiere das nicht.

SPIEGEL: Christa Wolf hat ein Buch veröffentlicht, in dem sie den Eindruck erweckt, auch sie, die wie Hermann Kant zu den Privilegierten des Systems gehörte, sei in Wahrheit eine Verfolgte der SED gewesen. Christa Wolf stellt sich im nachhinein in eine Reihe mit jenen, die jahrelang für ihre Überzeugung mit Berufsverboten und vielfältigen Schikanen bezahlt haben. Das ist mehr als peinlich.

KANT: Ich finde das ungerecht. Ich habe wenig Grund, den Propagandisten von Christa Wolf zu machen. Aber ich weiß, daß sie in den Jahren, in denen es schwierig für viele Leute war, diesen Leuten ihre Schwierigkeiten gemindert hat, wo sie konnte. Setzen Sie doch einmal in den SPIEGEL eine Aufforderung, es sollen sich bei Ihnen Leute melden, denen Christa Wolf geholfen hat.

SPIEGEL: Es geht nicht um gute Taten im verborgenen. Wir wissen von Leuten, die vergebens Christa Wolf um *politische* Unterstützung gebeten haben. Jetzt eine kleine Beschwernis, nämlich die zehn Jahre zurückliegende Einschüchterung durch die Stasi auf den Markt zu bringen, kostet nichts. 1980 wäre die Erzählung »Was bleibt« eine Anklage gegen den Überwachungsstaat gewesen.

KANT: Das finde ich sehr merkwürdig, daß Sie, die Sie so rastlos waren bei der Schilderung einer DDR, in der keiner muh oder mäh sagen durfte, jetzt verlangen, Christa Wolf hätte muh und mäh sagen sollen.

SPIEGEL: Es geht nicht darum, ihr vorzuwerfen, daß sie keine Heldin ist. Es geht darum, daß sie sich nachträglich zum Opfer stilisiert.

KANT: Ich bin in vielen Fragen verquer mit Christa Wolf in politischen Angelegenheiten; aber ich sehe nicht denjenigen, der das Recht hätte, sich selber sozusagen Moral zu bescheinigen und sie Christa Wolf abzusprechen.

SPIEGEL: Es geht nicht nur um Christa Wolf. Ihr Versuch, sich zu salvieren, ist vielmehr symptomatisch für das Bemühen vieler DDR-Intellektueller, sich um die Aufarbeitung ihrer Rolle im SED-Staat zu drücken. Daher die Aufregung. Wenn die ostdeutschen Intellektuellen etwas von ihrer Identität hinüberretten wollen in das vereinigte Deutschland, kommen sie um eine solche Selbstbesinnung nicht herum. Auch Hermann Kant nicht.

KANT: Ich drücke mich kein bißchen, ich akzeptiere nur die SPIEGEL-Intellektuellen nicht als meine Richter. Die Auseinandersetzung ist unvermeidlich, und sie wird stattfinden. Zur Zeit sind die Leute mit anderen Dingen befaßt und kommen gar nicht dazu. Aber ich habe keine Sorge, die Aufarbeitung wird erfolgen, sie muß erfolgen. Für mich wäre das ganze Gespräch vertan, wenn auch nur ein Schatten des Eindrucks bliebe, ich wolle mich hier herausstehlen aus einer Rolle, die ich über 40 Jahre innegehabt habe. Ich lege Wert auf die Feststellung, daß ich ein Aktivist der DDR war, daß ich für die Herstellung eines lebbaren Sozialismus in diesem Lande gewesen bin. Ich kann doch jetzt nicht meine zehn Bücher durch die Welt laufen lassen und darauf hoffen, die Leute verstünden sie nicht mehr. Das sind Bekenntnisse von jemandem, der eine bestimmte Vorstellung von dieser Welt hatte. Da beißt die Maus keinen Faden ab.

SPIEGEL: Glauben Sie, daß der Sozialismus, für den Sie gekämpft haben, noch eine Zukunft hat?

KANT: Das hängt vom Kapitalismus ab. Der Sozialismus ist eine Reaktion auf den Kapitalismus gewesen. Wird sich der Kapitalismus wieder so verhalten, wie er sich damals verhalten hat, wird die Antwort zweifellos wieder eine sozialistische sein.
SPIEGEL: Im Augenblick verhält sich der Kapitalismus offenbar so gescheit, daß der Sozialismus in sich zusammengebrochen ist.
KANT: Der Klassenfeind ist entschieden schlauer geworden.
SPIEGEL: Hat der Klassenfeind die DDR kaputtgemacht?
KANT: Wir wollen es einmal ganz konkret machen. Der Klassenfeind, wie auch immer Sie das übersetzen wollen in viele Einzelheiten, Figuren, Gestalten, Mächte und Korporationen, war immerhin so intelligent, eine Politik zu verfolgen, auf die der Klassenfreund auf die dämlichste Weise, die sich überhaupt denken ließ, hereingefallen ist: Auf das vorgegebene Tempo und Ausmaß des Rüstens hat meine Seite keinen Einfall gehabt, als draufzuklotzen, draufzusatteln und mehr zu tun, nur mit dem Erfolg, daß sich die sozialistischen Länder erwürgt haben bei dem Versuch, da mitzuhalten. Das ist eine Intelligenzleistung höchsten Grades.
SPIEGEL: Der Sozialismus in der DDR ist doch nicht an der Rüstungsspirale kaputtgegangen, sondern daran, daß die Leute ihn zum Kotzen fanden und zu Hunderttausenden weggelaufen sind.
KANT: Das eine ist die Folge des anderen. Wenn man, anstatt sich an dem Wahnsinn zu beteiligen, hier für ein Leben gesorgt hätte, in dem sich die Leute wohl fühlten, wären ja die Leute nicht auf die Idee gekommen, woanders hinzugehen.
SPIEGEL: Hat nicht der permanente Verfolgungswahn, allüberall vom Klassenfeind umstellt zu sein, wesentlich zu einer DDR in Wehr und Waffen beigetragen?
KANT: Das ist nicht ganz richtig. Es bedurfte vielleicht einer gewissen intellektuellen Anstrengung, zu der unsereins fähig war; aber es war ganz eindeutig von irgendwann an, daß eine Sache, die, wenn sie glorreich verteidigt worden ist, nur aus strahlender Asche besteht, eigentlich nicht wert ist, verteidigt zu werden. Das sind Gedanken von Intellektuellen, die wir in Umlauf gebracht haben.

SPIEGEL: Doch die System-Propaganda lief andersherum. Waren die DDR-Intellektuellen auch ein bißchen paranoid?
KANT: Es ist einer der gravierenden Unterschiede zwischen Ihnen und mir darin zu sehen, daß Sie es für eine blanke Einbildung von mir halten, wenn ich von Klassenauseinandersetzungen und von politischen Abschaffereien spreche. Es bestätigt sich doch: Ich habe immer meinen Zuhörern, ob sie nun sehr scharf darauf waren oder nicht, gesagt, die anderen wollen uns wiederhaben, und sie werden nicht Ruhe geben, bis sie uns wiederkriegen. Jetzt kriegen sie uns. Das ist doch keine Einbildung.
SPIEGEL: Glauben Sie nicht, daß zu einem lebenswerten Sozialismus, den Sie anstreben, auch Meinungsfreiheit, Redefreiheit, Freiheit der Kunst und der Wissenschaft gehören?
KANT: Genau das meine ich schon. Und deswegen will ich auch sagen – es ist das erste Mal in diesem Gespräch, daß dieses Wort mir von den Lippen kommt: Ich war sehr stolz, daß im Schriftstellerverband in den letzten fünf, sechs Jahren nichts ohne Argumentation ging. Sie konnten nichts in ihm bewirken durch Hinweise auf irgendeinen Ukas.
SPIEGEL: Aber Sie gehen nicht so weit zu sagen, der Verband sei ein Hort der Freiheit gewesen?
KANT: Nein, das war er nicht. Aber gemessen an dem, was anderen möglich war, war er ein Ort auf dem Weg zur Freiheit, und das haben nicht die Leute außerhalb des Verbandes, sondern die Leute in ihm bewirkt.
SPIEGEL: Was Sie bewirkt haben, waren Ausschlüsse und Publikationsverbote.
KANT: Das ist doch Unfug. Ich habe in einer bestimmen Situation – 1979 – gesagt: Liebe Kollegen, wenn Sie das Statut dieses Verbandes nicht anerkennen, wird sich der Verband wie ein beliebiger Molkereiverband verhalten müssen, nämlich: Denjenigen, die ein Statut nicht anerkennen, kann die Anerkennung durch den betreffenden Verband nicht zuteil werden; sie zwingen uns zum Ausschluß.
SPIEGEL: Man hätte ja vielleicht auch darüber nachdenken können, ob das Statut nicht überholt ist.
KANT: Genau das ist ein Punkt, über den ich jetzt nachdenke.

Das ist der Punkt, wo es um Schuld oder Nichtschuld geht. Ich habe zu verantworten, daß ich nicht auf die Idee gekommen bin zu sagen: Wenn das Statut so ist, daß wir uns darüber nicht mehr einigen können, dann laßt uns jetzt nicht über eure Entfernung oder unser Drinbleiben nachdenken, sondern über das Statut.

SPIEGEL: Herr Kant, schreiben Sie weiter, oder wird der Autor Kant im neuen Deutschland stumm bleiben?

KANT: Ich schreibe ja, ich bin Schriftsteller. Zur Zeit schreibe ich an einer »Erinnerung an die Gegenwart«. Ich versuche, meine Version dieses Zeitraums DDR abzuliefern. Diese autobiographische Sache wird »Abspann« heißen.

SPIEGEL: Sie haben 1984 im Fragebogen der »Frankfurter Allgemeinen« auf die Frage: »Wo möchten Sie leben?« geantwortet: »Dort, wo man mich sonst vermißte.« Wird Hermann Kant politisch heute noch irgendwo vermißt?

KANT: Keine Frage an mich. Das kann ich nicht beantworten.

SPIEGEL: Herr Kant, wir danken Ihnen für dieses Gespräch.

DIE NACHT DER D-MARK

In der Nacht zum 1. Juli, an dem die Währungsunion in Kraft trat, wurde in den Korridoren und Räumen der Stasi in der Normannenstraße gefeiert. Die Fete war vom Alternativ-Magazin »Zitty« organisiert worden. Unten dröhnte eine Punkband die Becher-Hymne, oben klimperten ein paar Ostkids Hans-Albers-Lieder, und alle tanzten in Fluren, durch die sie noch vor einem Jahr an den Haaren geschleift worden wären. Friedlich und ein bißchen melancholisch wurde die Ostmark beerdigt. Ein Abschied.

Nach Mitternacht fuhr ich zurück in die Innenstadt. Die stalinistischen Wohnkathedralen an der leeren Karl-Marx-Allee flogen an mir vorbei wie Kinokulissen, der Kassettenrecorder dudelte Bowies ». . . here am I sitting in my tin can, far above the world . . .«, und von einem der düsteren Dachfirste schwang sich Robert de Niro, als Klempner verkleidet, und wir schrieben das Jahr 2500, und ich war in den Film »Brazil« geraten.

Am Alex waren Straßensperren errichtet, Blockaden aus Menschenknäueln, die die schwarz-rot-goldene Fahne schwenkten und brüllten. Hier am Alex war keine Abschiedsstimmung. Hier wurde die Ankunft der D-Mark gefeiert, und hier war Krieg. In dieser heiligen Nacht hatte die Deutsche Bank eine neue Filiale eröffnet, und vor dem Eingang hatte sich eine mehrere hundert Meter lange Schlange gebildet, in der geprügelt und geschrien wurde. Immer wieder wurden Verletzte und Ohnmächtige aus der Schalterhalle getragen. Jeder wollte die Fetische als erster berühren, die Scheine, die Münzen. Mitten im Pulk die schmale, zarte Sabine Sütterlin von der Zürcher »Weltwoche«, die sich an ihrem Block festhielt und mir mit erstickter Stimme zurief: »Bleib weg, die sind hier völlig übergeschnappt.« Das klang so wie: Sag meiner Familie Bescheid, ich habe sie alle geliebt.

Das hier war nicht der sublime, elegante, schweizerisch-anonyme Konten-Kapitalismus. Das hier war eine heilige Konkretion, war die archaische Geldgier, das war Dagoberts Sprung in die

Taler, und aus der Diskothek gegenüber wurde immer wieder »Money, money« von Abba gespielt. In diesem heidnischen mitternächtlichen Ritual wurde das Geld Fleisch, und der Schalterbeamte war der Priester, der das Hochamt leitete und sagte: »Nehmet hin, und esset alle davon.«
Es war die Apotheose des Mammons, die offenliegende Vene des sonst unsichtbar fließenden Geldkreislaufs, und auf der Karl-Marx-Allee wurden die Autos angehalten und orgiastisch und kriegerisch mit Sektflaschen demoliert, und wie schon an Silvester war es eine Freude, in die sich Blutgeruch mischte.
Der Zusammenbruch der DDR bot eine unglaubliche Chance: Die marktwirtschaftliche Nullstellung der DDR schaffte es, das Westsystem mit seinen Symbolen, die längst in unbewußte Konditionierungen abgesickert waren, wieder ins Bewußtsein heraufzuheben und als Schauspiel zu theatralisieren.
So muß es früher bei uns gewesen sein. Ein totalitäres Regime zusammengebrochen. Eine kollektive Lüge aufgeflogen. Ein ganzes Volk ausgehungert. Ein ganzes Volk schuldig. Und ich bekam, im Zeitraffer, die Geschichte der Bundesrepublik vorgespielt, welche Jahre vor meiner Geburt begann, an einem »Nullpunkt«, den ich nie kennengelernt hatte.
Ich hatte den Kapitalismus nicht gewählt, sondern war in ihn hineingeboren worden. Nun wurde er neu aufgebaut und mit ihm eine ganze Gesellschaft, und ich konnte dabei zusehen. Erst wenn dir dein Auto in der Werkstatt zerlegt wird, weißt du, wie dein Auto funktioniert. Die Gier, die ich sah, war unsere eigene, sie war nur weniger sublimiert, sie war nackt.
Ich hatte Karen wiedergetroffen. Ihre Eltern, erzählte sie, hatten sich einen großen Citroën gekauft und die erste Rate angezahlt. »Aber die NVA wird aufgelöst. Und dein Vater ist doch bei der NVA. Wovon will er den denn bezahlen?« – »Das ist doch nicht unser Problem«, sagte sie. Ihr wollt uns? Dann nehmt uns – und bezahlt unsere Schulden. Sie wollte sich selber einen Kredit besorgen und war ziemlich aufgebracht darüber, daß die Bank eine Gehaltsbescheinigung sehen wollte. »Wenn ich nicht zurückzahlen kann, hab' ich gesagt, können Sie mich doch ins Gefängnis stecken.« – »Das zieht bei denen nicht«, sagte ich. »Die wol-

len dich nicht im Gefängnis haben, die wollen ihr Geld zurück.« Kein Wort an diesem Nachmittag von Negerkindern.
Im Palasthotel kostete der Liter Milch, den ich jeden Abend trank, nicht mehr 2,32, sondern mal fünf, mal acht Mark. Einmal sogar 16 Mark. Als ich mit dem Service telefonierte, sagte man mir, die Preise habe »der Preisinspektor« gemacht. Am nächsten Tag erfuhr ich vom Protokollchef, daß es gar keinen Preisinspektor gab.
In der DDR war das komplette Ensemble kultureller Symbole und Übereinkünfte zusammengebrochen und damit auch die Leitplanken, an denen sich der einzelne bisher orientierte. »Die DDR-Bürger benehmen sich deshalb wie Schweine«, sagte mein Freund Gerrit, ein Soziologe aus Ost-Berlin, »weil sie sich damit endlich auch an den verlogenen sozialistischen Tischsitten rächen können. Sie haben erlebt, daß alle Schweine gewesen sind, das Politbüro und die Kapitalisten – und jetzt wollen sie das auch mal sein.«
Ich hatte Gerrit in Anklam kennengelernt, auf der Hochzeit von Torsten-West und Sylvia-Ost. Mit Sylvia war Gerrit lange Jahre zusammengewesen, und an diesem Abend saß er in der Theaterkantine und beobachtete amüsiert das Schauspiel, wie aus der ersten Reihe einer Loge.
Diesen Logenplatz hatte er auch in den folgenden Wochen nicht aufgegeben. Abends saß ich mit ihm in den Kneipen am Käthe-Kollwitz-Platz, im »1900«, wo sich die DDR-Künstler- und Schauspielschickeria traf, und unter den Kastanien vor dem »WC«, wo Punks und Autonome ihre Stammesriten feierten. Wir spielten das Ostwestspiel – Rate, wer kommt woher? –, das jetzt, ein halbes Jahr nach der Wende, immer komplizierter wurde. Die Moden hatten sich angeglichen, die Ostjeans verschwanden allmählich und die Batikhemden und die schlechten Dauerwellen. Trotzdem gewann Gerrit regelmäßig. Es waren der Gang, der Blick, die Art, Bestellungen aufzugeben.
Wir sprachen über die beiden Deutschlands wie Biologen, die interessante Bakterienbewegungen im Reagenzglas beobachten. Eines Abends sagte er: »Am traurigsten an diesem deutsch-deutschen Rummel ist die Verflüchtigung des Geruchs.« Er grinste

breit unter seinem Schnauzbart und schien sich zu freuen, daß ich ihn mal wieder nicht verstand. Er war ein ziemlich komischer Vogel. Oft konnte ich nur ahnen, was er eigentlich meinte, und noch öfter erlosch dieser Funke beginnenden Begreifens, wenn er sich in seinen schillernden, mäandernden Ausführungen verlor.
»Früher«, sagte Gerrit, »konnte ich die Wessis auch riechen. Alles, was von drüben kam, hatte einen spezifischen Geruch, auch Dinge. Bücher zum Beispiel rochen anders, professioneller.«
Gerüche, Erinnerungen, Bilder. Für mich war die Mischung aus Bohnerwachs und Kantinengeruch und Weihrauch ein Trip zurück in die Internatszeit. Gerrit »erinnerte« sich an den Westen, wenn er süßes Parfüm und Tabak roch, diese Wolke, die ihm entgegenschlug, wenn er im Leipziger Paketpostamt als dienstverpflichteter Student vor Weihnachten Westpakete zu öffnen hatte. Arznei wurde aussortiert, sogenannte Schundliteratur, unter der auch Nietzsche und Joyce zu finden waren, und Schmuck, der oft in Waschpulver versteckt war, weshalb sich in die Wolke aus Parfüm und Tabak noch eine Spur Seife mischte: Die Waschpulverpakete wurden geöffnet und der Inhalt durch Trichter gekippt.
»Alles hat seinen Geruch«, sagte Gerrit, »und der Geruch gehört wie Kitt zu deiner Identität. Und wenn du nichts mehr riechst, gehst du verloren. Du hast keine Orientierung mehr. Unsere Gesellschaft verliert ihren Geruch. Sie hat keine Intimität mehr, kein Geheimnis. Ein Grund, sie zu hassen.«
Er nahm einen Schluck und wischte sich sorgfältig die Tropfen aus seinem Fransenbart. »Jetzt bekommt unsere Gesellschaft eine völlig neue Institutionengeschichte angehängt. Die Vergangenheit der Menschen wird gelöscht wie die Datei einer Diskette. Und wer am schnellsten löscht, kommt wohl am weitesten.«
Er bestellte einen weiteren Rotwein, Cabernet, seine Hausmarke, und für mich ein weiteres Mineralwasser. »Du wirst einfach Fisch genannt, und plötzlich mußt du schwimmen.«
»Aber jeder kann doch schwimmen lernen«, sagte ich, »das macht zwar naß, kann aber Spaß machen.«
Gerrit schüttelte den Kopf. »Der Staat hat doch alles für dich

geregelt, von der Wiege bis zum Grab. Und was der Staat nicht leisten konnte, versorgungsmäßig, wurde ›besorgt‹. Irgendwie bekam man alles: Kacheln, Bücher, Infos.«
Dann sprach er wieder über sein Lieblingsthema: der DDR-Bürger als Gast im Sozialstaat und die Soziologie der Passivität. »Jetzt hört es auf mit der Gastrolle«, sagte er, »jetzt muß er selber kellnern.«
»Wenn die Trinkgelder stimmen, ist das doch gar nicht schlecht«, sagte ich. »Habe ich auch schon gemacht.«
»Du bist ein Zyniker«, sagte Gerrit. »Was uns bevorsteht, ist Operation ohne Narkose. Die Betäubungsvorräte an organisiertem Nonsens sind aufgebraucht – jetzt ist Heilen durch Schmerzen angesagt.«
»Die Polen, die Russen, die Ungarn – alle Ostblockländer sind wesentlich beschissener dran als ihr«, erwiderte ich.
»Ihr adoptiert uns«, murmelte Gerrit unter einer Rauchschwade seiner selbstgedrehten Zigarette, »ihr adoptiert Erwachsene. Vater Staat und seine Kinder . . .«
Wir sprachen über Bücher und literarische Moden, über lebensphilosophische Entwürfe. Sartre, meinte Gerrit, wird eine Renaissance erleben. Das Ich als Entwurf, die individuelle Entscheidung, existentialistische Begriffe wie »Verantwortung«, in einer ganz neuen, unmarxistischen Rezeption. Benn, warf ich ein, Benn wird wieder gelesen werden – »den Traum alleine tragen«.
Ein paar Tage lang kaute er an einem Rätsel herum, das ihm jemand gegeben hatte. »Morgens ist es rund / abends in Scheiben / es ist gesund / so soll es bleiben.« Mir fiel dazu Brot ein, ihm die Sonne. Beides ist es nicht. (Sollte jemand die Antwort kennen, möchte er mir schreiben – er würde einen Berliner Soziologen glücklich machen.)
Gerrit lebte mit Ulrike zusammen, in einem Altbau zwischen Prenzlauer Berg und Berlin-Mitte. Ulrike war Sozialpädagogin. Ein Stock über ihnen wohnte Ulrikes Mutter, die eine hohe Position im Kulturministerium innehatte. Im Treppenhaus hatten Gerrit und Ulrike eine schwarze Tafel aufgehängt, auf die Ulrikes Zöglinge kritzeln durften, was sie wollten. Die Teenager

machten sich über alles mögliche lustig, natürlich auch über die Opas im Politbüro. Ulrikes Mutter sah die Tafel und zeigte ihre Tochter bei der Kreisleitung an, wegen »Verleumdung des Staates und parteischädigenden Verhaltens«.
Der Wertebruch, sagte Ulrike, die selbst mittlerweile eine Tochter hat, verlaufe nicht nur zwischen West und Ost, sondern auch zwischen den Generationen. Den Kindern dämmert, daß die alten Werte gar keine waren – und das ist viel schlimmer, als wenn sich Werte nur abgenutzt hätten. Die Eltern, die diese Werte repräsentierten und die ihre Erziehungsarbeit meist an den Staat delegierten, haben überhaupt keine Autorität mehr, sagte Ulrike. »Die Kids sind auf sich selbst zurückgeworfen und müssen sich durchschlagen wie nach dem Krieg.«
Ulrike arbeitete, nach zehnjähriger erzwungener Arbeitslosigkeit, im neugegründeten Jugendnotdienst, der in einer wunderschönen alten Villa in Niederschönhausen untergebracht war. Offenbar gab es einen riesigen Nachholbedarf an sozialer Betreuung und entsprechend viele Planstellen. Als ich die Villa besuchte, war da eine einzige Klientin. Eine siebzehnjährige, geistig zurückgebliebene Trebegängerin, die im Trainingsanzug auf ihrem Bett lag und Pornohefte las – ich fand sie durch die fünfzig Pädagogen, Assistenten, Psychologen und anderen Hilfskräfte, nun ja, ein wenig überversorgt. »In ein paar Wochen sind wir überbelegt«, meinte Ulrike, »es gibt viele, die uns brauchen.«
Bei der ersten Einsatzbesprechung der Pädagogen war es zu einem gespenstischen Zusammentreffen gekommen. Als Drogenbeauftragte für Jugendliche hatte sich eine alte, grauhaarige Dame vorgestellt. Frau Voss. Und neben ihr saß eine junge Frau, die bei der Namensnennung zusammengezuckt war. Sie hieß Karin Feller.
Vor einigen Monaten noch war Frau Voss Bezirksschulrätin in Pankow und hatte energisch die Relegation von vier Schülern an der Ossietzky-Schule betrieben, die in einer Wandzeitung pazifistische Forderungen gestellt hatten. Einer der Schüler war Kai Feller, dessen Zukunft durch den Rausschmiß vernichtet war. Und nun arbeitete seine Mutter zusammen mit der Frau, die dafür gesorgt hatte, daß er im sozialistischen Ordnungsstaat nie würde Abitur machen können.

Ich besuchte Frau Voss. Nein, sagte sie fahrig, sie habe mit Kais Mutter, ihrer neuen Arbeitskollegin, noch nicht über den Vorfall damals gesprochen. Sie sah alt und müde und streng aus, und ihre Hände zitterten. Ob sie denn der Meinung sei, daß sie die Richtige sei, ausgerechnet für die Arbeit mit Jugendlichen? »Ich möchte wiedergutmachen«, sagte sie weinerlich, »und vielleicht kann ich es durch diese Arbeit.«

Mit Drogen kenne sie sich natürlich nicht aus. »Aber viele Kinder rauchen schon, und vielleicht kann ich im Kampf gegen das Nikotin etwas bewirken.« Wieder spürte ich diese Mischung aus hilfloser Wut und Mitleid, hauptsächlich aber Ekel vor einem System, das fast alle schuldig werden ließ. Die alte Dame war nach der Wende untergetaucht und hatte Ruhe vor den Gespenstern gesucht, vor den Alpträumen, die sie heimsuchten. Mit gereinigter Kaderakte und über alte Freunde im Rathaus – die Seilschaften funktionierten bis über die Volkskammerwahl hinaus – hatte sie diesen neuen Job gefunden und damit eine neue Identität. Niemand hätte sie erkannt, wenn nicht ausgerechnet Frau Feller an der gleichen Stelle Arbeit bekommen hätte.

Ich besuchte die Fellers. Kai Feller trug abgeschnittene Jeans und T-Shirt und weigerte sich, neben seiner Mutter auf dem Sofa Platz zu nehmen. Seine Mutter hatte gerade, von ihrem ersten Westgeld, die Wohnung komplett neu eingerichtet. Weiße Schleiflackmöbel, HiFi-Anlage, Schöner-Wohnen-Schnickschnack, und Kai verachtete diesen Kram. Kai verachtete auch den Kapitalismus.

Damals, als Kai relegiert worden war, lebte Mutter Feller, die von einem Verwandtenbesuch in München nicht zurückgekehrt war, im Westen bei ihrem Freund. Nach der Wende war sie zurückgekehrt. Frau Feller hatte keine großen Probleme, mit Frau Voss zusammenzuarbeiten. Größere Probleme hatte sie mit ihrem Sohn, der sie während unseres Gesprächs immer wieder unterbrach, korrigierte und irgendwann sagte: »Ich kann diese Lügen nicht mehr mit anhören.«

Wütender als auf Frau Voss, mit der er »eher Mitleid« hatte, war er auf seine Mutter. Wütend darauf, daß sie in den Westen »gemacht« hatte und sich nun, nach ihrer Rückkehr, mit *seiner*

Widerstandsvita vor einem Reporter interessant machte. Seine Rebellen-Rolle war ausgespielt – wer interessierte sich heute noch für die Ossietzky-Schüler? Er wäre für den Aufbau eines »humanen Sozialismus« gewesen – nun siegten die Schleiflackregale seiner Mutter.

Die Jugend fühlte sich um ihre Revolution betrogen. Unter ihnen hatte sich eine merkwürdige SED-Nostalgie breitgemacht, nach dem Motto: Die Feinde meiner Feinde sind meine Freunde. Castorf sympathisierte mit der PDS und erzählte von ganzen Autonomengruppen, die geschlossen in den Verein eintraten. Die PDS galt als schickschräg, sie war »Camp«.

An den Absperrgittern um die Volkskammer diskutierte ein achtzehnjähriger Hippie mit einem älteren Herrn. »Da drinnen verschleudern sie unser Volksvermögen an den Kapitalismus«, sagte der Junge erbittert. »Wat heißt hier Volksvermögen«, sagte der Alte, »dir hat doch jar nischt gehört. Dir hättense vor 'nem Jahr hier den Kopp eingeschlagen. Geh mal wat arbeiten.«

Die Berliner Jugendlichen waren DDR-patriotisch. Ratlos waren sie in die neue Zeit gestolpert – im alten System waren Gut und Böse leichter zu unterscheiden. In einem Club, der in einer Privatwohnung untergebracht war, saßen zwanzig Schüler zusammen und lauschten bei selbstgedrehten Zigaretten und billigem Rotwein ergriffen einem Diavortrag über Jim Morrison. Vorne saß ein bärtiger Theologentyp und spielte Platten vor, die sich alle längst selber hätten besorgen können, und er sprach leise, weil im Haus gegenüber ein bärtiger Nachbar in Unterhemd auf dem Balkon seine Trainingshose aufhängte und mißtrauisch ins offene Fenster starrte. Und ich begriff, daß es ihnen gar nicht um Jim Morrison ging, sondern um das *setting,* in dem sie ihn hörten – noch einmal, nostalgisch, die Katakombensituation.

Der Vortragende erzählte, wie Morrison einmal in Miami verhaftet wurde, und einer der Schüler sagt, »wegen nichts, ey«, und dann legte der Vortragende »Let it roll« von »Morrison Hotel« auf. Er spielte überhaupt vorwiegend die Blues-Titel der Doors, weil der Blues die Musik der Unterdrückten und Verfolgten ist, und dazu zeigte er Schwarzweißfotos von amerikanischen Autofriedhöfen, Obdachlosen und prügelnden Polizisten.

Der Vortragende wußte Licht und Schatten zu zeigen. Morrison hatte auch negative Seiten, sagte er. Zum Beispiel betrog er seine Freundin Pamela, und die Schüler umklammerten ihre Freundinnen ein wenig heftiger, als wollten sie sagen: Würde ich nie tun. Es war makaber – die amerikanische Counterculture als moralischer Volkshochschulvortrag, als brave »Aneignung des kulturellen Erbes« einer Welt, in die sie nun hineinwachsen sollten.

Auf den Prachtboulevard »Unter den Linden« waren einige Wochen zuvor Papiere niedergeregnet – aus einem Fenster der FDJ-Zentrale, wo ein großes Reinemachen stattfand. Ich hatte in diese strudelnde Wolke hineingegriffen und die Ablehnung eines Antrags auf eine Westreise in den Händen gehalten.

Nun lagen andere Papiere auf dem Pflaster. Prospekte. Jede Woche eröffnete ein Laden, und das Schuhhaus Görtz warb mit dem geschmackvollen Spruch: »Görtz-Schuhe gehn mit jedem mit«. Auch mit euch Zonis, egal, ob ihr Bonze oder Knecht wart und was immer ihr vorher für Treter getragen habt, wir von Görtz fragen nicht weiter, denn der Kapitalismus ist vorurteilsfrei, solange ihr die Preise bezahlen könnt. Zu verschenken haben wir nämlich nichts. Das ist echte Demokratie.

Auf einem Straßenfest »Unter den Linden« lernte ich Doreen Pohl kennen. Sie wohnte mit ihrer Mutter in einer Siedlung an der Protokoll-Strecke nach Wandlitz. Sie lud mich nach Hause ein. Ihr Adoptivvater feierte seinen Geburtstag und gleichzeitig den vorzeitigen Ruhestand – er gehörte zu den 1400 Leuten, die beim Rundfunk gefeuert werden sollten. (Vor der Volkskammer demonstrierten die Rundfunkleute mit dem Langzeiler »Wohin soll das denn noch führen – es geht den Herren doch nur um die Gebühren« – auch die Spruchband-Kultur war mittlerweile ziemlich auf den Hund gekommen.) Die Verwandtschaft war zu Horsts Geburtstagsfeier gekommen, und auf einem Kinderspielplatz am Waldrand wurde gegrillt. Die Grillparty fand im Schatten eines Stasiobjekts statt. In diesen Tagen hatte es neue Nutzer – »Carmens Beauty Salon« war dort eingezogen.

Horst, Doreens Adoptivvater, war Dramaturg und Kampfgruppenleiter. Er zeigte mir eine Abbildung des Kartoffelkäfers, den man damals über DDR-Feldern abgeworfen hatte. Doreens Mutter erinnerte sich, wie sie und ihre Freundinnen in die Felder hinausgezogen waren und körbeweise diese Dinger gesammelt hatten. Offenbar gab es den Kartoffelkäfer als antisozialistischen Saboteur wirklich – nicht alle Absurditäten des Kalten Krieges, die dem Westen nachgesagt wurden, waren Propagandaerfindungen des Ostens.

Auch Doreens Mutter, Doris, arbeitete beim Funk. Sie sammelte alte Münzen. Auf der Zwanzigmarkmünze war Thälmann abgebildet. Wenn man Thälmann auf den Kopf stellte und ihn mit dem Daumen halb abdeckte, sah er aus wie – Schweijk. Während Horst ein linientreuer Glaubender war, war Doris pragmatisch und listig durch den DDR-Alltag gekommen, ohne sich allzusehr zu krümmen.

Die Pohls luden mich ein, sie öfter zu besuchen. Ich nahm ihre Einladungen gerne an. Ich wollte den Zusammenbruch der DDR aus den Augen einer Achtzehnjährigen beschreiben, aus der Sicht Doreens, die in diesem Land aufgewachsen war.

Ein paar Tage nach der Geburtstagsfeier fuhr ich Doreen zur Sparkasse, wo sie 500 DM abheben wollte. Wir hielten vor der Filiale an der Schönhauser Allee und turnten aus meinem lädierten Cabrio. In der Schalterhalle fragte mich ein wuchtig gebauter Mann: »Was wollen Sie hier?«

Er hatte das Terriergesicht eines Stasimannes. In seinen Augen las ich die Lust am Knochenbrechen. Diese Typen waren gewohnt, daß andere vor ihnen buckelten. Und sie hätten sich liebend gerne an allen gerächt, die ihnen diese Macht genommen hatten. Am Westen. An mir, diesem Scheißtypen in der Lederjacke, mit dem hübschen Mädchen und dem affigen Sportwagen. Und heute hatte er wieder Funktionsmacht, er und seine Stasikollegen. Offenbar wurden sie als Sicherheitskräfte weiterbeschäftigt. Sie wurden gebraucht, auch im neuen System. Sie lauerten auf Gesetzesverstöße. Aber welches Gesetz galt?

»Ich wollte mich umschauen.«

»Wer sind Sie?«

»Ich glaube, das geht Sie nichts an«, erwiderte ich und ging weiter. Der Mann versperrte mir den Weg und hielt mich am Ärmel

fest. Ich war gereizt. Es war einer dieser schwülen Tage, an denen man keine Luft bekommt. Kein Mensch im Westen käme auf die Idee, mich in der Schalterhalle einer Bank nach meinen Personalien zu fragen. »Laß doch«, sagte Doreen. »Nein«, sagte ich, »das interessiert mich jetzt. Wer sind Sie eigentlich?«
»Das geht Sie nichts an.« Ich rief nach der Filialleiterin. Doch auch sie, immer weiter eingeschüchtert durch das grinsende Selbstbewußtsein des Prügel-Spezialisten, mochte mir den Namen des Mannes, seinen Auftraggeber und seine Funktion nicht verraten. Schließlich packte der mich triumphierend am Kragen und stieß mich hinaus vor die Tür.
Vor der Tür standen zwei Vopos. Beide schienen ähnlich gereizt zu sein wie ich. Nun nahmen sie mich in die Mangel. Mir wurde der Arm umgedreht. Ich protestierte. Passanten blieben stehen und umringten uns. Und dann geschah etwas Erstaunliches. Die Passanten gifteten nicht etwa gegen die Vopos, die Griffe an mir ausprobierten, die sie seit dem Oktober nicht mehr in der Öffentlichkeit trainieren konnten, sondern sie pöbelten mich an. »Auf Typen wie euch haben wir gerade gewartet«, sagte ein älterer, korpulenter Mann, der seinen Pudel spazierenführte. »Euch sollten sie vergasen. Seit die Mauer nicht mehr steht, kommt der letzte Abschaum.« Doreen weinte. »Warum hast du das gemacht?« fragte sie mich später im Auto. »Aber die haben doch angefangen«, protestierte ich. »Mit welchem Recht . . .?« – »Die Polizei hat immer recht«, sagte Doreen. »Damit sind wir aufgewachsen.« Die DDR würde nie in Anarchie versinken. Daß im Oktober hier tatsächlich eine Revolution stattgefunden haben soll, kam mir jetzt wie ein Wunder vor.
Es war ein heißer Sommer. Auf den Feldern verdorrte die Ernte, weil die LPGs keine Abnehmer mehr fanden. In den HO-Märkten wurden Wucherpreise für Westware verlangt. Die Wirtschaft kollabierte. Keiner wußte, wie es weitergehen sollte. Nur die alten SED-Seilschaften waren aktiv und sprangen elastisch in die Marktwirtschaft – mit altem, ergaunertem Kapital.
Diese Seilschaften gab es in allen Bereichen. Auch im Zirkus. Die Direktoren sanierten sich, und die Akrobaten, die die Knochen hinhielten, wußten nicht, wie sie weitermachen sollten.

Doreen war Artistenschülerin. Und mir ging in diesen Tagen der abgedroschene Filmtitel »Die Artisten in der Zirkuskuppel – ratlos« nicht aus dem Kopf: Genau das war die Lage im Lande. Die Resonanz auf die Zirkusgeschichte war nicht nur wegen ihrer sentimentalen Qualitäten – junge Mädchen, Tiere, weinende Clowns – relativ groß bei den ostdeutschen Lesern, sondern auch, weil sie eine Zwischenlage beschrieb, unter der viele litten: Die neue Ordnung infiltrierte die alte, ohne sie gänzlich abzulösen. Praktisch existierten zwei Systeme nebeneinander, ineinander.

Ein tropenschwüler Sommer lag über der Stadt, dampfig und heiß, und im Dschungel alter und neuer Gesetze machten sich die Stärksten daran zu überleben. Die Geier saßen über dem zuckenden Kadaver der DDR-Wirtschaft, und die Bosse von einst rissen im Dickicht fette Beute.

In den Cafés und Restaurants am Platz der Akademie wurde gestreikt. Die Belegschaft streikte gegen den früheren Direktor der HO-Gaststätten. Der, ein dirigistischer SED-Hardliner, hatte sich über eine alte SED-Connection innerhalb der Treuhand einen Pachtvertrag für die von ihm geführten Gaststätten gesichert. Und alle, die gegen ihn gestänkert hatten in den revolutionären Wochen nach November, gefeuert.

Längst kein Einzelfall. Auch im Palasthotel war die Führungsriege die alte, die hinter verschlossenen Türen einen Deal mit der Steigenberger-Kette ausbaldowerte, an dem alle ihren Schnitt machen sollten. Der Deal platzte zwar, weil der neue Treuhand-Manager Rohwedder Lunte gerochen hatte, aber es gab immer jemanden, der jemanden kannte und für lukrative Jobs sorgte. Und diejenigen, die an diesen Geschäften nicht beteiligt wurden, waren neidisch und fütterten Journalisten. »Wußten Sie eigentlich«, raunte mir ein Abteilungsleiter im Palasthotel zu, der bei diesen Geschäften leer ausgegangen war, »daß die Frau vom Hotelchef Sekretärin bei Harry Tisch war und jetzt leitende Direktorin bei Textil-Commerz ist?« So was gehe doch einfach nicht, das sei doch irgendwie undemokratisch. Unter seinen Angestellten war mein neudemokratischer Informant als schlimmer Scharfmacher verschrien gewesen.

Der gastronomische Bereich schien besonders geeignet für Durchstechereien. Es gab bereits das Wendeestablishment, das im November abgetaucht war und sich kurz darauf mit astreiner Widerstandsvita in die neuen Reihen gemogelt hatte. Im »Freizeit-Forum«, einer futuristischen Neubauruine inmitten der Betonwüste Marzahn, hatte der neue Direktor soeben vierzig Mitarbeiter gefeuert. Das Pikante: Dieser neue Direktor, früher ein Kulturbürokrat, war erst im Februar von der Belegschaft gewählt worden – er hatte flammende Reden gegen Filz und Korruption gehalten. Nun trafen Petitionen der Belegschaft gegen den neuen Chef beim Magistrat für Kultur ein, denn er war Träger des Objekts.

Der Magistrat für Kultur hatte schwarze Locken, ein rosiges Gesicht aus Milch und Naturseife, brennende braune Mutteraugen und hieß Irana Rusta. Sie hatte früher russische Literatur übersetzt und lebte mit einem Künstler zusammen, der abstrakte Bilder malte. Ihr zur Seite stand Frau Martin, die erst kürzlich »aus dem Walde gekrochen« und über jeden Zweifel erhaben war. Zum Beweis trug sie Fotos mit sich herum, die sie gemeinsam mit Robert Havemann zeigten – sie hatte zwei Kinder von ihm.

Die beiden Frauen bildeten ein prächtiges Gespann. Frau Martin war energisch und hatte Humor und die Fähigkeit zu mitleidslosen Analysen, während Frau Rusta von einem flammenden Gerechtigkeitsgefühl getrieben war. Und diese beiden Frauen fuhren nun nach Marzahn hinaus, um in einer verfahrenen Situation zu schiedsrichtern.

Sie nutzten die Fahrt nach Marzahn, um gleich bei einer anderen kulturellen Einrichtung vorbeizuschauen, von deren subventionierter Existenz sie erst kurz zuvor erfahren hatten: dem Museum Alt-Marzahn, das inmitten der Betonwüste an die einst ländliche Gegend erinnern sollte, die für die Wohnsilos plattgemacht wurde. Im Grunde genommen kannte das Museum keiner außen den Leuten, die den Förderungsantrag gestellt hatten, und den beiden Damen, die ihn zu entscheiden hatten.

Was wir sahen, war – mit einem Wort – proper! Offenbar hatte man das alte Bauernhof-Gerümpel gleich mit abgerissen und drei schmucke Ziegelbau-Einfamilienhäuser errichtet, genau an der Stelle, an der der alte Hof und seine Stallungen gelegen hatten. Man hatte mit real sozialistischer Neubauakkuratesse weiß verputzte Räume geschaffen, mit mächtigen chromblitzenden Leuchtstangen, die auf drei Holzgabeln ausgerichtet waren, die an der Wand standen und sich ohne Gegenwehr längst ergeben hatten. In einem anderen Raum standen drei Dutzend Feuerlöscher, denn man hat schon von Museumsbränden gehört, die wertvollste Altbestände dahingerafft haben.

Ein paar alte Ackergeräte moderten in einem Schuppen – mehr war von Alt-Marzahn nicht übriggeblieben. Als das Museum geplant wurde, hatte man »Sammlungsbestände vorausgesetzt, die nicht vorhanden waren«, sagte der Museumsdirektor. Aber mit ein bißchen Geld könnte man wohl schon noch das eine oder andere Schnäppchen machen. Und während der Museumsdirektor im modernen Museumsdeutsch von »Kassensituation« und »Eingangssituation« und »Stallsituation« sprach, entrang sich dem Kulturmagistrat, der einen schwingenden Blümchenrock trug, der gequälte Aufschrei: »Hier fehlt das Leben.«

Der Direktor stutzte. Mit großen Augen sah er den Kulturmagistrat an. Was für Leben? Er räusperte sich und sagte, daß sie es schon mal mit einem Hoffest versucht hätten, wo auch Würstchen verkauft wurden, allerdings sei das dann doch eher ein Flop gewesen. »Die DDR-Presse hat uns boykottiert.« Im übrigen, setzte er hinzu, solle man von Museen nicht zuviel erwarten, denn, ganz unter uns, »welche DDR-Bürger interessieren sich schon für Museen«? Das hieß: diese Typen hier draußen ganz bestimmt nicht. Die verprügelten abends lieber ein paar Vietnamesen.

Im Gegensatz zum Museum war das »Freizeit-Forum« Marzahn schon von weitem mit bloßem Auge gut als Erholungsparadies erkennbar. Die stolze, mindestens achtstöckige Neubauruine mit den erdbraunen Baggertrassen machte es dem Kulturmagistrat allerdings nicht einfach. Sie stapfte mit ihrem Blümchenrock mutig durch den Schlamm, und erst die dritte Eingangstür an der Nordseite war geöffnet.

Drinnen brauste das Leben. Mindestens vier Personen männlichen Geschlechts schwammen auf der 100-Meter-Bahn des Schwimmbeckens um die Wette. Und oben, auf der Direktionsetage, standen rund zwanzig ältere Frauen, die die Kulturdamen jubelnd begrüßten: gefeuerte Kulturdramaturginnen, Öffentlichkeitsarbeiterinnen, Badetuchherausgeberinnen, Saunaaufpasserinnen, alle verlangten sie Genugtuung. Aus seinem Chefzimmer kam bleich und bärtig der Direktor. »Was soll denn das hier? Wer sind sie? Magistrat? Ach ja, ich dachte, wir reden unter vier Augen.« – »Nein«, sagte Frau Rusta, »ich glaube, die Frauen haben ein Recht dabeizusein.« Und wieder jubelten die Damen, und eine zischte: »Da sehnse mal, wie arrogant der ist!« In einem Fitneßraum, auf Gummimatten, zwischen Hantelträgern und Streckbänken und anderem Foltergerät, wurde sodann zu Gericht gesessen, und Irana Rusta war Pallas Athene, und der Direktor könnte einen guten Orest abgegeben haben und die Frauen die Erinnyen. Es war ein antikes Drama, das nun auf die Katharsis zusteuerte.

Der Direktor hatte plausible Gründe für seine Kündigungen. Von den über hundert Beschäftigten, die schon ein paar Jahre vor der eigentlichen Eröffnung im alten System eingestellt worden waren, bekleideten rund fünfzig leitende Funktionen – Stellenplanpolitik als soziales Versorgungsunternehmen. Allen war klar, daß gekündigt werden mußte. Trotzdem war der Chef ein arroganter Mistkerl, und er hatte eine eigene Mistkerl-Seilschaft in den Betrieb eingeschleust und munter Pachtverträge für die Gastronomie an seine Freunde ausgegeben.

Ein Wort gab das andere, und es wurde manche Beleidigung ausgetauscht, bis Irana Rusta, deren Wangen sich im Laufe der Debatte noch weiter gerötet hatten, ihr Machtwort sprach. Sie erhob sich und sagte: »Sie sind mit sofortiger Wirkung von ihrer Funktion entbunden.« Die drangsalierten Frauen juchzten. Das war Demokratie im Urzustand. Saubermachen in der Polis. Die Bösen wurden bestraft. Gerechtigkeit jetzt!

Es war wie im Film. Wie in Woody Allens »Stadtneurotiker«, wo einer in der Schlange vor dem Kino dummes Zeug über Marshal McLuhan erzählt, den Woody viel besser gelesen hat, und Woody ärgert sich und ist machtlos. Doch dann sagt er: »Zufällig ist

Marshal McLuhan anwesend.« Und er zieht Marshal McLuhan, die Autorität, aus der Kulisse, und der sagt zu dem Schwätzer: »Sie haben meine Theorie völlig mißverstanden.«
Der theatralische Auftritt der Amtsautorität in Marzahn, die an Ort und Stelle über richtig und falsch entschied, blieb allerdings ein Einzelfall. Die alten Bonzen waren die neuen Bonzen, denn, Benn hat nun mal recht, die oben sind, die wollen nicht herunter. Das ist so, seit es die Pyramiden gibt. Und die Täter kamen, von ein paar verhafteten Greisen abgesehen, ungeschoren davon. So, wie bei uns die Technologen in Verwaltung und Wirtschaft nach 1945 nahezu bruchlos weitermachten, so konnten die Wahlfälscher und Plantrickser und Prügelspezialisten weitermachen.
Was groß begonnen hatte im November, setzte im politischen Tagesgeschäft Fett an und verging. Die Weltvernunft? In diesen Tagen hätte man seitenlang Gottfried Benn zitieren können: »Sie faßt etwas an, und dann läßt sie es liegen, sie beginnt großartig und endet namenlos, sie übersteht den Niagara, um in der Badewanne zu ertrinken.« Mittlerweile stritt der Mann des kirchlich-pazifistischen Widerstandes, Pfarrer Eppelmann, für die Aufrüstung der Nationalen Volksarmee, und Innenminister Diestel wollte alle Stasiakten vernichten und so die Vergangenheit tilgen.
War der SED-Papa Modrow die DDR-patriotische Symbolfigur der deutschen Revolution im Winter und der zwielichtige Doppelagent Wolfgang Schnur die des Frühjahrs, so war nun Innenminister Diestel, ein glattrasierter Polohemden-Typ, der Mann der Stunde. Die Frauen mochten ihn. Er war zum schönsten Politiker der DDR gewählt worden.
Diestel war nicht nur für die Vernichtung der Stasiakten. Er war auch dagegen, überhaupt Rechenschaft, etwa von den alten SED-Beamten, zu verlangen. Deshalb auch sah er in dem Ostberliner Stadtrat und Theologen Thomas Krüger seinen naturgemäßen Feind. Krüger betrieb konsequente Aufklärung in seinem Bereich, Diestel verschleierte und boykottierte. Die SED-Kleckser im »Neuen Deutschland« verstanden sich prächtig mit Diestel, obwohl der mittlerweile in der CDU war. Sie inter-

viewten den »Mann, der so stachlig sein kann, wie sein Name es verrät«, über eine ganze riesige Seite.

Die Neusprechspezialisten hatten die Befragung von Stasispitzeln längst in »Gesinnungsschnüffelei« umgetauft und ihre Kündigung in »Berufsverbot«. Und nun kotzten sich Neusprechfrager und Neusprechantworter gemeinsam aus.

»›Neues Deutschland‹: Es hat Sie aber manches betroffen gemacht?

Diestel: Ja, schon. Wo nehmen junge Theologen, die irgendwann mal ihre Gemeinden im Stich gelassen haben, das Recht her, jetzt hier das Maß der Dinge abgeben zu wollen?«

Er meinte natürlich Krüger damit, und dann sprach er vom Bewahrenswerten in der DDR, und er sprach davon so stolz wie von Goldmedaillen: »Wir können Polizeiexperten, Spezialisten in den gesamtdeutschen Sicherheitsapparat einbringen.

›Neues Deutschland‹: In welchem Bereich haben Sie Weltniveau?

Diestel: Absolutes Weltniveau haben wir auf dem Bereich des Schutzes von Objekten und Personen.«

Nun krochen die alten Stasivisagen wieder aus den Gullys. Die Revolution war vorbei und die Zeit für die Kirchenleute wie Thomas Krüger erst recht.

Gerrit hatte für mich den Kontakt zu Krüger hergestellt. Er kannte ihn aus den Zeiten des evangelischen Sprachenkonvikts. Dort hatte Gerrit Vorlesungen über Themen wie »Soziologie der Passivität« gehalten, und Krüger, der nicht nur predigte, sondern auch Theater spielte und Performances gab, nahm ihn mit auf die Diplomatenpartys, wo sie Sascha Andersen und Heiner Müller und Hermlin trafen – die Ostberliner Szene war klein und überschaubar, und jeder kannte jeden.

Eine Woche lang begleitete ich Thomas Krüger, den Stadtrat für Inneres. Er lebte in einer Zweiraumwohnung in Niederschönhausen zusammen mit seiner Freundin, die ebenfalls SPD-Karriere gemacht hatte und im Wahlkampfstab Oskar Lafontaines saß. Das sichtbare Privileg, das ihm sein neuer Job einbrachte, war ein Funktelefon – er hatte kein eigenes. Auf dem Klo lag das Mielke-Buch »Ich liebe euch doch alle«, eine Sammlung von Stasiprotokollen, in denen sein Name des öfteren auftauchte. Ein

paar Seiten lesen und dann kräftig spülen, nicht die schlechteste Art von Vergangenheitsbewältigung!
Mich interessierte Krüger als Theatermann, der in die Politik geraten war und der eine Rolle spielte, von der er wußte, daß sie befristet war. Am 9. Oktober hatte er sich einen Stresemann ausgeliehen und hatte in Schwandte die SPD mitgegründet. Am 9. November gab er eine Videoperformance in der Gethsemane-Kirche und war anschließend zum Checkpoint Charlie gelaufen. Krüger war ein Amateurpolitiker, der es genoß, beim Schweizer Botschafter im Garten zu sitzen und mit Hermlins Frau über russische Literatur zu diskutieren.
Ich sprach mit ihm über die Polizeireform und über Verhandlungsfinessen beim Einigungsvertrag, über die Erweckungsstimmung in der Novemberrevolution und die schleppenden Schritte in der Etappe, im politischen Tagesgeschäft.
Ausgerechnet auf dem Hügel des Führerbunkers am Potsdamer Platz, der für eine Pressebesichtigung freigebaggert wurde, sprachen wir über Religion und das Engagement der Theologen in der Revolution. Durch die Vorgänge im Herbst, sagte er, sei die antireligiöse, bürgerlich-aufklärerische Haltung, die für ihn mit Namen wie Thomas Mann oder Schopenhauer verbunden war, relativiert worden. »Aber nicht sehr dauerhaft«, sagte ich, »jetzt stehen die Kirchen wieder leer.« Er erwiderte: »Trotzdem könnte die Kirche eine politische Avantgarde-Funktion behalten, so wie die Orden im Mittelalter.«
Wir standen da auf dem Hügel, über dem Labyrinth des Führerbunkers, und Thomas Krüger redete vom »munus propheticum«, vom prophetischen Amt, und sah aus wie ein russisch-orthodoxer Priester. Er glaube an Gott, sagte er, an einen gestaltlosen, an »das andere« im Sinne von Martin Buber. Die Politik fasziniere ihn, aber er könne sich jederzeit vorstellen, wieder in seine Gemeinde zurückzukehren. Denn, merkwürdig, seit er Politik mache, träume er nicht mehr.
Mein Artikel über ihn hatte immerhin einen sichtbaren Erfolg. Als ich ihn zwei Wochen später im Prenzlauer Stadtbad traf, wo er gemeinsam mit Momper eine Ausstellung eröffnete, trug er ein neues Jackett.

DIE INSZENIERUNG POLITIK

ÜBER DEN OSTBERLINER STADTRAT FÜR INNERES THOMAS KRÜGER

Hundert Jahre muß es her sein, daß er in der dunklen Kirche stand und predigte, über Jericho und über den »Ton, der Mauern zum Einstürzen bringt«, und mit allen zusammen betete in dieser dichtgedrängten Katakombe, für die Menschenrechtler, die verhaftet worden waren, und für den Mut und den gemeinsamen Widerstand der Machtlosen.

Jetzt ist er Gast im Amtszimmer des Parlamentspräsidenten von West-Berlin und hat Macht. Gediegene, dunkelgetäfelte Salonstimmung. Draußen ist Sommer, Ferienzeit, und ein paar Kilometer weiter weg die milde Anarchie eines steuerlosen Landes. Die Mauern von Jericho sind gefallen, und der Präsident, der alte Politprofi Jürgen Wohlrabe von der CDU, sagt: »Ich habe gehört, daß Sie für die Requirierung von öffentlichen Gebäuden drüben zuständig sind.« Thomas Krüger nickt. Er ist Stadtrat für Inneres des Ostberliner Magistrats. Im Westen heiß das: Innensenator.

Ein langer, polierter Konferenztisch. Krüger schaut meditierend auf ein abstraktes Gemälde. Einer aus Wohlrabes Crew bemerkt den Blick und sagt, wohl um die Stimmung aufzulockern: »Det kann ick Ihnen in drei Minuten pinseln.« Thomas Krüger lächelt nach innen. So ungefähr muß ein Treffen von Gesandten aus verschiedenen Sonnensystemen aussehen. Auf der einen Seite Verwaltungsprofis in italienischen Anzügen, die die »Gefechtslage« besprechen wollen. Auf der anderen Seite . . . nun ja.

Es ist nicht das scheußlich gerippte tintenblaue Kunststoffsakko, in dessen Brusttasche ein Dutzend billige Plastikkugelschreiber beulen. Auch nicht der blaurote Primanerschlips über weißer Hemdenbrust. Nein, es ist dieser zerfranste, wuchernde russisch-orthodoxe Siebziger-Jahre-Vollbart, der jedem Westprofi signalisiert: Dieser Typ wird dir auf die Nerven gehen. Und darüber stehen schräge, blaue, freundliche Mongolenaugen.

»Sind Sie Jurist?« fragt Wohlrabe. »Nein, Theologe.« – »Ach du Schande ... evangelisch?« – »Ja.« – »Ick ooch. Wat ham Se jemacht?« Krüger erzählt von der »Kirche von unten«. Wohlrabe unterdrückt ein Gähnen. Seine Crew starrt entgeistert auf diesen merkwürdigen Popen. Schließlich kommt Wohlrabe zur Sache. Er sucht Raum im Osten: ein neues Gebäude für das Gesamtberliner Parlament. Er will den ehemaligen Preußischen Landtag. »Wer sitzt da drin? Herr Pohl! Ein sterbendes Ministerium. Det macht sowieso schon der Haussmann mit seinem Laden. Und die paar, die übrigbleiben, übernimmt er gleich mit.« Wohlrabe drängt. »Fragen Sie nicht lange, ob Bonn es haben will – Bonn will alles.« Verschwörerisch beugt er sich zu ihm. »Klären Sie den Acker, ich klär' die Kohle.« Bis zum 6. September will er die Sache über die Bühne haben. »Geld gibt's nur einmal, und zwar jetzt.« Krüger schweigt verbindlich. Wohlrabe braucht ihn.

Nun, sagt er später in der Kantine, hat er eine Karte mehr im Blatt. Und er wird sich überlegen, wann er sie ausspielt. Politik – eine hinreißende Inszenierung. In der rechten Hand balanciert er zerkochtes Huhn mit Reis. In der linken einen kiloschweren Papierstapel. Den Einigungsvertrag. Krüger ist Ostberliner Verhandlungsführer.

Pfarrerssohn Krüger, Plaste-und-Elaste-Facharbeiter, Absolvent des evangelischen Sprachenkonvikts, Mitorganisator der Kirche von unten (»gegen die langweilig-angepaßte Eppelmann-Linie«), ist ein politischer Senkrechtstarter. Im Oktober vorigen Jahres gehörte Krüger zu den Gründungsmitgliedern der Ost-SPD. Ein gutes halbes Jahr später feiert er als Stadtrat im Roten Rathaus seinen 31. Geburtstag.

Ein denkwürdiger Tag. Seine Mannschaft hatte ihm, dem politischen Neuling, am Morgen einen Fallschirm geschenkt. Und mittags riefen Tausende auf dem Platz vor dem Rathaus wütend »Krüger raus!«. Thomas Krüger hatte den Beschluß 27/90 in die politische Arena gebracht, eine Art Säuberungsverfahren, mit dem die leitenden Stadtangestellten zu Auskünften über ihre frühere Tätigkeit gebracht werden sollen. Die PDS hatte daraufhin ihre Jubelperser mobilisiert. Seine eigenen Fraktionskollegen gingen vorsichtig auf Distanz. Doch Krüger trat vor das Rathaus und begründete seinen Beschluß. »Das war wie im Rausch«, sagt er.

Seither ist Thomas Krüger weit und breit der einzige Amtsträger, der entschlossen die Entstasifizierung vorantreibt und der, ein halbes Jahr nach dem Fall der Mauern von Jericho, gegen das Kartell des Verschweigens und Verdrängens angeht, mit dem Diestels Innenministerium »Geschichte bewältigt«. Dennoch ist Krüger kein theologischer Fundamentalist, eher ein Spieler mit Prinzipien.

Deutsche Politik, Berliner Politik in diesen Tagen ist zunächst eine geographische: Sie besteht in der Besetzung von Räumen. Seine SED-Vorgänger hatten das Innenressort besenrein übergeben – so ziemlich alle Unterlagen über die Struktur der Dienststelle waren vernichtet. Gereinigte Gebäude mit Angestellten ohne jede Vergangenheit. Schließlich durfte, noch unter Modrow, jeder seine Kaderakte säubern. »Es gab plötzlich keine Hauptabteilungsleiter mehr. Die hatten sich alle zu Referatsleitern degradiert, wohl nach dem Motto: Wer sich selbst erniedrigt, wird erhöht werden.« Er lächelt. »Aber Politik funktioniert anders als die Bibel.«

So führt er denn seine 27/90-Gespräche beharrlich weiter. Gestern hatte er einen stellvertretenden Bezirksbürgermeister und Wahlfälscher bei sich, den Modrow noch in seinem Amt bestätigt hatte und der sich damit verteidigte, daß er doch nur sein »Plansoll« erfüllt habe.

Jetzt sitzt Krüger an seinem Schreibtisch in Hohenschönhausen und unterzeichnet den Entlassungsbrief. Vor wenigen Monaten noch saß Oberst Franz an diesem Tisch, Chef der Stasihauptabteilung XXII, die sich um die RAF-Terroristen kümmerte. Größtes Möbelstück ist eine Maschine zur Vernichtung von Akten.

Krüger weiß, daß er in diesem verwüsteten Übergangsland der Noch-DDR hier draußen, zwischen immer noch streng bewachten Betonwürfeln und staubigen Grasnarben, nur ein Übergangspolitker ist. Einer, der ein Fahrrad fährt, dessen Zahnräder zunehmend ins Leere greifen. Im doppelten Kampf gegen politi-

sche Altlasten und die Annexionsgelüste aus dem Schöneberger Rathaus bleibt ihm oft nicht mehr als die Politikinszenierung, die symbolische Eroberung öffentlicher Räume. Jede Pressekonferenz ist Terraingewinn.
Zu seinen Stärken gehört, daß er die Groteske dort entdeckt, wo andere zur »Normalität« übergehen. Er staunt und setzt dieses Staunen in Szene. Früher hat er jahrelang Theater gespielt – jetzt läßt er jede Woche »eine neue bunte Kuh steigen«. Die Wirklichkeit hilft ihm.
Überall stößt man in diesen Tagen auf Untertunnelungen, auf Geheimräume, auf Maulwurfshügel. Da war die Geschichte mit dem Tunnel unter dem Boulevard »Unter den Linden«. Früher war er von Kampfgruppen genutzt worden. Jetzt, sagte die Polizei bei einer Pressebegehung, ist der Tunnel stillgelegt. Im gleichen Moment klingelte, hinter einer verschlossenen Eisentür, ein Telefon. Sofort setzte Krüger eine erneute Pressekonferenz an. Oder die Chiffrierräume in den Rathäusern, mit ihren Leitungen bis zum Innenministerium. Noch nicht einmal die Bürgermeister hatten Schlüssel zu diesen Räumen, und jeden Morgen gingen dort, hinter verschlossenen Türen, die Damen und Herren weiterhin ihrer Arbeit nach. Nun diktiert Krüger Kündigungen: »Seit der demokratischen Umgestaltung des Magistrats sind alte Einrichtungen überflüssig geworden . . . bedauern, Ihnen mitteilen zu müssen . . .«
Innenminister Diestel, der zunächst mal gemeinsam mit dem Ministerpräsidenten »einen halben Tag lang lachen mußte«, als er von den Chiffrierräumen hörte, sprach von »ganz normalen Einrichtungen, wie sie im Westen auch üblich sind«. Was aber ist normal? Und was wurde »normal« genutzt in einem paranoiden Überwachungsstaat?
Und vor allem: Seit wann ist diese Überwachung Vergangenheit? Ralf Hirsch, Krügers Referent, der gleichzeitig Mompers Referent ist (»damit wir uns besser ausspionieren können«), war früher als Menschenrechtler observiert und verhaftet worden. Jetzt hat er Einsicht in seine Akte nehmen dürfen – sie war noch bis zum 1. April dieses Jahres weitergeführt worden.
Für den jungen Ralf Hirsch war die Akteneinsicht lebenswich-

tig – die »Bild am Sonntag« hatte ihn als Stasispitzel verleumdet. Hirsch konnte das Gegenteil beweisen. Der Springer-Verlag bezahlte 50 000 DM Schmerzensgeld, die jetzt einem Fonds für Stasiopfer zufließen sollen.

Die Akten: Herrschaftswissen, Erpressungsmaterial, gefährlich in den Händen einer exklusiven, politischen Powergroup. Ibrahim Böhme, der seit einigen Wochen für Thomas Krüger als Polizeibeauftragter arbeitet: »Ich rate jedem, der seine Akten einsieht, einen Psychiater mitzunehmen. Und solange der Diestel darüber verfügt, werden immer wieder Personen stolpern.« Während der bedenkenlose CDU-Neuling Diestel die Stasiakten möglichst schnell vernichten will, ist Thomas Krüger für deren Offenlegung. Während der Innenminister die Erde über der Geschichte platttreten möchte, betreibt Krüger politische Archäologenarbeit. Seine engsten Mitarbeiter kommen aus dem Westen, etwa der besonnene Verwaltungsprofi Peter Haupt, den West-Berlins Innensenator Pätzold auf den frisch inthronisierten Krüger ansetzte. »Such ihn dir«, sagte Pätzold am 31. Mai. Haupt hatte keine Ahnung, wer dieser Krüger war.

Mittlerweile sind die Wessis zu »Wossis« geworden. Sie sind Krüger-Leute geworden, mit 14-Stunden-Tagen, Niedriggehältern und merkwürdig glühendem Sendungsbewußtsein.

»Nur wer hier arbeitet, kann die Ossis wirklich verstehen«, sagt Lutz Engelke, der in New York studiert und als PR-Mann für große Automobilfirmen gearbeitet hat, bevor er im Roten Rathaus die Pressestelle übernahm. Und Richter Schillo: »Mit Paragraphen kommst du hier nicht weiter, das ist weitgehend rechtsfreier Raum, da brauchst du deinen gesunden Menschenverstand.« So müssen sich Kolumbus' Leute in Amerika gefühlt haben. Ein 25jähriger FU-Student aus Schwierzinas Büro sagt: »Manchmal habe ich das Gefühl, als ob ich hier allein regiere.« Krüger und seine Leute: eine gemischte ostwestdeutsche Besatzungsarmee in den Ruinen einer Diktatur, und Krüger, der Pope im Riffelsakko, ist der Jüngste unter ihnen. Er ist verbindlich, konzentriert, er lacht viel, und wenn er Ideen entwickelt, spreizt er seine Hände zu Flügeln. Keiner, der anordnet, sondern einer, der überzeugt. Seine Integrationskraft ist erstaunlich. Morgens um sieben in der Früh-Lage hatte er den sympathischen Exzentriker Ibrahim Böhme sanft zurück ins Glied geschubst. Am Tag zuvor hatte Böhme öffentlich mit der PDS geflirtet, worauf ihm der Fraktionsvorsitzende der Ost-SPD, Richard Schröder, mit einem Parteiausschlußverfahren gedroht hatte. »Das ist die Vorgehensweise der Altparteien«, protestierte Böhme.

»Du mußt sehen«, erwiderte Krüger, »daß du dich vom ›Neuen Deutschland‹ hast instrumentalisieren lassen. Das hilft nur der CDU.« Auch Mompers Kanzleichef Dieter Schröder habe sich erkundigt, »was der neue Wirbel bei uns soll«. Irgendeiner sagt: »Na ja, der Schröder ist manchmal ein ziemlich undifferenzierter Typ.« – »Welcher Schröder jetzt, der von uns oder der von euch?« fragt Krüger. »Ist doch egal, Schröder ist Schröder.« Alle lachen, auch Böhme.

Böhmes Feststellung, sagt Krüger in einem Interview am Nachmittag, sei mißverstanden worden. »Linke Politik, darin sind wir uns mit Ibrahim einig, macht man über Sachthemen.« Dann die gewohnten Antworten auf die gewohnten Fragen. Ja, es sei merkwürdig, gegen Hausbesetzer vorzugehen, mit denen man früher zusammengewohnt habe, aber man verfolge die Berliner Linie, setze auf Dialog und Verständigung. Ja, auch an Krawatten habe er sich gewöhnt, und Politik mache ihm Spaß. Die größte Aufgabe? »Die Sicherung des kommunalen Eigentums.«

Noch während der Ostreporter vom Kurswechsel seiner Zeitung erzählt – sie ist »Partner« der »FAZ« geworden –, stürmt Schillo in den Raum. Die Treuhandanstalt sei auf ein Manöver ehemaliger VEB-Bonzen hereingefallen, die einen Betrieb angemeldet haben, »ohne jedes Unternehmenskonzept, mit 350 Mitarbeitern, alle auf Null-Stunden-Kurzarbeit ausgewiesen«, um an das Grundstücksvermögen des alten Betriebs heranzukommen. Der Magistrat kämpft seit Wochen um die Immobilie.

Krüger ruft den Stadtrat der Finanzen an. Pannenhilfe. »Sag allen deinen Leuten, sie sollen diesen Verein nicht eintragen ... die behaupten, die hätten schon was Schriftliches von der Treuhand ... und schmeiß soviel Leute wie möglich ins Grundstücksamt, da geht es um Milliarden.«

Dann, es ist früher Abend, bereitet er sich vor auf einen weiteren

Ortswechsel, auf eine andere Welt, nicht Westen, nicht Osten, sondern die neutrale Zone – er läßt sich von seinem Fahrer zu einem Empfang in der Villa des Schweizer Botschafters chauffieren.

Dort trifft er auf Stephan Hermlin, ganz seigneuraler Schriftsteller in elegantem grauem Sommeranzug, und Hermlins Frau, PDS-Anhängerin wie ihr Mann, sagt: »Sie sind also derjenige, der diese entsetzliche Gesinnungsschnüffelei betreibt.« Das Wort von der »Gesinnungsschnüffelei« hatte CDU-Innenminister Diestel als Keule gegen Krüger eingesetzt – es gibt die merkwürdigsten Koalitionen in diesen Tagen.

Kurz darauf sitzen sie um einen großen runden Gartentisch. Der Schweizer Botschafter zeigt ein Foto von seinem Haus am Luzerner See, und Krüger und Hermlin diskutieren die alte KP-These vom »Sozialfaschismus«. Hermlin sagt, daß die Sozialdemokraten Rosa Luxemburg und Karl Liebknecht auf dem Gewissen hätten, Krüger widerspricht, und der Schweizer Botschafter reicht Bündner Fleisch und guten Rotwein zur Feier des »Jahrestages der Gründung der Schweizer Eidgenossenschaft«. Vor einem Jahr noch konnten solche Gespräche Schicksale entscheiden. Jetzt sind sie nichts als absurde Sommerabendplauderei.

Hermlin, ein Nachbar des Botschafters, war früher oft auch bei Günter Gaus zu Gast, der gleich gegenüber residierte: »Bis dieser entsetzliche Bölling kam, dieser Prolet.« Und Thomas Krüger, der Politiker und Theatermann, genießt die aberwitzige Situation in vollen Zügen und lächelt. Es ist nicht hundert, sondern tausend Jahre her, daß er in der Kirche stand und über Jericho redete.

Nachts läßt sich Krüger in seine Vergangenheit, in sein früheres Leben fahren, in den Osten, nach Jericho vor dem Fall der Mauern. Er besucht einen alten Freund am Prenzlauer Berg. Vorderhaus, drei Treppen. Gerrit steht an einer Staffelei und tupft an einem Frauenaquarell herum. Er öffnet eine Zwei-Liter-Flasche »Römische Schenke«, Krüger setzt sich unters Hochbett, und beide erinnern sich an die Vorlesungen im Sprachenkonvikt, an Lampe, der sich am Jahrestag des Mauerbaus ans Fensterkreuz kettete und Pfeile mit Botschaften über die Mauer schoß, an die

Diplomatenpartys, an den ukrainischen Woodstock-Veteranen. Nach dem dritten Glas Wein rezitiert Krüger mit proletarischem Heldenpathos »Kuba«, den Staatsdichter Kurt Bartel: ». . . und über den Neubauten dreht und verneigt sich der Kran.« Und lachend läßt er Biermann folgen, noch ein Gedicht, das hundert Jahre zurückliegt: »Wer abhaut aus dem Osten, der ist auf unsre Kosten von sich selber abgehaun.« Texte aus einem hektographierten Programmheft, in das Theatermann Krüger auch Bechers lang verschwiegene, bittere Lebenssumme aufgenommen hatte: »Der Grundirrtum meines Lebens bestand in der Annahme, daß der Sozialismus die menschliche Tragödie beende . . .«

In vielen Inszenierungen, erzählt Krüger, haben »wir dem Staat vorgespielt, wie toll wir ihn fanden, das war irritierender als alles andere«. Performances etwa, in denen in Sprechchören gerufen wurde: »Der Sozialismus siegt.« Die Anarchie des Witzes, die Parodie, die vorgetäuschte politische Frequenzgleichheit – auch dieser Ton war es, der Mauern zum Einstürzen brachte. Dieser Ton half auch, mit Denunziationen, Überwachungen, Inhaftierungen fertig zu werden. Spielend fertig zu werden. Etwa dadurch, daß man sich auf einer U-Bahn-Station unvermittelt umdrehte und seinen Bewacher anbrüllte. »Es gab, im wahrsten Sinne des Wortes, Spiel-Räume.«

Gerrit, Soziologe und Rundfunkdramaturg, hat am Nachmittag seine Kündigung bekommen. Er hat sich geweigert, sie anzunehmen. Sein Chef hat beim neuen Intendanten Christoph Singelstein mit einer Aktennotiz gedroht. »Was? Christoph, die alte Socke! Der ist jetzt Intendant?« Man kennt sich, aus der »Initiative Frieden und Menschenrechte«. Und trifft sich wieder, auf verschiedenen Stufen der Leiter.

Kurz vor zwölf bricht Krüger auf. »Warum kommst du nicht in mein Team?« fragt er zum Abschied. »Ich könnte noch jemanden gebrauchen, der von außen draufschaut. Keinen Spezialisten, sondern einen, der Abstand hat.« Im Herbst will Krüger einen Konflikt-Kongreß initiieren. Im heißen Herbst der Tarifauseinandersetzungen, der Wahlkämpfe. »Konfliktfähigkeit, Konfliktbewältigung, da waren wir 40 Jahre lang unterentwickelt«, sagt

Gerrit. »Du könntest mithelfen, den Kongreß vorzubereiten«, meint Krüger. Und dann fährt er ins Rathaus, um »noch 'ne Stunde Post zu erledigen«.

Am nächsten Morgen ist Krüger mit seiner Freundin Sabine im Wedding. Dort kaufen die beiden Fahrräder. Die Westberliner Sozialsenatorin Ingrid Stahmer hatte die gleiche Idee. In einer improvisierten Konferenz, zwischen blinkenden Speichen und Sattelleder, reden sie über Kohls Coup, der gerade in den Nachrichten kam: Wahl und Einheit am 14. Oktober. Wird die SPD umfallen, aus Angst, als Einheitsgegner dazustehen, wird sie Kompromisse schließen?

»Mit dem ›City Bike‹«, sagt da der Verkäufer, »müssen Sie keine Kompromisse eingehen, damit können Sie auch mal quer über den Rinnstein, durch Glassplitter und Nägel.« – »Klingt gut«, sagt Krüger. Nur die Farbe stört ihn. Es hat einen schwarzen Rahmen mit rot-goldenen Streifen. Zum Ausgleich kauft er eine himmelblaue Fahrradtasche dazu, Marke »Pegasus«.

Kurze Zeit später zieht sich Krüger Gummistiefel an für eine andere Inszenierung, die mit dem untertunnelten, durchwühlten, verhexten Berliner Boden zu tun hat. Da wird, auf dem Brachland Potsdamer Platz, der Einstieg zum Labyrinth des ehemaligen Führungsbunkers freigebaggert. Amerikanische Touristen klauben sich Steine aus der geschichtsschweren Erde. Bewältigte Geschichte? Im Schein seiner Stablampe, über kniehohem Wasser, entdeckt Krüger an den Wänden frische Graffiti. SS-Runen, den Spruch »Für immer eins« und das Datum: 22. März 1990. Seine Stimme hallt an den Wänden: »Es ist gefährlich, Geschichte zu verdrängen – sie wird immer zurückkehren.«

Die Mauern von Jericho sind geschleift. Jetzt geht es, in den Trümmern, um Bestandsaufnahme.

TAG DER EINHEIT

Ein Jahr war es her, daß die Ungarn die Grenzen geöffnet hatten und Zehntausende von DDR-Bürgern wie eine Flutwelle aus dem Lande strömten, ihre Pässe schwenkten und den Kameras »Endlich!« zuriefen.

Ein Jahr erst und schon eine Ewigkeit. Ich war auf eine Dinnerparty eingeladen, ein Essen im engsten Kreise in einer wundervollen riesigen Berliner Altbauwohnung, in der jeder Quadratzentimeter teuren GESCHMACK und STIL ausstrahlte: blankes Parkett, moderne Kunst, Biedermeiersekretäre und italienische Stühle. Susan Sontag, die schon seit einigen Wochen in Berlin an ihrem neuen Roman arbeitete, saß neben mir. Die Gastgeberin war charmant, und Susan Sontag war sehr New York. Wie ihr Berlin gefalle? fragte ich. »I hate opinions«, sagte sie und fragte mich nach meiner Meinung zu Christa Wolf. Da ich an diesem Abend ebenfalls Meinungen haßte, erklärte ich ihr, wer Christa Wolf war. »I know the discussion«, sagte sie. Worauf ich vom Tennisturnier in Flushing Meadow schwärmte und damit wenigstens Susan Sontags Sekretärin erwärmen konnte. »Pete Sampras«, sagte ich, und da Susan Sontag den Namen nie gehört hatte, buchstabierte ich ihn. Zur Strafe gab sie die Salatschüssel nicht an mich weiter.

Der Gastgeber hatte am Tage vor der Maueröffnung noch ein Interview gegeben. Die Mauer, erklärte er italienischen Journalisten, werde noch bis zum Jahre 2000 stehen. Susan Sontag dagegen erinnerte sich, sie habe bereits im Oktober zu Heiner Müller gesagt, die Mauer halte »höchstens noch ein halbes Jahr«. Dann sprach sie über Syberberg. Der habe sie angerufen und um Unterstützung gebeten, weil die Feuilletons über ihn hergefallen waren. Sein Buch war gerade herausgekommen. In dem hatte er wieder einmal von Hitler geschwärmt und vom Durchhalten an der Rampe – dieser ganze übliche Faschismusqualm, der bei Intellektuellen in Frankreich und offenbar auch in New York als dunkeldeutsch, myteriös und très chic gilt.

Susan Sontag sprach von seiner »irritierenden« Persönlichkeit.

Er sei eine produktive Herausforderung, man müsse sich mit ihm und seinem Werk beschäftigen. Was ich von Syberberg halte? Ich erzählte, daß Syberberg mir sein Buch geschickt habe mit einem Brief, in dem er mich wahrscheinlich um eine Rezension gebeten habe, aber genau könne ich das nicht sagen, denn ich konnte seine Handschrift nicht entziffern. Ich hatte ihm freundlich abwiegelnd geantwortet. Und so, schloß ich, sei der Kelch, ein Syberberg-Buch zu lesen, an mir vorübergegangen. Daß ich aber die banalen Provokationen Syberbergs so unwichtig fände wie die Empörung darüber anachronistisch.
Susan Sontag verweigerte mir nun auch noch den Reis. Die Stimmung zwischen uns war feindselig. Warum haben die Amerikaner nur dieses humorlose, unironische Andachtsverhältnis zu *european culture*, insbesondere zur deutschen Kultur? Ich war schlecht gelaunt. Man unterhielt sich nun über die Postmoderne. Eigentlich könne man diesen Begriff doch nur auf die Architektur anwenden, meinte Susan Sontag. Die Literaturverantwortliche der »taz«, die mir direkt gegenübersaß, konterte mit Habermas. Das Ende der Konzepte, und alles auf englisch.
Am Nachmittag war mein Auto kaputtgegangen – das Ende aller Konzepte, mitten auf der Zonenstrecke. Lagerschaden, eine Reparatur lohnte sich nicht mehr. Ich mußte mich abschleppen lassen. Die Pritzwalker Abschlepper wollten mein Auto »noch nicht mal geschenkt« haben und stöhnten darüber, daß ihr Leben jetzt viel härter sei als unter Honecker. »But Habermas definitely said, that postmodernism . . .«
Zur Auflockerung sprach ich von einem ähnlich relevanten Thema, vom neuen Mazda Miata, der in Deutschland nicht zu haben war, »aber in New York jederzeit und nur halb so teuer«. Susan Sontag sah mich an, als sei sie kurz davor, mit Gabeln zu schmeißen. Der Gastgeber rettete, indem er ihr eine besonders schöne Blaise-Cendrars-Erstausgabe zeigte. Und die Wäschekorbgeschichte erzählte. Die Wäschekorbgeschichte hatte ich schon mindestens zehnmal gehört und einige Male mit großem Erfolg selbst angebracht. Unter Feuilletonisten ist sie die beliebteste der Welt, weil sie immer paßt. Die Namen sind austauschbar.

Er habe in einem Antiquariat in New York eine Kafka-Erstausgabe entdeckt, erzählte der Gastgeber. »In einem Wäschekorb, für 50 Dollar.« Als er das Buch kaufen wollte, habe der Inhaber gesagt, es sei schon versprochen. An Bruno Bettelheim. Der aber hatte sich eine Woche Bedenkzeit ausgebeten. Und nun habe er, sagte der Erzähler, wobei er mit kleinen dicken Fingern ein Baguette auf dem Tischtuch zerbröselte, »eine ganze Woche lang gezittert um das Buch – und ich habe es schließlich bekommen«. Susan Sontag nickte versöhnt. So mochte sie Europa, mochte sie die Deutschen. Für ein Buch durchs Feuer gehen. Kultur.
Deutschland hatte sich verändert. Aus dem kleinen Provisorium Bundesrepublik war nun offenbar ein geopolitischer Riese geworden – Gorbatschow schlug vor, die Deutschen in den UN-Sicherheitsrat zu wählen. Und Kohl mußte sich dauernd dafür entschuldigen, daß es die Verfassung »leider noch nicht« erlaube, Truppen an den Golf zu entsenden. Es war Zeit, sich von der Bundesrepublik zu verabschieden. Sie wurde nun, bereichert durch den politischen und finanziellen Sozialfall DDR, zu Deutschland.
Die Bundesbürger rechneten. Rund 100 Milliarden jährlich sollte es kosten, den häßlich-schrumpeligen, stalinistisch-ruinierten Osten zu sanieren. Eine Menge Geld. Das schuf Aversionen. Den Bundesbürgern hatte die einstige DDR nichts zu bieten. Sie kostete. Der Brüder-Bonus, die Grenzöffnungseuphorie waren längst verrauscht. Und noch nicht einmal Helden konnte sie vorweisen. Gerade hatte sich herumgeflüstert, daß auch Pfarrer Eppelmann, Ikone des DDR-Herbstaufstandes, inoffizieller Mitarbeiter der Stasi gewesen sein sollte. Auch wenn das einige Tage später dementiert wurde – alles schien möglich. Es gab keine Lichtfiguren in diesem ostdeutschen Schlamassel. Und da sollten sich die Bundesbürger auf die Einheit freuen? Das Einheitsdatum 3. Oktober rückte näher. Und das Ende der DDR bedeutete auch das Ende der Bundesrepublik, dieses angenehm gesichtslosen, zerrissenen Gebildes. Anlaß zur Trauer. »Wir sind dann ganz bestimmt nicht hier«, sagte die Gastgeberin mit Grabesstimme.
Am nächsten Tag hatte ich am Deutschen Theater in Ost-Berlin

zu tun. Ein neues Stück sollte Premiere haben. Es hieß »Die Kommunisten«. Ich hielt das für eine ziemlich verwegene Spielplanpolitik, denn wer, außer den Schauspielern, interessierte sich in diesen Tagen noch für Kommunisten? Aber als ich den jungen Regisseur traf, der ein schwarzes Hemd trug wie offenbar alle jungen Theaterregisseure, war ich beeindruckt. Er wolle, sagte er, mit diesem Stück die Schuldfrage stellen. Ganz offen und auch selbstkritisch über Täter und Opfer reden. Toll, dachte ich mir. Endlich stellen sich die Künstler der Diskussion, statt vom Schmollwinkel aus zu hetzen. Endlich vor allem machen sie's hier aus und überlassen es nicht den Westfeuilletons.
In der Tonkabine hinter dem Zuschauerraum stieß ich auf eine Schauspielerin in gestreiften Fetzenkleidern und mit bleich geschminktem Gesicht. Es entspann sich einer der Dialoge, wie sie nur im Theater möglich sind.
»Sie sehen ja schlimm aus«, sagte ich.
»Ich bin ein KZ-Opfer«, erwiderte sie.
»Aus dem KZ?«
»Klar, sieht man doch wohl, oder? Ich bin die Schmale.«
»Wer?«
»Die Schmale. 'ne kleine Rolle.«
»In welcher Produktion?«
»Na, in der hier! Und was spielen Sie für 'ne Rolle?«
»Ich bin Journalist.«
»Welche Zeitung?«
»Vom ›Spiegel‹.«
»Ach, du Schande!«
Das Stück, in dem die Schmale ihre kleine KZ-Opfer-Rolle hatte, war also kein Gegenwartsstück, sondern wieder eines aus jenen Tagen, als die Kommunisten für eine Weile den Kampf gegen die Sozialdemokraten aussetzten und gemeinsam mit ihnen im mutigen Widerstand gegen Hitler engagiert waren. Wieder einmal trat man im Theater die Flucht in die zweifelsfreie Vergangenheit an, statt sich mit der zweifelhaften Gegenwart auseinanderzusetzen. Marxistisch gesagt, hinkte das Bewußtsein dem Sein weit hinterher.
In Hamburg dagegen, im freundlichen Hamburg, sollte die

Zukunft stattfinden. Cyberspace hatte sich zu einem Besuch an der Elbe angesagt, eine Demonstration simulierter Welten durch ihren Propheten Timothy Leary. Ich hatte Leary vor einigen Jahren auf einem Poesie-Festival in Kansas erlebt. Er sah aus wie ein Tennislehrer, ganz in Weiß, und war sehr gaga und sehr amüsant. Leary, der LSD-Apostel der sechziger Jahre, war auf den Computertrip gegangen, und wieder hatte er eine Art subkulturelle Gefolgschaft um sich geschart.

Ernste, gutaussehende, schwarzgekleidete Erzengelgesichter, unter ihnen Mark Chung von den »Einstürzenden Neubauten«, beugten sich im kleinen Klecks-Theater über »Mind-Machines« und »Endorphin-Stimulatoren« oder über die Büchertische mit Zen-Literatur und solche über »Gehirnjogging«, und ich genoß dieses bewußtseinserweiternde Kauderwelsch, weil es überhaupt nichts mit Deutschland zu tun hatte.

Leider stellte sich heraus, das die »Sun-Station«, das Kernstück der Cyberspace-Vorführung, auf irgendeinem Flughafen der Welt gestrandet war. Immerhin konnte eine Videovorführung eine blasse Ahnung von den wunderbaren Möglichkeiten von Cyberspace geben. Trips über Mondlandschaften und Tennismatches mit Boris Becker, vielleicht sogar ein friedliches, bescheidenes Großdeutschland – alles war möglich auf dem Schirm. Man brauchte nur einen Helm und einen Datenhandschuh – beides sah aus, als stamme es aus dem Fundus von »Raumschiff Enterprise«. »Eines Tages werden sie Kriege in künstlichen Realitäten führen«, verkündete Bill, der Promoter der Veranstaltung, »und das wird uns eine Menge Tote ersparen.« Schon in diesen Tagen halfen die Kunstrealitäten der Rechner bei Prognosen – der »Stern« hatte in einer Titelgeschichte das Szenario eines amerikanisch-irakischen Krieges entwickelt. Am Monitor.

Ein Professor sagte, daß wir definitiv ins optische Zeitalter eingetreten seien – seine Studenten läsen nicht mehr, sie lernten in Bildern. Er entschuldigte die primitiven Vorführgeräte. Die Software, sagte er, sei weiter entwickelt als die Hardware. Übersetzung für Marxisten: Das Bewußtsein war dem Sein um Lichtjahre voraus. Schöne neue Welt. Das alte Europa war zusammengekracht. Nun konnte der Trip in die Sterne beginnen.

Immer hinein in neue Bewußtseinsgalaxien, auf Zeitreisen nach vorne.

Zwischendurch liefen wir die Bodenstation an, ein Sushi-Büffet, und tranken Coca-Cola, und kein Mensch wollte diskutieren, ob Berlin eine geeignete Hauptstadt sei. Ich legte mich auf eine Demonstrationscouch der Firma Mega-Brain. Eine hübsche amerikanische Hosteß legte mir Kopfhörer an und setzte mir eine Mafia-Brille auf, und ich empfing im steten Wechsel Ton- und Lichtimpulse und meditierte mich ins Übermorgen.

... Keine DDR mehr und kein Deutschland, keine ideologischen Barrieren mehr und keine Eisernen Vorhänge. Alles wird gut ...

Als ich Brille und Kopfhörer wieder abnahm, hatte ich Kopfschmerzen.

Während die Intellektuellen der beiden deutschen Hälften sich noch darum stritten, welche die bessere sei, und während Helmut Kohl mit den Kirchen über die Hochzeitsglocken im Streit lag – er war dafür, sie dagegen, daß gebimmelt wurde –, wurde in einer Villa am Elbufer Europa gemacht. Ein sympathisch-engagierter Hamburger Unternehmer hatte Bankiers, Politiker und Fernsehintendanten zu einer kleinen, exklusiven Runde geladen. Dunkles, teures Kammgarn und dazwischen zwei billigere Anzüge, die Kombinatsleitern gehörten, denn auf dem Durchmarsch nach vorne sollte die DDR nicht vergessen werden. Nach dem deprimierenden Referat eines Vorstandsvorsitzenden der Treuhandgesellschaft sollten sich die Gesprächsteilnehmer einzeln vorstellen. Es saßen hier ein paar hundert Millionen Mark herum, alle mit entschlossenen, markigen DM-Gesichtern, alle bereit, aus der DDR ein Wirtschaftswunderland zu machen. Und dann konnte ich den Beiträgen nicht mehr folgen: Der Banker, der sich gerade vorgestellt hatte, war Carolines Vater.

Mühsam stotterte ich, als die Reihe an mir war, meinen Spruch herunter. Dann ließ ich mich in meinen Erinnerungen treiben. Ich hatte das Gefühl, daß Deutschland bei diesen Männern in guten Händen war ... und dachte an Venedig und an Sylt, wo Caroline und ich beinahe Papas Reetdachhäuschen abgefackelt hätten, weil der Kamin verstopft war. Der Kombinatsanzug

sprach über seine Turbinen und seine 18 000 Angestellten, und die Kammgarnanzüge unterdrückten ein Gähnen, und mir war siedendheiß, als ich noch einmal an den blaß-heiteren Frühlingstag dachte, als Caroline und ich Sanssouci besuchten und dieses kleine Mädchen im Schloßgarten trafen, das mit dem Kies am Chinesischen Pavillon spielte und uns »Mondsteine« schenkte.
Schließlich gelang es Deutschland und der nationalen Verantwortung doch noch, meine Erinnerungen niederzukämpfen und vor allem einen putzmunteren CDU-Wirtschaftsbeirat, der vergnügte Schnurren aus dem sächsischen Wahlkampf zum besten gab und sich einen dreifachen Nachtisch hineinschaufelte. Daß über den Inhalt der Gespräche Verschwiegenheit vereinbart wurde, war völlig unnötig – hier ging es eher um die großen finanzphilosophischen Bögen in nächste Jahrtausend als über journalistisch verwertbare Geschichten.
Ein paar Tage später fuhr ich nach New York. Ich mußte meine PanAm-Freitickets abfliegen, bevor die Fluggesellschaft pleite machte – dem amerikanischen Kapitalismus ging es dieser Tage überhaupt nicht gut, der Dollar stand tief. Darüber hinaus brauchte ich Urlaub von der deutschen Sache. Und: Ich wollte mir mein Auto drüben kaufen.
Autos. Fetische. Soziokulturelle Totems. Die deutsche Oktoberrevolution war eine Revolte von frustrierten Trabi-Fahrern, die sich von ihrem ersten Westgeld Golf oder BMW kauften. Mercedes-Fahrerin Ruth Berghaus sprach geringschätzig über die Westspießer, die Samstag nachmittags ihren Opel putzen. Ich sprach abfällig über Golf-Fahrer. In »Zitty« wurde ich verdächtigt, einen Peugeot zu fahren. Und nun flog ich nach New York, um mir den Mazda Miata zu holen. Im Bordkino lief »Cadillac Man«, eine Hollywoodkomödie über einen Autoverkäufer.
Der Taxifahrer aus Bangladesh erkundigte sich, wieviel der neue Mercedes kostete, und ich nannte eine Phantasiesumme und kurbelte das Fenster herunter und zündete mir eine Zigarette an – die einzige Möglichkeit, das strenge Rauchverbot in New Yorker Taxis zu umgehen, war, es auf diese stille Art zu ignorieren. Am Anfang hatte ich den Fehler gemacht zu fragen und wurde regelmäßig beschimpft. Bis mir ein New Yorker Freund den

Trick mit dem Fenster verriet, den die Taxifahrer mürrisch akzeptierten.
Als der Taxifahrer erfuhr, daß ich aus Deutschland kam, sagte er: »You must be crazy to reunite.« Das klang ziemlich anders als das, was mir noch vor einem Dreivierteljahr Paul Mitchell in Santa Cruz entgegengerufen hatte. Ostdeutschland, meinte der Fahrer, den die ID-Card als Mr. Ahagbar aus Dacca auswies, sei doch ein bankrottes Unternehmen, und wer steckt schon sein Geld in einen überschuldeten Betrieb? Mr. Ahagbar war Realist. Vor elf Jahren war er aus der Osthälfte des geteilten Pakistan nach New York gekommen, geflohen vor dem Bürgerkrieg und den Überschwemmungen und anderen Naturkatastrophen, geflohen aus dem ärmsten ins reichste Land der Welt, in die Metropole des Kapitalismus, in der die Mordrate in den letzten Tagen steil nach oben stieg und die Rekrutierung von 5000 neuen Polizisten neben den Steuererhöhungen die Schlagzeilen beherrschte, und Mr. Ahagbar sagte: »New York ist nicht besser als Dacca. Vielleicht unterscheiden sich die Städte in den Todesarten. Drüben ersäufst du im Hochwasser. Hier bekommst du ein Messer in den Rücken.«
Der Car-Dealer, Vietnamveteran und ehemals GI in Deutschland, haßte sich für seine Geschäfte, die er mit Deutschen machte. Eine Woche zuvor hatte er sieben Autos an einen Düsseldorfer verkauft. Der Dollar stand schlecht, und Germany war zur wirtschaftlichen Supermacht geworden, und jetzt kamen die Kinder der Leute, die sie früher mit Carepaketen versorgt hatten, und kauften Amerika auf.
Andreas, der Fotograf, und seine Freundin Heidi waren in eine schöne, große Wohnung ins Village umgezogen – es gab plötzlich Platz, denn viele hatten New York in den letzten zwölf Monaten den Rücken gekehrt. Auch Molly war getürmt, in ein buddhistisches Kloster in den Catskills. Ihr Erstlingsroman hatte sich nicht sehr gut verkauft, und nun hoffte sie auf eine Verfilmung. Mit Molly, die ich vor Jahren auf einer Party von Tama Janowitz kennengelernt hatte, führte ich einen regen Briefwechsel über die Liebesaffäre von Brigitte Nielsen und Mark Gastineau. Wir waren der Meinung, daß eine Kreuzung dieser beiden

Silikon-Hormonpakete den synthetischen Menschen der Zukunft ergeben könnte, ein Zuchtexperiment wie das der quadratischen Tomate. Nun hatten sie sich getrennt, und Amerika war auf dem besten Wege, ein Entwicklungsland zu werden, das im Nahen Osten Krieg führte.

Auch Harold Brodkey, das Genie aus Manhattan, der intelligenteste und neurotischste amerikanische Romancier, fühlte sich nicht mehr wohl in seinem wunderschönen Apartment auf der Upper Westside. Letztes Jahr noch war er der Star der New Yorker Szene. Das heißt, daß er dieses Jahr mausetot war. Nun erschienen seine »Stories in an almost classical mode« in deutscher Übersetzung und wurden begeistert besprochen. Nun war er bei uns populär, für eine Saison. Deutschland, sagte er, der Jude, sei doch seine eigentliche Heimat. Nur in Deutschland, eingebettet in die alte europäische Kultur, verstehe man ihn und sein Werk. Und da nun, nach dem Fall des Eisernen Vorhangs, der Zweite Weltkrieg vorbei war, wollte er nach Deutschland kommen.

Er klagte über sein Alter, über den verblassenden Ruhm, über seine literarischen Feinde, über die hinterhältige intellektuelle Szene in Amerika. Er war überzeugt davon, daß sich der Drehbuchschreiber des letzten Indiana-Jones-Films über ihn lustig gemacht habe, weil er Sean Connery seine Ticks mitgegeben habe. »Ist doch nicht schlecht, Harold«, sagte ich, »immerhin Sean Connery. Beim letzten Mal hatten wir uns darüber unterhalten, wie es wohl wäre, für einen Tag Mick Jagger zu sein oder ein berühmter Filmstar.« – »Wärst du lieber Harold Brodkey oder Sean Connery?« fragte er. »Sean Connery«, sagte ich. Zehn Minuten später stand er abrupt auf und sagte, er müsse jetzt seine Schlaftabletten nehmen.

Am Hotelswimmingpool in Miami Beach – die Tickets schlossen den Trip ein – unterhielten sich ein paar Kölner Kneipiers über die steigenden Steuern nach der Wiedervereinigung, die in zwei Tagen vollzogen werden sollte, und in den Nachrichtensendungen war nicht mehr Deutschland, sondern der Irak und die steigenden Benzinpreise das beherrschende Thema.

Am Abend des 2. Oktober saß ich wieder auf dem JFK-Flughafen vor dem Münz-TV. Doug James berichtete für CNN vom Brandenburger Tor, und diesmal sah es ziemlich gequält aus, so wie die Neubearbeitung einer alten Erfolgsstory – mit schlechten Schauspielern, schlechten Statisten. Eine Lufthansa-Stewardeß behauptete, dieses sei der glücklichste Tag ihres Lebens, und kein Mensch glaubte ihr, noch nicht einmal sie selber. Ich schaltete um auf »Alf«, der über das Verbrechen von Hausaufgaben philosophierte und damit zumindest die Kinder der Tanner-Familie auf seiner Seite hatte.

Auf dem Flug hörte ich mir die Allen-Ginsberg-Kassette an, die ich mir bei »Tower Records« gekauft hatte, und alle schliefen in der dunklen Kabine, und ich träumte zu den Positionslampen hinaus, und Allen Ginsberg las ein Gedicht von 1958, das er seiner Tante Rose gewidmet hatte: »Aunt Rose / Hitler is dead, Hitler is in eternity; Hitler is with / Tamburlane and Emily Brontë . . .« Wahrscheinlich kein Gedicht, das einen deutschen Seminarraum überleben würde, aber Ginsberg las es mit seiner hohen Stimme und einem Lispeln, und es hatte einen wunderschönen Rhythmus und dieses buddhistische freundliche Lächeln, das wie ein Pflaster war – Hitler ist so tot wie Emily Brontë, sangsprach Ginsberg, weil er es einfacher hatte oder auch vielleicht, weil er weiser war als wir und ganz bestimmt weiser als Syberberg und Susan Sontag. Ich dämmerte ein, und als die beiden Deutschlands zusammenkrachten, war ich 10 000 Meter über Neufundland, und als die Maschine einige Stunden später zur Landung in Frankfurt ansetzte, weckte die Stewardeß mit dem Satz: Willkommen im vereinigten Deutschland.

In der Maschine nach Berlin büffelte ich Deutschland. Alle Zeitungen wuchteten mit dickleibigen Sonderausgaben. Sie boten Bilderbögen, Geschichtsunterricht, Aufsätze über »Deutschland von der Stunde Null bis zur Einheit«. Und natürlich waren sie ein ideales Inserentenumfeld, und fast alle Anzeigen präsentierten das Brandenburger Tor, und die Bundesbahn warb mit dem Spruch: »Die Bahn verbindet«, und die Berliner Sparkasse mit dem Satz: »Wir sind eine Familie.« Am schönsten war die Anzeige von Siemens: »Aus zwei mach eins«. Und darunter das neue Modell Siwamat Plus 53 310, das Waschen und Trocknen in einem einzigen Gerät vereinigt – Deutschland, eine Waschmaschine, die oft erprobt ist im Umgang mit schmutziger Wäsche.

In der Humboldt-Universität sollte ich an einer Podiumsdiskussion teilnehmen über das Thema: »War es denn wirklich eine Revolution?« Ich war hundemüde, und die Revolution interessierte mich viel weniger als die Tatsache, daß PanAm wieder einmal meinen Koffer verloren hatte – immer war es meiner. Über die Friedrichstraße und Unter den Linden bummelten Familien in sonniger, träger Vatertagsstimmung. Schon jetzt war der 3. Oktober ein Feiertag wie jeder andere, und kein Mensch brachte noch die Kraft zu schwarz-rot-goldenem Enthusiasmus auf. Nur die Zeitungen und die elektronischen Medien mühten sich um Spektakel – die Einheit war vollständig an die Unterhaltungsindustrie verbucht.

Im Foyer des vollgepackten großen Hörsaals der Uni stand Claus Peymann und sagte: »Na, übernehmen Sie heute wieder die revolutionäre Rolle?« – »Die ist doch schon an Sie vergeben«, antwortete ich gereizt, worauf Torsten Maß sagte: »Das geht ja gut los zwischen euch.« – »Ach, was«, sagte ich, »ich ignoriere ihn schon lange.« – »Eben«, sagte Peymann.

Früher, als ich noch beim »TIP« schrieb, hatte ich ein gutes Verhältnis zu ihm. Es waren die Jahre seiner Erfolge. Doch später hatte ich Majestätsbeleidigung begangen, als ich den Triumph des Burg-Schauspielers Gert Voss als »Richard III.« beschrieben und nicht zu erwähnen vergessen hatte, daß die Inszenierung, Peymanns Inszenierung, ansonsten läppisches Studententheater gewesen sei. Daraufhin hatte sich Peymanns Co-Direktor Hermann Beil nicht endblödet, sich bei mir schriftlich zu beschweren – Peymann war eifersüchtig auf die Erfolge anderer, selbst wenn es sich um die seiner eigenen Schauspieler handelte. Seitdem hatten wir keinen Kontakt miteinander.

Lea Rosh hatte die Moderation übernommen und das Podium in zwei Flügel geteilt. Zu ihrer Rechten Ostintellektuelle wie Bärbel Bohley, Jens Reich und Stasijäger Matthias Büchner. Zu ihrer Linken Egon Bahr und der vor Jahren inhaftierte und in

den Westen abgeschobene Jürgen Fuchs. Ich war eingeklemmt zwischen Peymann und Tilman Fichter, einem verbissenen Marx-Exegeten und Ex-SDSler, der mich beleidigte und auch noch duzte. Lea Rosh eröffnete die Diskussion und fragte die Teilnehmer einzeln, ob sie die Oktober/November-Ereignisse für eine Revolution hielten, und ich ließ meine Blicke schweifen und sah, genau unter mir, in die böse funkelnden Augen von Sarah, mit der ich für einen Nachmittag zusammengewesen war und seitdem nie wieder. Sie sah wütend aus. Ich hatte ihre Briefe nicht beantwortet. Ich war müde und umzingelt von Feinden.
Draußen war ein schöner Spätsommertag, und hier drinnen saßen die intellektuellen Betriebsnudeln aus Ost und West, und stimmten darüber ab, ob das gemeine Volk dort unten, dort draußen, eine Erste-Klasse-Sahne-Revolution oder doch nur einen Drei-Minus-Aufstand geleistet habe. »Was wir hier machen«, sagte ich, als die Reihe an mir war, »ist kompletter Blödsinn. Vorbei. Aus. Der Geschichte ist unser Kommentar völlig piepe. Was sich wirklich ereignet hat, ist der Machtverlust der Intellektuellen. Es ist ja nicht nur ein System gescheitert, sondern ein von Intellektuellen intendiertes gigantisches Erziehungsprojekt. Den neuen Menschen gibt es nicht.« Und dann wandte ich mich an Claus Peymann. »Meinen Sie nicht auch, daß die Künstler, die Intellektuellen in Zukunft ein bißchen leiser treten sollten, vorsichtig mit Begriffen wie Utopie umgehen und weniger schmollen darüber, daß das Volk sich nicht so verhält, wie sie es wollen. Die Menschen haben, aus gutem Grunde, die Schnauze voll von Propaganda.«
Peymann, der gute Mensch aus Wien, beschimpfte mich daraufhin als korrupten BMW-Fahrer (schon wieder Autos!) und als Anpassungsathlet, und er sagte, daß wir doch Marx und Lenin nicht auf den Müll schmeißen dürften und daß es in der DDR doch auch Bewahrenswertes gegeben habe, wie zum Beispiel die »Erziehung der Frauen«. Natürlich hatte er sich versprochen. Er meinte das »Erziehungswesen« und die »Gleichstellung der Frau«, und er korrigierte sich, aber ich fand seinen Versprecher hübsch.
Jürgen Fuchs sprang mir bei. Auch ihm ging dieses schmollende,

linke »moralische Gesäusel« auf die Nerven, und er fand es richtig, daß auch die Westintellektuellen sich daraufhin überprüften. Der Westintellektuelle Tilman Fichter belehrte daraufhin den vom Ostsystem inhaftierten Schriftsteller darüber, daß es für fortschrittliche und gute Menschen wichtig sei, »daß an dieser Uni auch weiterhin Marxismus gelehrt werde«, denn er hatte gerade eine Dozentur hier ergattert, und er schimpfte auf diese »korrupten ›Spiegel‹-Redakteure« und flüsterte mir, nachdem er geendet hatte, anbiedernd zu, daß er natürlich nicht mich damit gemeint habe.
Ich war müde. Ich wollte mich verteidigen. Lea Rosh schnitt mir das Wort ab. Es war widerlich. Der einzige, der halbwegs bei Sinnen war, schien mir Egon Bahr, der nüchtern, witzig und ohne alle Verbissenheit argumentierte. Nach zwei Stunden mußte ich wieder zum Flughafen, um die Maschine nach Frankfurt zu bekommen. In Frankfurt war Buchmesse, und Rowohlt weihte seinen Berlin-Verlag ein.
Ich vergewisserte mich, daß Sarah in der Mitte eingekeilt war, und nahm den linken Ausgang. Sabine Sütterlin, die weit hinten einen Gangplatz hatte, klopfte mir tröstend auf die Schulter – ich war von Peymann verprügelt worden. Ausgerechnet von Peymann! Er war einfach routinierter im Umgang mit großem Publikum. Ich trat hinaus in die Sonne und freute mich auf Frankfurt, wo Freunde waren, denen Deutschland und der DDR-Käse ebenso zum Halse heraushingen wie mir.
Im Hotel schaltete ich den Fernsehapparat an. Es lief eine der Einheitsparty-Jubelsendungen, die auch die »Nachdenklichkeiten und Betroffenheiten irgendwo mit einbringen wollten«, und deshalb spielte eine deutsche Rockband. Unter der Dusche hörte ich Fetzen wie: »Ja, die Köpfe sind am Denken, und kein Herz bleibt dabei kalt . . .« Harold Brodkey hatte recht: Wir haben eine Menge Philosophen hervorgebracht, aber keinen einzigen Bruce Springsteen. »Listig ist die Lüge, und die Macht schläft mit dem Geld« – mit diesem »engagierten« Schwachsinn, der jedem, der ihn mitträllert, das Gefühl gibt, er gehöre zum guten Teil der Menschheit, waren Deutsche in Ost *und* West aufgewachsen.

Warum verlangen die engagierten Künstler, diese Rockfuzzis und Peymanns, daß der Mensch gut zu sein habe? Die Diskussion vom Vormittag ging mir wieder durch den Kopf. Peymanns Gratis-Mut, sein dickgepolstertes Wiener-Burgtheater-Engagement für Marx, Proben mit Guevara und Franz-Fanon-Lektüre, Pauken fürs Gewissen der Nation, ›alle außer uns Künstlern sind korrupte Kretins‹. Mit seinem idealistischen Moralterror, seiner Ausgrenzungsbereitschaft, seinem Andersdenkenden-Haß wäre er in jedem totalitären Staat ein hervorragender Funktionär, dachte ich mir, ein heilig Glaubender gewesen. Er sprach begeistert von der sittlichen Erziehung des Menschen. Immer noch, als Fünfzigjähriger, ging er mit dieser schwärmerischen Studententheaterallüre auf Medientournee. Der Ideologe als Impresario, der Bürgerschreck als Burgtheater-Direktor.
Wie bei Ruth Berghaus, so hatte mich auch bei ihm interessiert, ob es in seiner Arbeit einen Paradigmenwechsel gegeben habe. Statt einer Antwort kam die alte, verlogene Lessing-Aufklärungsmasche. Warum stiehlt ihm Peter Zadek in Wien die Show? Warum ist Zadek um Klassen besser und immer noch der jüngste Theaterregisseur? Weil er Menschen versteht, statt sie mit Idealen zu terrorisieren, und weil er einer der wenigen Künstler dieses Deutschland ist, der sein Publikum nicht insgeheim als minderwertig verachtet. Nun fielen mir die besten Argumente gegen Peymann ein, zu spät. Ich ärgerte mich, und die Band im Fernseher sang: »Manchmal bin ich traurig, wenn ich sehe, was wir tun, doch gegen Liebe ist kein Herz immun.«
Die Buchmessen-Partys boten wie jedes Jahr ein fröhliches Getümmel aus gutgelaunten Trinkern und schnellen Affären, aus Verbrüderungen, an die man sich am nächsten Tag nicht mehr erinnern möchte, und aus Gesprächen über alles außer Literatur. Zwei junge Fotografinnen präsentierten mir auf dem Kiepenheuer-Empfang für Doctorow ihre Fotomappen, und Heiner Müller setzte sich dazu, und als wir sahen, daß diese Traumwesen sich selbst in Straps und Stöckelschuhen fotografiert hatten, versprachen wir ihnen, uns ihrer Sache anzunehmen. Die Hübschere der beiden wich Heiner Müller auch in den nächsten Tagen nicht von der Seite.

Die meisten Lektoren und Journalisten waren in diesem Jahr in Irene Dische verliebt, die nicht nur eine wunderschöne Kleinstnovelle veröffentlicht, sondern dieses Strahlen in den Augen hatte, das jeden, der davon getroffen wurde, den Entschluß fassen ließ, ein guter Mensch zu werden und ihr Altäre zu bauen. Im Café Laumer saßen Maxim Biller und Reinald Goetz beisammen und versicherten sich gegenseitig, wie gut sie seien. Biller hatte mit dem Kurzgeschichten-Band »Wenn ich einmal reich und tot bin« ein virtuoses Debüt als Erzähler gegeben, und Reinald Goetz hatte in dieser Saison nichts veröffentlicht, war aber in der »FAZ« zum wichtigsten deutschen Schriftsteller nach Goethe gekürt worden. Gegen zwei wurde das Licht abgedreht, und der DDR-Undergroundlyriker Sascha Andersen fragte im Dunkeln, ob die Getränkecoupons auch am nächsten Tag noch gültig seien, und Elke Heidenreich, mit der ich mich zuvor über den Unsinn von Talkshows gestritten hatte, erzählte einen wirklich komischen DDR-Türkenwitz.
Die deutsche Einheit war auch am Einheitstag kein Thema auf der Buchmesse. Dafür aber offenbar im Nahen Osten. In den Nachrichten wurde gemeldet, daß Saddam Hussein zur Feier des Tages vier deutschen Geiseln die Freiheit schenken wollte. Immerhin vier Menschenleben – wie kam er ausgerechnet auf vier?
Mein Buch verkaufte sich nicht. Kein Mensch wollte meine ewiggültigen Porträts und Reportagen über die achtziger Jahre haben. Das Rennen machten die Journalisten, die über Deutschland geschrieben hatten. Wieder einmal kam ich zu spät. Mein Verleger hatte inzwischen einen Krimi geschrieben, in dem er mich umgebracht hatte, und ich revanchierte mich damit, daß ich ihm von meinem Autokauf in New York erzählte, was ihn vor Neid erblassen ließ. Da wir unter Intellektuellen waren, hatte ich meine Schilderung mit der Wäschekorbnummer kombiniert. »Also, ich stöbere da in den New Yorker Antiquariaten herum und sehe plötzlich diesen Zweisitzer. Knallrot. Erstausgabe. Der Verkäufer meinte, er sei schon an Bruno Bettelheim versprochen, aber wenn ich bar bezahlen könnte . . . Na ja, da habe ich ihn gleich mitgenommen.«

Ich sprach mit Heiner Müller über die Veranstaltung, die zwei Wochen später in Berlin stattfinden sollte. Dort sollte Syberbergs »Hitler«-Film gezeigt werden. Syberberg hatte mich angerufen und mich gebeten zu kommen – seit ich über ihn geschrieben hatte, hielt er mich für einen Parteigänger. Müller erzählte von den Skins, die sich das Prospektmaterial für die Hitler-Veranstaltung gleich stapelweise abgegriffen hatten. Er sollte mit Susan Sontag im Anschluß an die Filmvorführung diskutieren. Auch die Skins hatten ihr Erscheinen zugesagt – »wir sehen uns noch«, hatten sie dem Pförtner zugerufen, der ihnen das Prospektmaterial nicht herausgeben wollte. »Das wird eine Prügelei geben«, sagte Müller vergnügt.
Eigentlich hatte ich die Nase voll von diesem immer wieder medienwirksam hochgepuschten Hitler-Mist. »Hitler ist dead, Hitler is in eternity, Aunt Rose.« Das ideologische Zeitalter war vorbei. In einer Konsumgesellschaft war der Faschismus meiner Meinung nach nur noch als bizarre Kostümierung für ein paar Soziopathen zu haben, doch da die intellektuelle Mahner-und-Rufer-und-Betroffenheits-Industrie Talkshow-mäßig immer noch hervorragend von der Hitlerei lebte, war sie lebendig geblieben, besonders in Berlin.
Die Berliner Bewältigungshysterie ging mir auf die Nerven. Die totemistischen Ausgrenzungen, die Aufteilung in Gut und Böse, in Linke und Rechte, in Feministen und Chauvinisten, diese besserwisserische Dauerdiskussion, diese selbstreferentiellen DEMOKRATIE-Versicherungen mit jedem Atemzug waren an Dummheit nicht mehr zu unterbieten. Mittlerweile hatte ich den Gedanken, in Berlin zu bleiben, aufgegeben.
In Hamburg war die Welt noch in Ordnung. Das Café hatte doch nicht dichtgemacht, es regnete wie gewöhnlich, der Hund wuchs langsam zu, und die Nachbarin hatte ihren Roman zu Ende gebracht. Sie hätte allen Grund zur Freude gehabt. Allerdings hatte sie nun ein weiteres Problem: Ihr Freund war in eine neue Sekte eingetreten, diesmal irgend etwas Keltisches, und sie konnte sich an seinen neuen Namen nicht gewöhnen. Hier in Hamburg bliesen sich die Alltagssorgen nicht zu nationalen Tragödien auf, und kein Mensch käme auf die Idee, für

seinen schweren Kopf am Morgen nach einer Party das Ozonloch verantwortlich zu machen oder den faschistischen Bullenstaat.
Aber natürlich wollte ich mir die Veranstaltung nicht entgehen lassen. Ich wollte Susan Sontag erleben und Heiner Müller und Syberberg und alle zusammen im Dialog mit ein paar Dutzend Skins. Um mich vorzubereiten, las ich den Essay Susan Sontags über Syberbergs Film, der seinen Weltruhm begründete hatte. Mir wurde komisch dabei. Hatte denn kein Mensch den Aufsatz gelesen? Hatte kein Mensch kapiert, daß er ein entsetzliches Sammelsurium dunkel-romantischer Deutschlandklischees enthielt, wie es nur eine bildungsbeflissene New Yorkerin zusammentragen konnte?

»GEFOLGSCHAFT ERZWINGEN«

ÜBER FÜHRERROLLEN UND DIE DISKUSSIONSKULTUR NACH DER WENDE

Eines der merkwürdigsten Phänomene der Wende ist das mangelnde Interesse an der Kultur und das geradezu überschäumende an ihren Machern.
Die Theater sind leer. Doch ihre Produzenten füllen Hörsäle und Riesenauditorien. Und so treffen sich die Priester und Schamanen der Subventionskultur, die Funktionäre der Branche Sinnstiftung, und bilden Expertenrunden. Sie haben den heißen Draht zur Weltvernunft und veranstalten Scherbengerichte, die zwei Prämissen haben. Erstens: Wir Künstler sind die besseren Menschen. Zweitens: Das Volk muß erzogen werden. Moralisch erzogen.
Burgtheater-Direktor Claus Peymann spricht blitzenden Auges darüber auf einer Podiumsdiskussion am Einheits-Tag in Ost-

Berlin. »Ihr müßt das Bewahrenswerte der DDR erhalten«, ruft er in der Humboldt-Universität, »etwa die Erziehung der Frauen.« Natürlich meint er das »Erziehungswesen« und die »Gleichstellung der Frauen«, aber auch darauf erntet er nur höhnisches Gelächter. Ihr müßt weiterhin Lenin lesen, sagt er weiter. Darauf betretenes Schweigen.

Auch Hans Jürgen Syberberg spricht von der Erziehung des Volkes. Und Stefan Heym – die Erzieher sitzen in allen Lagern – schüttelt den Kopf über seine vergierten Landsleute. In Kritikern dieser Anmaßung wittert Ivan Nagel rechte Verschwörer, Walter Jens sieht Lessing in Gefahr, und Susan Sontag mischt sich mit der Bemerkung von einem »German Kulturkampf« ein. Einig sind sich die Künstler und Intellektuellen auf ihren Podiumsveranstaltungen nur in einem: Das Volk hat keine brauchbare Erste-Sahne-Revolution hingekriegt, sondern nur eine Art reaktionären Anschluß an die Marktwirtschaft. Das Volk sieht die falschen Filme und wählt die falschen Parteien. Das Volk geht nicht ins Theater. Das Volk will Golf fahren und Bratwurst essen und hat keine Moral. Eigentlich ist das Volk ziemlich bescheuert. Das ist der momentane Talsohlenstand der Diskussion. Und nun blenden wir uns ein in das unendliche Gerede über Deutschland, über das Volk und die Kunst und erwischen, ganz zufällig, ein Gespräch, das am Wahlsonntag in der Ostberliner Akademie der Künste stattfindet. Thema: »Vom Glanz und Elend des Irrationalismus in Deutschland«. Eigentliches Thema: Ist Syberberg, dessen siebenstündiges Marathon »Hitler – Ein Film aus Deutschland« an den Tagen zuvor aufgeführt wurde, ein großer Künstler oder doch nur ein antisemitischer Idiot?

An diesem Sonntag, an dem die CDU im Osten des Landes ihre Triumphe feiert, ist der Hörsaal bis auf den letzten Platz belegt. Studenten, Punks, Akademiker. Der Bildhauer Werner Stötzer sitzt dort oben und der Germanist Klaus Theweleit, Filmemacher Hans Jürgen Syberberg und Akademiepräsident Heiner Müller und Schauspielerin Edith Clever. Und dann sitzt da noch Susan Sontag und schaut grimmig ins Auditorium und nickt militärisch knapp zur Dolmetscherin, die ihr ins Ohr flüstert.

Noch einmal an diesem Sonntag in der Ostberliner Akademie

der Künste treten sie auf, die Matadore von Aufklärung und Gegenaufklärung, und sie theatralisieren noch einmal ihre Rolle, die sie im öffentlichen Diskurs der letzten zwei Jahrzehnte gespielt haben und die sie so schnell nicht abgeben möchten.
Die Gesprächsleitung hat Professor Werner Mittenzwei, Ostberliner Brecht-Experte, der das Publikum nur ungern an der Diskussion beteilgt, weil er nicht erleben möchte, was er den »doppelten Handke« nennt: die Beschimpfung des Podiums durch das Publikum. Das Publikum wird sich dieses Recht später von allein nehmen.
Der französische Theatermacher Bernard Sobel, im schwarzen Anzug, übernimmt die Rolle des Spezialisten für romantische Paradoxe: Er als Kommunist finde, daß Syberberg kein Irrationalist sei, sondern in Wahrheit ein Materialist, weil er versuche, »das Unsichtbare sichtbar zu machen«.
An dieser Stelle springt Theatermacher Luc Bondy ein, in der Rolle des Zwischenrufers von der Balustrade. »Mit diesen Begriffen kommt ihr nicht weiter«, brüllt er zu Recht, worauf Bernard Sobel von »Terror« spricht und eine Zeitlang beleidigt ist.
Nun erzählt Syberberg. In sandfarbenem Leinenanzug sitzt er da und spricht davon, daß eine solche Veranstaltung »in der Westberliner Akademie der Künste unter Herrn Jens wohl nicht möglich gewesen sei«, weil Jens zum Linkskartell gehört, als dessen Opfer sich Syberberg fühlt.
Susan Sontag schmollt. Offenbar kennt kein Mensch ihren Essay. Und keiner mag über den Hitler-Film reden, weil ihn kaum einer gesehen hat. Müde gibt sie ein Kurzseminar über deutsche Romantik, mit einer Miene, als streue sie Perlen vor die Säue. Wissen die Leute da unten eigentlich, daß es ohne sie, Susan Sontag, diese Veranstaltung nicht gäbe? Sie hat dem Film in den intellektuellen Zirkeln von New York bis Paris Geltung verschafft.
Sie hat seinen Mythos begründet. Und noch ehe die Veranstaltung vorbei ist, ist ein anderer Mythos zerstört. Der der Susan Sontag.
In einem Essay hatte sie Syberbergs »Hitler – Ein Film aus Deutschland« mit Joyces »Ulysses« verglichen und »das ehrgei-

zigste symbolische Kunstwerk unseres Jahrhunderts« genannt. Das ist vielleicht nur der Hollywood-Superlativismus der amerikanischen Filmkritik, denkt man sich bei der Lektüre und nimmt es nicht weiter ernst. Doch dann steht da ganz zum Schluß der Satz, daß dieser Film ein Kunstwerk sei, das »unbedingte Gefolgschaft verlangen und sie auch erzwingen kann«. Unbedingte Gefolgschaft? Ausgerechnet bei einem Film, dessen Titelheld Hitler ist? Ist die Sontag noch bei Trost gewesen, als sie das geschrieben hat? Die Kunstkritikerin in der Führerpose: ein Meisterwerk, unbedingte Gefolgschaft, wenn nötig, erzwingen. Alles klar, Volk! Wegtreten!

In diesem kleinen Satz liegt eine ganze Welt – der selbstherrliche Wahnsinn der Intellektuellenkaste, der Priester, die Werte setzen und Gehorsam verlangen.

Susan Sontags Beruf ist der der ästhetischen und politischen Instanz. Ihre Romane sind eher dürftig und verkaufen sich schlecht – doch als Instanz hat sie Marktwert. Sie belebt das Warhol-Prinzip für die politische Debatte – sie ist ihre eigene Behauptung. Natürlich hat sie eine gute Nase. Als eine der ersten hat sie, in ihrem »Camp«-Essay, die Geschmacklosigkeit der Kunst erklärt. Als eine der ersten schrieb sie über Aids, und als eine der ersten schüttelte sie osteuropäische Dissidentenhände. Damals, in den siebziger Jahren, als Sophistication angesagt war – damals hat sie Syberbergs Zelluloidgebirge gefeiert und sich selbst, in einem höhenberauschten ästhetischen Führerkult.

Nun mußte sie dafür büßen. Während das Volk und die anderen an den Abenden zuvor spielfrei hatten, saß sie im Hörsaal der Akademie und sah ihren Film und hielt die Stellung, Reihe vier, Mitte. Der Film konnte die »unbedingte Gefolgschaft« nun doch nicht »erzwingen« – der Hörsaal war halb leer. Wie die Reaktionen am Abend zuvor, im ersten Teil des Marathons, gewesen seien? »Das weiß ich nicht«, schnappte sie beleidigt. »Ich auf jeden Fall sehe ihn jetzt zum neunten Mal. Ich habe über den Film geschrieben, wie Sie hoffentlich wissen.«

Hinter ihr lümmelten sich drei Punks mit gefärbten Haaren und aßen Puffreis und sahen genauso aus wie die Leute, in denen für

Syberberg der geistige Niedergang des Abendlandes verkörpert ist. Doch immerhin war Susan Sontag da und hielt die Stellung und raunte ihm begeistert zu: »You're a great artist.«
Der Film sammelt sämtliche Klischees, die im amerikanischen Mittelwesten über die Krauts kursieren: markige Gesichter unter Schirmmützen der Totenkopf-SS, Wagner- und Beethoven-Musiken, Endzeitphilosophie, Schäferhunde, Studio-Nebel, Hitler-Puppen. Weil Susan Sontag diesem »Dämonischen im Deutschen«, kurz: Syberbergs Ästhetisierung des Faschismus auf den Leim gegangen war, konnte der Filmemacher damals den desinteressierten deutschen Kritikern entgegendonnern: Seht her, nur im Ausland werde ich verstanden.
Nun sitzt Susan Sontag, die »intelligenteste Frau Amerikas«, wie sie sich nicht ungern nennen läßt, mißmutig dort oben und starrt ins Parkett. Die Deutschen da unten mögen den Film nicht. Sie haben ihn noch nicht mal gesehen. Und sie sind gar nicht auf der Höhe ihres eigenen Klischees: keine Lederhosen in den Reihen, keine Bierhumpen, keine Schäferhunde, und keiner summt den »Parsifal«.
Der Film feiert das Herrenmenschentum. Die Größe, das Herrschen, den Furor, den neuen Menschen. Benn und andere kluge Köpfe waren darauf Anfang der dreißiger Jahre hereingefallen. Doch Benn sah bald, vom Fenster seiner Praxis aus, die braunen Horden vorbeimarschieren. Und er wandte sich angeekelt ab, angeekelt auch von der eigenen Verführbarkeit, dem eigenen Irrtum, und schwieg.
Susan Sontag aber kennt die Geschichte. Sie müßte, selbst in diesen Zeiten der zusammenbrechenden geistigen Koordinatensysteme, vor einem Rückfall in diesen sinnstiftenden Gralsquatsch gefeit sein.
Vielleicht, überlegt man sich, während sie dort oben sitzt, vielleicht hat ihr Essay, der in einer Art backfischhafter, intellektueller Autogrammjägerei alle Größen des europäischen Geisteslebens als Hilfstruppen für »ihren« und Syberbergs Film heraufbeschwört, damit zu tun, daß sie das Geschwätz aus Syberbergs Film nicht versteht. Wo sie nur den »Wohllaut« von André Hellers Stimme vernimmt, hört der deutsche Zuschauer

den nervtötenden Weaner Singsang des Roncalli-Clowns, der klingt wie brechende Zuckerstangen und der dabei aufgedonnerten Blödsinn memoriert wie: »Nehmen wir einmal an, wir träten vor Hitler wie vor Jesus Christus am Jüngsten Gericht. Und er fragt uns, was wir aus dieser Welt gemacht haben . . .«

Nehmen wir mal an, Susan Sontag, die auf ihre (exzellente!) Dolmetscherin angewiesen ist, hat das alles nicht verstanden. Auch beim neunten Mal nicht. Nur so, könnte man ihr zugute halten, wäre das perverse Mißverständnis möglich, ausgerechnet in diesem Bildkitsch das Konzept der »messianischen Zeit« des jüdischen Marxisten Walter Benjamin zu erkennen. Nur so, daß sie von der »moralischen Größe« des Films und seines Machers schwafeln kann, der doch nur elegisch über das Durchhalten an der Auschwitz-Rampe philosophieren läßt.

Mit der erneuten Aufführung des Hitler-Films und der wiederholten Lektüre des Essays darüber ist ein Bluff aufgeflogen. Syberbergs Film hat sich, 13 Jahre nach seiner Entstehung, als formlose, schwer erträgliche Worthalde erwiesen und Susan Sontags Stahlhelm-Aufsatz von der Avantgarde-Front – ein Film, der »unbedingte Gefolgschaft verlangt und sie auch erzwingen kann« – als böser Unsinn, von dem sie sich auch an diesem Vormittag nicht distanziert.

Im Gegenteil: Beide, Syberberg und Sontag, halten ihre Stellungen als »moralische Instanzen« und merken nicht, wie obsolet diese Rolle in ihrem Fall geworden ist.

Während Syberberg seiner moralisch-völkischen Aufrüstung treu bleibt, bereitet die geschmeidigere Susan Sontag indes vorsichtig ihren Absprung vor. Wie aus allen Wolken fällt sie, als der Wissenschaftler Klaus Theweleit aus Syberbergs neuestem Buch zitiert, Passagen über die »jüdische Intelligenz« und ihre Verschwörungen. »Das ist erschreckend, was ich da höre.«

Und das ist offenbar ziemlich verlogen, denn später sagt sie, sie habe »Syberberg auch privat schon gesagt, daß seine Ansichten vulgär und ungeheuerlich seien« – sie kannte seine Ansichten also. Dann schweigt sie beleidigt, und die deutschen Künstler und Wissenschaftler sind wieder unter sich.

Edith Clever, eine reizende Somnambule in erdfarbenem wei-

chem Kostüm, nimmt das Wort: »Syberberg geht gegen das Lauwarme, das Mittelmäßige vor«, sagt sie, und vom Balkon kommt der rhythmische Sprechchor: »Aufhören, aufhören.« – »Ich bin . . . erstaunt«, sagt da die Clever und schaut zart und mißbilligend in die Runde. Am Abend zuvor hatte sie die Marquise von O. gegeben, in einer Inszenierung von Syberberg. Der erzählt davon. Ach was, er schwärmt.
Da hält es Klaus Theweleit nicht mehr. »Sie tun so, als ob es Kleist ohne Sie nicht geben würde.« Und bereitet den ersten schönen Höhepunkt der Diskussion vor. Denn nun fragt Syberberg: »Haben Sie meinen Kleist gesehen?« – »Nein«, gibt Theweleit kleinlaut zu, er hat dem Syberberg seinen Kleist nicht gesehen. Da schreit Syberberg triumphierend auf: »Das sind die Deutschen! Er gehört weg! Er muß strafsitzen! Es ist eine Unverschämtheit!« Unbedingte Gefolgschaft erzwingen!
Er läßt sich zurücksinken und seufzt: »Wenn Sie wüßten, was dieser Schluß Kleist gekostet hat und was er mich gekostet hat.« Offenbar hat er damit seine komische Wirkung – ich und Kleist gegen die Barbarei – unterschätzt. Verletzt brüllt er ins Gelächter: »Lachen Sie nicht! Wollen Sie Stalingrad? Wollen Sie Hitler? Das ist Kampf!«
Nun interveniert Akademiepräsident Heiner Müller. Beruhigend, beschwichtigend. »Wir haben leider keine Möglichkeit, Klaus Theweleit erschießen zu lassen«, sagt er, was alle im Saal verstehen, denn offenbar war Theweleit, der mit seinen »Männerphantasien« in den siebziger Jahren brillant über die faschistische Ästhetik gearbeitet hatte, die Rolle des linken Syberberg-Kritikers zugedacht. Allerdings ist Theweleit schlecht in Form. Noch einmal darf er ans Mikrofon. Er liest aus dem Vorwort eines Syberberg-Buches. »Hier hat er meinen Namen falsch geschrieben«, sagt er beleidigt, und allen im Hörsaal ist klar, daß Syberberg das wahrscheinlich extra gemacht hat. Gemein!
Und das ist noch nicht das Schlimmste: Syberberg hat auch genau das Gegenteil von dem kolportiert, was seine, Theweleits, Frau in Wahrheit gesagt hat . . . Was genau Frau Theweleit gesagt hat, wissen wir leider nicht, denn Theweleits Ausführungen gehen bald wieder im Getümmel unter.

»Das ist doch eine melodramatische Inszenierung bourgeoiser Kultur, was hier stattfindet«, brüllt einer von ganz hinten, und seine Freunde lachen begeistert. Brecht-Experte Mittenzwei, dem die Diskussion aus den Händen geglitten ist, will die Veranstaltung schließen.

Doch da meldet sich, in diesem Pfeifenkonzert, in diesem Pfauenzirkus, in diesem Kabarett intellektueller Marktweiber, ein alter Mann. »Unterbrechen Sie mich, wenn ich zu lange rede«, sagt er, und keiner unterbricht ihn, denn er ist der einzige, der nicht punkten will, sondern der ungeschützt von seinen Erfahrungen spricht.

»Ich könnte Nazi werden nach diesem Film«, bricht es aus ihm heraus, »und das, obwohl ich meine Familie in den Konzentrationslagern verloren habe.« Seine Stimme zittert. Man habe in diesem Film die Ausführungen des Kammerdieners Hitlers gehört. Der sprach davon, daß Hitler ein guter Gesellschafter gewesen sei. »Ja, seid ihr denn noch bei Verstand? Ein guter Gesellschafter – und sechs Millionen vergaste Juden! Mindestens eine halbe Stunde sprach der Mensch über diesen Hitler und über seine Unterhosen – aber ich konnte die 60 Millionen Toten nicht vergessen, die der Krieg gekostet hat.« Seine Stimme wird brüchig. »Warum lassen Sie diesen Menschen so lange sprechen?« sagt er verzweifelt. Die Texte in diesem Film, die seien doch nur Pseudophilosophie. Und dann, ganz schlicht und einfach, an Syberberg gewandt: »Ich hatte den Eindruck, Sie mögen Hitler.«

Nachdem der Mann geendet und wieder Platz genommen hat, will die Diskussion nicht mehr richtig zünden. Was dieser alte Mann gesagt hat, bewies nicht sehr viel Sophistication, aber es hatte Würde und Wahrheit.

Susan Sontag weist zwar makaber unsensibel und eitel noch einmal auf ihren Essay hin, der eine »sehr komplexe Sichtweise auf den Film« enthalte, und sie spricht noch einmal von der Würde des großen Künstlers Syberberg, von seiner »Nobilität«, die es »in Amerika leider nicht mehr gebe«, aber keiner hört mehr so richtig hin, weshalb Susan Sontag dann auch wieder schmollend abbricht. Das Instanz-Busineß dieser Tage ist auch nicht mehr das, was es mal war.

Ganz zum Schluß ergreift Akademiepräsident Heiner Müller noch einmal das Wort. Und er schafft es, einen unerwartet erträglichen Schlußpunkt unter eine Veranstaltung zu setzen, die den Bankrott der gegenwärtigen Diskussionskultur in und über Deutschland zelebriert. Wenn ihn einer frage, wie Deutschland in Zukunft aussehen solle, müsse er sagen, er wisse es nicht. Da sagt tatsächlich einer der Künstler: »Ich weiß nicht.«
»Wenn ich höre: Der Künstler hat die Aufgabe . . . ist es schon falsch«, fügt Müller leise hinzu. »Ein Problem der Intellektuellen ist, daß sie ihren Einfluß überschätzen. Wir müssen aufhören, Religionsstifter sein zu wollen.«
Das ist doch schon mal ein Anfang.

GOOD BYE, AMERICA

Mit meiner Attacke auf Susan Sontag hatte ich offenbar einen Nerv getroffen: Auf kaum einen Artikel erhielt ich soviel zustimmende Leserpost wie auf diesen. Und anders als etwa nach meiner Polemik gegen Ruth Berghaus, mit der ich einige dumpfe Stammtischreflexe geweckt hatte, waren die Absender der Briefe durchweg Liberale und Linksintellektuelle. Das Erstaunliche aber: In vielen Briefen schimmerten antiamerikanische Ressentiments durch. Die Veränderung der geopolitschen Lage hatte im kollektiven Unbewußten Spuren hinterlassen – auch bei mir selber. Als der Eiserne Vorhang noch geschlossen war, war Amerika das Sehnsuchtsland. Der Blick war nur nach Westen frei. Nun war der Wall zerbrochen, nun nahm man Abschied von Amerika, nun fiel der Blick nach Osten, in eine neue, unbekannte, unentdeckte Welt.

Ich lernte den russisch-jüdischen Pianisten Anatolij Ugorski bei Irene Dische kennen. Irenes Haushalt war gleichzeitig Establishment und Boheme. Sie war mit Nikolaus Becker verheiratet, einem Anwalt, der in diesen Tagen das Mandat für Honecker übernommen hatte. In diesem Haushalt, dieser wundervollen geräumigen Altberliner Wohnung, war ständig Leben, ein kreatives Chaos und eine Art phantastische Ordnung, mit Hauskonzerten, nächtelangen Gesprächen, Kindergetrappel und gemütlichen Essen. Und mitten in diesem wärmenden, anregenden Chaos saß eines Tages Anatolij Ugorski am Flügel im Salon und spielte Scarlatti.

Ugorski stammte aus Leningrad. Und er war vor dem neu ausbrechenden Antisemitismus in seiner Heimat nach Deutschland geflohen. Ugorski, der Jude – ausgerechnet nach Deutschland! Die letzte DDR-Regierung hatte die Einwanderungsbestimmungen für asylsuchende Juden aus Osteuropa erleichtert, und das hatte Ugorski genutzt.

Nun, unter gesamtdeutscher Bundesregierung, waren die Liberalisierungen wieder weggefallen. Ich telefonierte in diesen Tagen mit Ivan Nagel, der zu den Initiatoren eines Manifests gegen eine »Judenquote« gehörte. Nagel schlug ein »Spiegel«-Gespräch vor mit einem prominenten osteuropäischen Juden, etwa Ashkenazy. Eines dieser liberalen Appellgespräche, bei dem sich beide Seiten von vornherein einig sind: nämlich, daß keine deutsche Regierung Juden daran hindern dürfte, nach Deutschland zu kommen.

Doch plötzlich schien es mir sinnvoller und anschaulicher, das Problem der osteuropäischen Juden am Beispiel Ugorski zu erzählen. Denn hier ging es nicht nur um Antisemitismus, den ich in Deutschland für eine periphere Erscheinung hielt. Hier ging es auch, ganz nackt und einfach, um Hunger. Rußland hungerte. Und die Hungernden begannen sich die Schädel einzuschlagen. Und so brachte Ugorski sich und seine Familie in Sicherheit, in ein satteres und deshalb liberaleres Deutschland. Ich schrieb die Geschichte an einem Nachmittag, und ich halte sie selber für eine meiner schönsten. Beide, die jüdische Schriftstellerin aus New York und der jüdische Pianist aus Leningrad, verkörperten für mich Heimkehrer aus dem ideologischen Zeitalter. Heimkehrer in die Kunst.

HEIMKEHR IN DIE KUNST

ÜBER DEN RUSSISCH-JÜDISCHEN PIANISTEN ANATOLIJ UGORSKI

An diesem Abend, an der festlich gedeckten Tafel zwischen Rebhuhnbrust und Apfelkompott, trägt die bürgerliche Aufklärung noch einmal glänzende Siege davon. Schauspieler und Regisseure haben sich in der Wohnung des bekannten Berliner Anwalts getroffen, und sie reden über den jüngsten Skandal der Bundesregierung. Die hatte die Grenzen für asylsuchende Juden

aus Osteuropa geschlossen, die die vergangene DDR-Regierung eben erst geöffnet hatte.
Mit der Einheit verschwand nicht nur die DDR, sondern auch ihre liberale und humane Einreiseregelung. Visa an asylsuchende russische Juden, die vor dem offen ausgebrochenen Antisemitismus in ihrer Heimat flüchteten, sollen nur noch in wenigen Ausnahmefällen erteilt werden.
Die Anwesenden haben ihre prominenten Namen unter eine Liste gesetzt, mit der gegen die »Judenquote« protestiert werden soll. Sie sprechen über die »Gefahren eines neuen Antisemitismus«, und unter ihnen sitzt Anatolij Ugorski und langweilt sich: Professor Ugorski, jüdischer Klaviervirtuose aus Leningrad, vor fünf Monaten nach Ostdeutschland immigriert.
Alle haben Standpunkte in diesen Zeiten und Meinungen und aufrechte demokratische Gesinnungen, doch Ugorski braucht keine Standpunkte, sondern einen Tisch für seine neue Wohnung. Zwei Stühle dazu wären nicht schlecht. Er hat die Nase voll von Politik.
Er nimmt einen Schluck Wein und erzählt einen Witz aus der guten alten Zeit. Trommelt ein Ortsvorsitzender seine Leute zusammen und sagt: »Genossen, eine schlechte Nachricht, wir haben nur noch Scheiße zu fressen. Und jetzt die gute Nachricht: Wir haben Scheiße in rauhen Mengen.«
Die Tafelrunde lacht, und Ugorski grinst nur breit, weil er sich ein wenig für seine schadhaften Zähne schämt. Und dann reden sie weiter über die Judenfrage. Als ob die Versorgungsfrage nicht genauso wichtig wäre, denkt sich Ugorski.
Er gibt der Gastgeberin ein heimliches Zeichen. Sie kennen sich erst seit einigen Wochen und sind bereits wie Geschwister. Sie hat Locken und kluge, spöttische Augen und einen Mund, der gerne lacht. Sie stehlen sich von der Tafel und gehen ins angrenzende Zimmer hinüber, wo ein Flügel steht und kleine silberne Flugzeuge unter der Decke schweben und ausgeblasene, buntbemalte Eier und Vögel aus Holz.
»Sie gehen dort hinten hin«, kommandiert er im Dunkeln in diesem verzauberten Zimmer, »an die gegenüberliegende Wand«, dorthin, wo eine magische Farbcollage aus Federn und Muscheln

Anatolij Ugorski und seine Gastgeberin

hängt, die eine indianische Freundin der Gastgeberin schenkte. »Wir machen einen Hörtest«, sagt er, »ich prüfe, ob Sie das absolute Gehör haben.« Sie nickt begeistert. Und dann flüstern sie sich Worte zu. Er russische, sie englische.

Sie ist eine Jüdin aus New York. Er ist ein Jude aus Leningrad. Sie haben sich neue Namen gegeben. Geheimnamen. Er nennt sie Zescha. Sie nennt ihn Abraham. Drinnen im Salon sprechen intelligente, liberale Deutsche über den neuen antisemitischen Skandal, und er flüstert: »Nostalgia«, Heimweh, und sie antwortet mit etwas Praktischerem: »Pastrami«. Davon wird man satt. Sie ist eine erfolgreiche Schriftstellerin und mit dem Anwalt glücklich verheiratet. Ugorski ist älter als sie und wohnt mit Frau und Tochter in einer Neubauwohnung im Osten, und er hat keinen Tisch und keine Stühle. Er ist fremd in Berlin. Zwischen ihnen liegen Welten. Doch wenn sie musizieren, ist es, als wären sie miteinander aufgewachsen. An ihrem Flügel übt er für sein Konzert. Manchmal gibt er ihr oder ihren Kindern Unterricht. Drinnen im Salon redet man über das Manifest. Die guten Deutschen, da ist sie sicher, werden dafür sorgen, daß weitere

Juden einwandern dürfen. Sie werden gegen die wenigen bösen Deutschen und die vielen dummen Deutschen gewinnen. Sie haben die Aufklärung auf ihrer Seite, Lessings »Nathan«, die Toleranz. Das Problem, denkt sie sich, ist nur, daß einem die guten Deutschen manchmal ziemlich auf die Nerven gehen, weil sie so demonstrativ gut sind. Philosemiten können einen mit ihrer Liebe zum Krüppel schlagen, genauso wie Antisemiten mit ihrem Haß.

In New York hat sie sich nie als Jüdin gefühlt. Das kam erst in Berlin, in dieser verhexten Stadt. Ansichten, Standpunkte, Argumente. Wer hat die besten auf dem Markt der Meinungen? Wer ist der beste Demokrat? In diesen Tagen finden die Gedenkfeiern und Podiumsdiskussionen zum 9. November statt, zum Jahrestag der Reichs-Pogromnacht. Und gleichzeitig wird der Mauerfall gefeiert. Welches Jubiläum wird gewinnen?

Sie sieht den kleinen Virtuosen, der russische Worte flüstert und lächelt. Die Regierung ist nicht antisemitisch, sondern dumm, denkt sie sich. Was für eine Chance, die osteuropäische Kultur zurück nach Berlin zu holen, ihre Sinnlichkeit, die Schönheit, den Witz. Ein halbes Jahrhundert hatte man nur Amerika. Nun kommt Rußland zurück, kommen Polen und Slawen.

»Chopin«, flüstert Ugorski im Dunkeln. Sie antwortet: »Benn«, weil ihr das Gedicht einfällt, das Gottfried Benn über Chopin geschrieben hat. 1944 hat er es gedichtet, isoliert, verzweifelt, als Abschied an eine vergangene Welt und als verstecktes Selbstporträt.

> Nicht sehr ergiebig im Gespräch
> Ansichten waren nicht seine Stärke,
> Ansichten reden drumherum,
> wenn Delacroix Theorien entwickelte,
> wurde er unruhig, er seinerseits konnte
> die Notturnos nicht begründen.

Drinnen reden sie über Politik. Vielleicht liegt in einem Notturno doch mehr Wahrheit als in einem Manifest, denkt sie sich. Und Ugorski, der das absolute Gehör hat, flüstert. Sie liebt

Musik mehr als Meinungen, und sie weiß, daß Ugorski ein Genie ist. Ein Gottesgeschenk, daß der Jude Ugorski nach Deutschland geflüchtet ist, ausgerechnet nach Deutschland!
Er kam, weil er keinen Ausweg mehr sah. Seine Tochter war in der Schule angegriffen worden, erzählte er ihr. An den Hauswänden standen seit längerem antisemitische Parolen, selbst in dem vornehmen Altbauviertel in der Leningrader Innenstadt, wo er mit seiner Familie lebte. Die Schlägerbanden von »Pamjat« begannen die Gegend unsicher zu machen. Da hörte er von dem Beschluß der DDR-Regierung. Und so packte Anatolij Ugorski, der wahrscheinlich weltbeste Interpret der Werke Messiaens, Herausgeber der Psalmen von Heinrich Schütz, ein begnadeter Klaviervirtuose mit einem immensen Repertoire von Scarlatti über Beethoven bis Schönberg, seine Koffer und verließ seine Heimat.
Anatolij Ugorski hätte eine Abweisung seines Asylantrags verstanden und hingenommen ohne Groll. »Für mich haben die Deutschen keine Verantwortung«, sagte er, »an mir haben sie nichts wiedergutzumachen.« Er sagte nicht: Wir sind Juden, sondern: »Wir sind Ausländer – warum sollt ihr uns in euer Land lassen?« Wenn sein Einreisegesuch abgelehnt worden wäre, wäre er vielleicht nach Israel emigriert. Doch die deutsche Kultur ist ihm näher. Und die Kunst ist seine Heimat. Und deshalb sind die Flucht aus den politischen Kämpfen Leningrads, die Emigration nach Berlin auch eine Heimkehr in die Kunst und ihre Wahrheit.

Am nächsten Morgen sitzt Anatolij Ugorski an dem Riesenflügel im Salon und schlägt Funken aus den Tasten. Kleine Hände mit kurzgeschnittenen Nägeln. Die Handteller liegen flach und kneten, die kleinen, kräftigen Fingerglieder sind wie Hämmer. Seine Nase taucht an leisen Stellen tief über die Tasten. In den Forte-Partien reckt sie sich steil zur Decke – Ugorski ist ein dramatischer Spieler: ein wirrer, nach hinten gezauster Haarkranz, eine hohe Stirn, die sich bei Schubert in die traurigsten Falten legen kann, schwarze Feueraugen und ein fleischiger Genießermund, der sich zusammenpreßt, wenn die Höllenfahrten durch

Messiaen oder Schönberg die Drahtseilnerven eines Rennfahrers erfordern.

Im Salon saugt die philippinische Putzfrau und klappert mit dem schmutzigen Geschirr. Im Flur trappelt die Tochter der Gastgeberin, und ihr Sohn trällert ein Lied aus der West Side Story, wobei ihm an diesem Morgen der puertoricanische Akzent besonders gut gelingt. Der Anwalt telefoniert. Und Ugorski schwebt mit vollen Segeln über diese Kakophonie hinweg und meditiert über dem Fis in Chopins h-Moll-Sonate, das die Themen und Motive miteinander vernäht.

Dann spielt er Scarlatti. Die Linke rührt Donner in den tiefen Tastenbereichen, die Rechte zuckt Blitze auf die Höhen herab. Ein Wolkenbruch aus Tönen. Dann strahlt er mit Mozart.

»Abraham«, sagt die Gastgeberin in einer Pause lachend, »ich muß dir ein Gedicht zeigen.« Sie schlägt Benns »Chopin« auf:

> Spielen sollte jeder Finger
> mit der seinem Bau entsprechenden Kraft,
> der vierte ist der schwächste
> (nur siamesisch zum Mittelfinger)
> Wenn er begann, lagen sie
> auf e, fis, gis, h, c.

Ugorski liest. Dann murmelt er ernst: »Das ist falsch.« Er trippelt zum Klavier. »Es muß b heißen«, sagt er, »nicht h, sondern b. Oder ais. Aber b ist besser für den Vers.« Dann nimmt er einen Kugelschreiber und verbessert Benns Gedicht.

Anatolij Ugorski, vor 48 Jahren in Sibirien geboren, spricht ein Deutsch, das längst verschollen und nur noch in Büchern zu finden ist. Mit Büchern hat er es sich beigebracht in den langen Jahren seines Arbeitsverbotes, mit Thomas Mann und der Bibel. Deshalb ist sein Deutsch grammatikalisch schaurig korrekt. Er benutzt das Imperfekt, er sagt »ich ging« und sagt »erhaschen« oder »sintemalen«.

Seine Hände haben ihn berühmt gemacht, und sie haben ihm ein jahrelanges Arbeitsverbot eingebrockt. Die Hände hatten bei einem Pierre-Boulez-Konzert 1968 zu laut geklatscht. Sein demonstrativer Beifall für den musikalischen Modernisten wurde als politische Demonstration notiert. »Und so war er auch gemeint.« Er schaut auf seine Hände. »Und ich kann wirklich laut klatschen. Klein, aber kräftig. Ich würde niemandem raten, mit mir in einer dunklen Gasse Streit anzufangen.«

Als ob er demonstrieren will, was er meint, schlägt er die ersten Takte des Tschaikowski-Klavierkonzerts b-Moll an.

Seine Tochter Dina steht neben dem Flügel. Sie singt das Orchester dazu. Dina ist seit einigen Wochen 17 und darf deshalb – endlich! – die Ostberliner Musikhochschule besuchen. Zur Zeit komponiert sie ein Violinkonzert für einen Wettbewerb in Belgrad.

Da sie bereits erwachsen ist, schüttelt sie nur den Kopf über die Faxen, die Anatolij Ugorski nun für die Kinder seiner Gastgeberin veranstaltet. Er legt sich mit dem Rücken zum Flügel über zwei Stühle, die Nase ragt von unten an das Griffbrett, die Augen fixieren die Flugzeuge an der Decke, die Hände liegen über Kreuz auf den Tasten – und dann klimpert er, mit Affenzahn und Dance-Hall-Rhythmus, ein Präludium aus dem »Wohltemperierten Klavier« von Bach.

Er hat sich und seine Familie jahrelang mit Tingeltangel in drittklassigen Gemeindesälen durchbringen müssen. Später hatte er doch noch eine Professur am Leningrader Konservatorium erhalten, und er wäre in Leningrad geblieben, wenn nicht die notorische Unterversorgung der Perestroika aus einem bleiern gedemütigten Volk ein hungernd-aggressives Vielvölkergemisch gemacht hätte, »in dem jeder dem anderen – nur aus dumpfer Wut – den Schädel einschlagen möchte – und wir Juden geben traditionell gute Opfer ab«.

Doch jetzt fängt Ugorski ein neues Leben an. Er übt wie ein Besessener. Übermorgen gibt er ein Konzert. Vielleicht kommt sogar Abbado, um ihn hören. Freunde der Gastgeberin kennen Abbado. Der Chef der Berliner Philharmoniker. Ein Gott.

Jeden Morgen fährt Ugorski anderthalb Stunden mit U- und S-Bahn von der Ostberliner Satellitenstadt, wo er wohnt, nach West-Berlin, um an dem großen Flügel seiner Kunstfreundin zu üben.

Ugorski liebt Berlin, vor allem den Westen. Stundenlang hat er vor einem Kaufhaus einer Straßenverkäuferin zugeschaut, die ein neuartiges Bügeleisen anpries. »Die hat dauernd geredet. Diese Bereitschaft, alles zu erklären – einfach wundervoll. Wenn ich Geld in der Tasche gehabt hätte, hätte ich ihr zehn Bügeleisen abgekauft.« Und natürlich, setzt er hinzu, hat er sich in die Bügeleisenverkäuferin verliebt.

Am frühen Nachmittag hat Ugorski genug geübt. Wir fahren zum Aufnahmelager Ahrensfelde hinaus, dorthin, wo Ugorski vor fünf Monaten mit Frau und Tochter und elf Tüten angekommen war. Er will alte Freunde wiedertreffen. Es wird eine Fahrt, die gleichzeitig in die Vergangenheit und in die Zukunft führt. Auf dem Weg nach Ahrensfelde, gleich hinter der alten Synagoge in der Oranienburger Straße, von der nur noch die Fassade steht, liegt das alte jüdische Scheunenviertel, eng, winkelig, unter Krusten von Dreck. Ein paar Autonome stehen vor einem besetzten Haus. Heute, am 4. November, ist eine große Demonstration angekündigt. »Wogegen wird demonstriert?« fragt Ugorski neugierig. Die Autonomen sind feindselig. Sie wittern ihn ihm, dem sorgfältig gekleideten kleinen Mann, einen Agenten des Bullenstaates. Demonstriert, sagt einer, wird »gegen den Anschluß und den Antisemitismus und überhaupt«. – »Aha«, sagt Ugorski verständnisvoll und nickt ernst. »Es ist sozusagen eine Demonstration an sich.«

Am Leninplatz passieren wir das Lenin-Monument, das mit Farbe bekleckert ist und fast organisch aus den endlosen Wohnsilos im Hintergrund herauswächst. Denkmäler des realen Sozialismus. »Wundervoll«, sagt Ugorski, »wie zu Hause.«

Am Fuße der Riesenstatue ein Graffito: »Trotz alledem. PDS«. Es ist eine gespenstisch-unwirkliche Inschrift an diesem Novembertag. Die einst allmächtige Staatspartei meldet sich, ziemlich genau ein Jahr nach ihrem Zusammenbruch, in trotzigen Untergrundparolen, meldet sich mit einem geisterhaften Sektenheroismus und bedient sich der Alternativsprache – im verzweifelten Kampf um einen Rest der verschwundenen DDR, zu Lenins Füßen.

Als er in Berlin eintraf, erzählt Ugorski, bekam er »zur Begrüßung zwei Mark Taschengeld. Und die stammten nicht von der PDS.«

Außerhalb der Stadt, hinter abgeernteten Feldern, über denen ein blaßblauer Winterhimmel liegt, tauchen die Betonwürfel des Aufnahmelagers auf. Eine ehemalige Stasisiedlung. Ugorski erinnert sich an einen wunderschönen Regenbogen, den er im August über den Feldern gesehen hat. Plötzlich fragt er: »Was bedeutet: ›Und Jimmy ging zum Regenbogen‹?« Er hat den Buchtitel in einem Schaufenster gesehen. »Soviel wie: ›Jimmy ging ins Glück‹.« – »Aha«, sagt er, »das muß ich Jimmy erzählen.«
Jimmy, sein Freund, ist Kurde und lebt mit drei anderen in einem Zimmer im dritten Stock der ersten Baracke. Seit acht Monaten ist er hier. Meistens sitzt er auf der Bettkante und schaut auf das Tapetenmuster. Jimmy hat schlechte Karten, schlechtere als Ugorski. Kurden haben keine Lobby, und von Beruf ist Jimmy nur Koch. Er leidet unter dem Lagerleben. »Du mußt endlich der deutschen Sprache fähig werden«, sagt Ugorski würdevoll und klopft ihm auf die Schulter.
In Ugorskis ehemaliges Zimmer ist eine jüdische Familie aus Odessa eingezogen. Er ist Computeringenieur, sie ist Lehrerin. Die Großeltern passen auf die beiden kleinen Kinder auf, wenn sie tagsüber in die Sprachenschule fahren. Die Sprache ist der Schlüssel in die neue Welt. »Auch sie wollen zum Regenbogen«, sagt Ugorski.
Ist es nicht paradox, daß Juden den Regenbogen ausgerechnet in Deutschland suchen? Ugorski antwortet nüchtern und bremst alle sentimentalen Umarmungsversuche: »Viele kommen des Geldes wegen, denn wir Russen haben zwar den Krieg gewonnen, aber den Frieden verloren.«
Die nächste Station ist eine Neubauwohnung in der Nähe, wohin er zwei Monate nach seiner Ankunft versetzt wurde. Er teilte sie mit einer Familie aus Moskau. Dina schlief mit den beiden Kleinkindern der Familie in einem Raum. Er hat gelitten in dieser Zeit. Er fand den Mann »primitiv«. Der hatte sich »geweigert, der deutschen Sprache teilhaftig zu werden«.
Unter den mißtrauischen Blicken des fremden Familienoberhauptes stöbert Dina in einem Schränkchen und entdeckt ein Halsband aus Plastikkorallen und Noten, die sie vergessen hatte. Brahms, Klavierstücke opus 118. »Eine wundervolle Ausgabe«,

sagt er, »weil sie dem Werk getreu ist.« Post ist ebenfalls angekommen.
Auf der Fahrt nach Marzahn, wo die Ugorskis seit einigen Tagen eine eigene Wohnung bezogen haben, sitzt Dina still auf dem Rücksitz. Ihr Musikprofessor hat ihr aus Leningrad geschrieben. »Er war in Amerika«, sagt sie, »und nun ist er traurig, daß er wieder zurück ist.« Plötzlich lacht sie. »Er schreibt, daß er kürzlich spätnachts in seine Wohnung zurückgekehrt hat . . .« Ugorski verbessert knurrend: »ist«. ». . . und daß ihm eine fremde Frau geöffnet ist«, fährt Dina fort und ignoriert Ugorskis Stöhnen, »und da hat er gemerkt: Er hat sich im Block geirrt.«
Dinas Leningrader Musikprofessor wohnt in einer Satellitenstadt, die aussieht wie Marzahn, erläutert Ugorski. Wir biegen in einen Schlammweg ein, der durch die Steinwüste führt, und halten vor einem großen Kasten, der genauso aussieht wie die hundert anderen Kästen in der Nachbarschaft: Marzahn.
Für Ugorski ist es das Paradies. Die ersten eigenen vier Wände, und das bereits fünf Monate nach seiner Ankunft! Seit gestern haben sie Betten und müssen nicht mehr auf dem Boden schlafen. Und eine Freundin der Gastgeberin aus West-Berlin hat ihm Kopfhörer und ein Digital-Piano geliehen, einen PX55 von Technics. Nun kann er in seiner Neubauwohnung sogar nachts üben, ohne die Nachbarn zu stören.
Die Wohnung ist so gut wie nicht möbliert. Kartons stapeln sich im Flur. Ein durchgelegenes Bett, einige zusammengerollte Reismatten. Die Wohnung riecht nach Beton und Linoleum und Reis mit Möhren – Ugorskis Frau hat gekocht.
Maja Ugorski, eine aristokratische Schönheit im schwarzen Juliette-Gréco-Look, hatte sich am längsten gegen die Ausreise gesperrt. Die Musikwissenschaftlerin hatte sich politisch in Leningrad engagiert und gekämpft für den Reformkurs – und schließlich resigniert. »Selbst berühmte Schriftsteller wie Rasputin äußern sich mittlerweile antisemitisch«, sagt sie, »und der Mathematiker Schafarewitsch hat kürzlich eine Theorie zur jüdischen Weltverschwörung veröffentlicht. Wir sind am Tode von Jesus schuld, an der Ermordung der Zarenfamilie, an den stalinistischen Verbrechen und an der gegenwärtigen Mangelversorgung.«

Sie macht Nescafé und stellt ein umgedrehtes Geschirrsieb als Tisch auf den Boden. Drüber, als Deckchen, ein Geschirrhandtuch. Dann nimmt sie elegant auf einem Kofferträger mit Rollen Platz, den sie mit einem Kissen ausgestopft hat.
Neben dem Bett liegt Bulgakows »Meister und Margarita«. Sie liest es nun zum zehnten Mal, und zwar auf russisch, wie Ugorski mißbilligend brummt. »Er ist der Meister«, sagt sie und zeigt auf ihren Mann, »und gleichzeitig ist er der Teufel.« – »Für meine Freunde war ich in dem Buch immer der Strawinski«, sagt Ugorski beleidigt. »Du wirst sehen«, wendet er sich an seine Frau, »es wird alles gut, dank dieser Hände«, und er klimpert in der Luft und grinst.
Maja Ugorski hat vor Jahren die russische Erstaufführung von Schönbergs »Pierrot lunaire« gesungen. Und für den Gast singt sie es an diesem Abend, in der leeren Neubauwohnung in Marzahn, noch einmal. Ugorski schlägt die ersten Akkorde, und Maja singt und spricht, ein weicher Sprechgesang mit rollenden »Rs« und fremdschönen Labialen, »den Wein, den man mit Augen trinkt, gießt nachts der Mond in Wogen nieder«, und in diesem Moment geht in der Wohnung gegenüber das Licht an, ein runder chinesischer Lampion, und er sieht aus wie der Mond.

Den ganzen Tag übt Ugorski für sein Konzert, das er in Neukölln geben wird. Er wird Ullmann spielen und Gideon Klein und Krása, Komponisten, die in Auschwitz ermordet wurden, und er flucht über Ullmann, weil seine Schönberg-Variationen so schwierig sind. Es muß klappen. Abbado könnte kommen. Die Philharmoniker! Kürzlich hat ihn der Pianist David Levine gehört.
»David Levine«, sagt die Gastgeberin, »schwärmt von dir.« Ugorski nickt befriedigt. Levine ist ein exzellenter Pianist und eigentlich ein Konkurrent.
Während Ugorski übt, verläßt die Gastgeberin die Wohnung, um Rabbi Stein zu besuchen, einen guten Freund, dem sie ihr neues Buch schenken will. »Auch Askoldov hat sich jetzt nach Berlin abgesetzt«, erzählt sie unterwegs. Der Regisseur des Films

»Die Kommissarin« wurde in Moskau als »Judenfreund« beschimpft.
Im Flur der Jüdischen Gemeinde am Berliner Ku'damm herrscht Hochbetrieb zu dieser Mittagsstunde. Russisch-jüdische Familien warten mit Urkunden und anderen Papieren, um sich registrieren zu lassen. Der Sachbearbeiter schaut über seine Brillengläser hinweg und sagt: »Wir überprüfen und kontrollieren sehr streng. Denn natürlich gibt es auch Fälschungen.« Die Familie, die vor ihm sitzt, protestiert. »Wir sind aber echte Juden«, sagt die Frau.
Vor einem halben Jahrhundert war der Judennachweis das Todesurteil in Deutschland. An diesem Vormittag zittern Menschen um die Anerkennung ihrer Abstammung und wollen nichts anderes als das: nachweisen, daß sie Juden sind.
Heißt das, daß Deutschland amnestiert ist? Daß der Holocaust vergeben ist? Daß der Wahnsinn vergessen und die Erinnerungsneurose geheilt, daß Normalität möglich ist?
»Vielleicht in einer künftigen Generation«, sagt Rabbi Stein, »aber solange Täter und Opfer noch ihre Ellbogen reiben, wird es nicht möglich sein.« Im Supermarkt, im Tabakgeschäft, überall sind »Menschen, die geschwiegen haben und zusahen, wie meine Familie deportiert wurde«.
Rabbi Stein ist geistreich und lebendig, er springt auf, und er sagt: »Über einen neuen Antisemitismus mache ich mir keine Gedanken, denn der alte ist noch stark genug.« Dann skizziert er in spöttischen, treffenden Bemerkungen das sentimentale Festtagsgedusel, das den liberalen Feiertagsdeutschen in den Gedenkveranstaltungen zur Pogromnacht die echte Auseinandersetzung erspart. »Mit dem 9. November als Tag des Mauerfalls«, sagt Rabbi Stein und putzt seine Brille dabei, »hat die deutsche Gesellschaft zudem ja noch einen wunderbaren Grund gefunden, den 9. November 1938 zu vergessen.«
Er sitzt im Gegenlicht vor dem brausenden Tauentzien, und in seinen Bücherregalen stapeln sich alte Folianten. Auf einige ist er besonders stolz. Auf die »Exodus«-Ausgabe von 1766, auf den Talmud-Kommentar von 1693. Er arbeitet an einem Text der Genesis. Gott fragt Kain: Wo ist dein Bruder?

Rabbi Stein raschelt mit dem Papier, auf das er seinen Kommentar geschrieben hat. Und er trägt seine Deutung in rhythmischen Langzeilen vor, einen Kommentar auch auf die Zeit, in der Deutsche ihre jüdischen Nachbarn den Henkern auslieferten und ermordet haben, und Rabbi Steins Stimme ist von alttestamentlicher Dramatik: »Der Fluch soll siebenfach den treffen, / der meuchlings mordend seinen Bruder schlägt und dann noch vorgibt, / nichts davon zu wissen.« Und er hebt seine Stimme: »Ob einst, ob jetzt, / solang er unter Menschen weilt, soll er gezeichnet sein, / damit ein jeder deutlich ihn erkenne, / ihn, den von Gott verdammten Kain.«

Rabbi Stein kümmert sich um die große Westberliner Gemeinde, die 6700 Mitglieder zählt, und um die auf 350 Mitglieder geschrumpfte in Ost-Berlin. »Es gibt dort einen Antisemitismus ohne Juden«, sagt er und lächelt. Er hat ein Faible für Paradoxe.

Ab und zu geht er in die Ostberliner Synagoge in der Rykestraße. Vorne ist das »Büro der Volkssolidarität« untergebracht. Und hinten treffen sich, zum Sabbat, 15 Fromme. Erwartet er sich durch die einwandernden Ostjuden eine neue Blüte des jüdischen Gemeindelebens? »Ach, wissen Sie«, sagt er, »das ist so wie bei den Katholiken. Die wenigsten gehen in die Kirche.«

In einigen Jüdischen Gemeinden regt sich mittlerweile Widerstand gegen die Freizügigkeit für asylsuchende Ostjuden. Die Furcht vor den armen Verwandten geht um, eine kleinkarierte Sozialangst, die beifällig Äußerungen wie die des Landesvorsitzenden der Jüdischen Gemeinden Niedersachsens, Michael Fürst, zur Kenntnis nimmt. Fürst sagte, er habe »Verständnis für die Haltung der Bundesregierung«, denn: »Wenn hier tatsächlich zigtausend Juden vor dem Zaun stehen, dann kann man sie nicht alle auf einmal hereinlassen.« Rabbi Stein kommentiert sarkastisch: »Nicht alle Sprecher wissen, was sie sprechen.«

Ugorskis großer Abend wird in Neukölln ausgerichtet, in einer hellen Multimedia-Kulturfabrik an der Karl-Marx-Straße, mit Café und Restaurant und großen und kleinen und kleinsten Räumen. Das Konzert trägt den Titel »Dem Vergessen entris-

sen«. Es findet im kleinsten Raum statt, direkt über der Küche, aus der das Klappern von Flaschen dringt und das Stimmengewirr der Köche.
Die »Kammermusik aus dem Ghetto Theresienstadt«, mit der der Verein »musica reanimata« die in den Konzentrationslagern ermordeten Komponisten dem Vergessen entreißen will, hat lautstarke Konkurrenz. Aus einem der großen Säle nebenan, wo ein schwäbischer Zauberer und Entertainer seine Späße treibt, dringen Gelächterwogen.
Dreizehn Menschen haben sich im Raum versammelt. Ugorskis Frau und Tochter und Angehörige des veranstaltenden Vereins. Vorne auf dem Podium, neben den weißlackierten Heizkörpern, schimmert der schwarze Flügel. Ugorski schreitet aus der Tür hinter dem Podium. Er trägt den Smoking, den ihm Freunde ausgeliehen haben. Er verbeugt sich, mehr nervös als majestätisch, und nimmt Platz. Neben dem Flügel hat sich, groß und blond und blauäugig, der Sänger Andreas Scheibner in Positur gestellt, ein Bariton von der Dresdner Semperoper, ein international bekannter Solist, der diesen Abend mit Ugorski einstudiert hat.
Fünf Lieder von Hans Krása eröffnen das Programm. Krása, der Schöpfer der Oper »Brundibár«, wurde 1942 ins Lager Theresienstadt deportiert. Hier hatte er die Leitung der »Musiksektion« im Rahmen der »Freizeitgestaltung«. 1944 wurde er in Auschwitz ermordet. Seine Lieder erzählen von Liebe, Haß und Tod. Ugorski begleitet sie mit durchsichtigen, luftigen Läufen, er legt seine Stirn in Falten, und an den leisen Stellen klirren die Flaschen in der Küche.
Dann verläßt der Sänger das Podium und läßt Ugorski allein mit Gideon Kleins Klaviersonate. Der dritte Satz gibt Ugorski ausgiebig Gelegenheit, sein dramatisches Temperament und seine atemberaubende Virtuosität zu zeigen. Einen vierten Satz hat die Sonate nicht. Gideon Klein wurde vor der Vollendung seines Werkes von den Nazis ermordet.
Dann sprechen Förderer des Vereins von ihren Zielen, und ein Musikwissenschaftler erzählt von Leben und Werk der Komponisten. Ugorski, der auf einem der leeren Plätze im Zuschauer-

raum Platz genommen hat, stellt seinen Kopf schräg nach oben und schaut traurig zur Decke. Abbado ist nicht gekommen. Wenn wenigstens seine Gastgeberin hier wäre. Er sieht gut aus in seinem Smoking. Er konzentriert sich auf den zweiten Teil. Auf Viktor Ullmann, den er die letzten Tage besonders geübt hat. Freie Atonalität, wechselnde Rhythmen, nichts, woran man sich halten könnte außer der eigenen Musikalität, der eigenen Technik.

Und dann spielt er. Er drischt die Anfangsnoten f, a, f, b, die Ullmann Schönbergs opus 19 entnommen hat, und er stürzt sich in die mäandernden Variationen, und seine Lippen sind zusammengepreßt. Und als er geendet hat, brandet Applaus auf von 13 klatschenden Handpaaren, und er wird dreimal wieder hervorgeholt.

Hinterher, in der modernen, hellen Cafeteria, spricht der Bariton Andreas Scheibner davon, daß er die ganze Zeit darüber nachdenken mußte, unter welchen Bedingungen die Lieder entstanden sind, die er gesungen hat.

Und Ugorski? »Die Doppelfuge von Ullmann ist die Hölle. Besonders ab Takt 30. Das ist eines der schwersten Stücke der Musikliteratur.« Aber er ist zufrieden mit sich. Und irgendwann wird er Abbado schon treffen.

Seine Hände spielen mit einem Bierfilz. Kleine Hände. Benns Gedicht über Chopin endet mit den Zeilen:

> Nie eine Oper komponiert,
> keine Symphonie,
> nur diese tragischen Progressionen
> aus artistischer Überzeugung
> und mit einer kleinen Hand.

MAUERNOSTALGIE

Im Berliner Schillertheater wurde die neue Saison mit einer Doppelpremiere eröffnet, inszeniert von den zwei neuen Intendanten Kirchner und Lang, die den alten Intendanten Sasse mit den gleichen Sprüchen vom Trog getreten hatten, mit denen Sasse damals die politische Kulturmafia der Stadt für sich gewonnen hatte. Theater in Deutschland – das sind programmatische Erklärungen. Kein Spiel, keine Lust, sondern raschelndes Papier und Beamtentum und Großkotzigkeit! Der witzigste und sinnlichste deutsche Theatermacher, ein Engländer namens Peter Zadek, hatte sich im Jahr der deutschen Einheit wohlweislich aus dem Staub gemacht und in Wien und Paris inszeniert. Einer, der nicht über Theater spricht, sondern es *macht*.

Alfred Kirchner dagegen sprach. Er sprach von der »Überlebensnotwendigkeit des Theaters, auch des politischen Theaters« in diesen bewegten Zeiten, und dann führte er einen quälenden »Faust« auf, bei dem die Berliner Szeneblatt-Kritiker den politischen Standpunkt vermißten. Auch Alexander Lang sprach. Irgend etwas von der »Auseinandersetzung mit der eigenen Arbeitsbiographie«, alles sehr selbsterfahrungsmäßig und lieb und langweilig, und zeigte eine ebenso zerdehnte »Räuber«-Aufführung.

Phraseure auf der Bühne und Phraseure im Parkett, alle vollbeschäftigt, und keiner sprach aus, was längst alle wußten: Das Stadttheater ist tot, ist ritueller Leerlauf. Ein paar Jahre noch hatte es sich, theoretisch versaut von der »Theater heute«-Kamarilla, als Anspielungstheater hüben wie drüben behaupten können. Nun war die Mauer gefallen, nun waren Schleier zerrissen, nun kam mit dem Ende des Kalten Krieges in Berlin auch das Ende des kulturellen Wettrüstens in den beiden Stadthälften. Und die Theatermacher weinten der Mauer nach, der realen und der in den Köpfen, denn die Mauer, diese ideologische Zweiteilung der Welt in gute Linke und böse Rechte, hatte in Deutschland für die fetteste aller Subventionslandschaften gesorgt. Nun aber hatte das Theater als gesellschaftlicher Kampf-

platz, hatten das Konzeptions- und Anspielungstheater ausgespielt. »Überlebensnotwendig« war das Theater nur noch für die, die davon dick und gut leben, für Intendanten, Schauspielerbeamte, Dramaturgenhundertschaften.
Da standen sie nun im Lichterglanz des Foyers, der kleine Kirchner und der lange Lang, sympathisch und nervös und mit dem Irrsinnsgrinsen von Opfertieren, die ahnen, daß sie geschlachtet werden. Geschlachtet von denen, denen sie die Hände schütteln – den deprimiert-altersweisen Kritikern mit den Gallenfalten in den Mundwinkeln und den jüngeren germanistischen Eierkopfschnöseln, und alle haben seit mindestens hundert Jahren eigentlich keine Lust mehr aufs Theater – aber auch sie leben davon. Ein Spiel. Ein Totentanz.
Wahrscheinlich der einzige, der Spaß hatte an diesem Abend, war Innenstadtrat Thomas Krüger. Er lachte sich scheckig über die Späßchen von Alexander Langs »Räubern«, und natürlich war es auch ein patriotisches Lachen, denn Lang kam aus der DDR. Krüger prustete den ganzen Abend über, wie einer – der einzige –, der begriffen hatte, daß man nur noch lachen konnte in diesem Irrsinnsspiel, das sich Subventionskultur und Hauptstadttheater nannte. Krüger war gleichzeitig drinnen und draußen. Er war Amtsträger und Kellertheater-Freak, Funktionär und Clown mit langem Wallebart, und er lachte.
Und er lachte über das andere, größere Räuberspiel, das zur Zeit in der Stadt gegeben wurde. Dort war die Rolle des Karl Moor mit Gregor Gysi besetzt, der alle Mühe hatte, seine Spiegelbergs und Schufterles und Kusinskys, die ganze Bande eben, unter Kontrolle zu halten.
Am Abend zuvor hatte Krügers Kollege, West-Berlins Innensenator Pätzold, das Parteibüro der PDS durchsuchen lassen, und zwar ohne richterlichen Durchsuchungsbefehl. Die PDS giftete und verglich die Durchsuchung mit den Rollkommandos der Nazis. Keiner wußte genau, was da vorging. Aber alle ahnten, daß die PDS Gelder verschob.
»Wieso habt ihr euch so blöde angestellt?« fragte ich Krüger. »Es kann doch nicht so schwer sein, sich einen Durchsuchungsbefehl zu besorgen.« Krüger grinste in seinen Bart. »Wart ab«, sagte er,

»bei der PDS liegt die Scheiße meterhoch. Wir mußten zugreifen. Da war Gefahr im Verzuge.«
In den nächsten Tagen klärte sich das Bild. Ein Parteisoldat namens Kaufmann hatte tatsächlich versucht, von einem norwegischen Konto der PDS 70 Millionen in bar abzuheben. Und die Finanzstrategen der Partei, Pohl und Langnitschke, waren am Verschieben dieser Gelder – über gefälschte Rechnungen der sowjetischen Briefkastenfirma »Putnik« – beteiligt. Und Gregor Gysis Statements im Fernsehen wurden immer kleinlauter, besorgter, resignierter – er saß bis zum Kragen in der Patsche mit seinem Parteihaufen.
Auf einer Vorstandsmarathonsitzung wollte Gysi diesen Finanzsumpf trockenlegen. Es war nicht einfach, an ihn heranzukommen, erst recht nicht, wenn man vom »Spiegel« kam. Alle Terminabsprachen scheiterten auf rätselhafte Weise. Ich hinterließ Telefonnummern, unter denen ich nicht zurückgerufen wurde, ich sprach mit Sekretärinnen, Referenten und Assistenten, die »nicht zuständig« waren – ich erlebte eben dieses ganze nervenfressende Journalisten-Abwimmelungsprogramm.
Am Tag vor der Vorstandssitzung begab ich mich auf gut Glück zum PDS-Hauptquartier in der Kleinen Alexanderstraße. Es war der 9. November. Genau ein Jahr zuvor war Politbüromitglied Schabowski auf einer Pressekonferenz über die neuen »Reiseregelungen« unvorbereitet in eine Reporterfrage hineingestolpert und hatte mit seiner Antwort den Tanz auf der Mauer ausgelöst.
Aus ihren Machtkathedralen ZK und Palast der Republik war die Ex-Staatspartei längst vertrieben worden. Hier, in einem Bau mit zerschossener, zerblätternder Fassade gegenüber der Volkskammer, hatte die PDS eine Art Unterstand gefunden. Erster Eindruck: eine Sekte. Zweiter Eindruck: eine reiche Sekte. Bunte Frischwärts-Broschüren mit Frischwärts-Parolen lagen auf einem Tischchen am Eingang: »Links tut gut«. Dritter Eindruck: Der Parteivorsitzende war von ziemlich dämlichen Leuten umgeben.
Sein Pressesprecher telefonierte während unseres Gesprächs häufiger, und er tat es so, als hätte er den »Reporter des Satans« mit

Kirk Douglas mindestens einmal zuviel gesehen. Er wippte im Stuhl und hatte die Cowboystiefel auf der Tischplatte, und er sülzte eine gewisse Florentine mit einem Gemisch aus Barackeninformationen und privaten Zweideutigkeiten voll, telefonierte anschließend mit einem dpa-Menschen und schwärmte ihm von Florentines Beinen vor und daß er ihr Informationen gegeben habe, die »ihr von der dpa noch nicht habt, hahaha«, und ich saß da und dachte mir: Warum beschäftigt Gysi nur diese bescheuerten, halbseidenen Go-West-Typen?
Schließlich gelang es mir trotz dieses Wichtigtuers zu Gysi vorzudringen. Ich wollte kein Interview, sondern wollte ihn einige Tage begleiten. Und nun wollte ich mich vorstellen, ihn kennenlernen, ihm die Angst vor mir nehmen. Denn Gysi hatte Angst vor dem »Spiegel«. Wir sprachen über die Titelgeschichte vom Frühjahr. Sie hatte ihn tiefer verletzt, als ich mir vorgestellt hatte. Der »Spiegel« war für ihn jahrelang – wie für viele Ostintellektuelle – die erste Informationsquelle gewesen. Nun hatten sich die nüchterne Grausamkeit und grausame Nüchternheit des Blattes gegen ihn und seinen Laden gewendet. Und das löste bei ihm die paranoidesten Ängste aus. Er las die Titelgeschichte zwischen den Zeilen als antisemitische Geheimbotschaft, er fiel in die alten SED-Verschwörungstheorien zurück: Die Medienkartelle des Kapitalismus wollten ihn fertigmachen – als ob die PDS das nicht schon alleine besorgte. Doch Gysis Ängste waren *real*. Er litt.
Das alte Bunker- und Barackendenken, gegen das er doch eigentlich angehen wollte, hatte ihn und seine Berater und die Restpartei wieder vollständig durchdrungen: Öffentlichkeit, die sich nicht so ohne weiteres manipulieren ließ, war zum Feind geworden und jeder einzelne Journalist ein korrupter Mediengangster.
Wie kannst du einen Menschen porträtieren, der in dir seinen Henker wittert? Da Gysi sich zunächst abriegelte, war ich gezwungen, um ihn herumzurecherchieren. Ich trieb mich mit den anderen Journalisten in den Fluren der alten Parteihochschule am Köllnischen Park herum, ich fing Modrow ab und Steinitz und Professor Heuer und zwischendurch immer wieder

Gysi für ein paar Minuten. Irgendwann saß ich im großen Hörsaal, wo der Vorstand vor 300 Delegierten tagte, und plötzlich stand Professor Heuer, der soeben ein Buch über »Marxismus und Demokratie« geschrieben hatte, am Mikrofon und sagte: »Unter uns sitzt ein ›Spiegel‹-Redakteur.«
Ich lief rot an und rutschte ein wenig tiefer in meinem Stuhl und half einer Delegierten beim Kreuzworträtsellösen, und Heuer plädierte für den Ausschluß der Öffentlichkeit. Da rief ein anderer: »Nicht alle ›Spiegel‹-Leute sind beim Verfassungsschutz. Ich kenne ein paar, die haben ganz vernünftige Ideen«, worauf Professor Heuer ganz vehement widersprach. Schließlich konnte ich doch sitzenbleiben, denn irgendeiner hatte ein Verfahrensproblem, und ich war vergessen.
Ein fürchterlicher Job: immer in Gysis Nähe und nur ab und zu, für wenige, unkonzentrierte Minuten, an ihm dran. »Wieviel kriegste denn, wenn du den Gregor in die Pfanne haust?« fragte mich einer seiner Sicherheitsbeamten. Und er meinte das ernst. Es war fast nostalgisch: Die PDS-Leute, diese Rest-DDR-Insulaner, schauten mich an wie Karen kurz nach der Wende in Ost-Berlin: Ich war der gerissene, prinzipienlose Westler, der für eine Handvoll Dollar die eigene Großmutter verkaufen würde und erst recht den Sozialismus in seiner menschgewordenen Gregor-Gysi-Gestalt.
Am Nachmittag verließ ich die Parteihochschule, die wie ein gekentertes Schiff auf hoher See trieb, mit seinen ratlosen Steuermännern und Mannschaften, und fuhr nach Braunschweig. Dort lief als Gastspiel von Peter Brook Shakespeares »Sturm«, das Märchen von den Schiffbrüchigen, die auf Prosperos Insel getrieben werden. Prospero war ein Neger mit langen, schmalen Händen, ein afrikanischer Griot, ein Erzähler und Zauberer. Shakespeares »Sturm« – ein Versöhnungsmärchen. Prospero rächt sich nicht an denen, die ihn vor Jahren verbannt hatten und die nun in seinen Machtbereich gespielt wurden. Brook inszenierte das Märchen als anstrengungsloses Spiel und gleichzeitig als waghalsiges, artistisches Abenteuer. Da war nichts, hinter dem sich die Schauspieler verstecken konnten: nur Sand, eine Leiter, ein paar Scheinwerfer. Man sah: Menschen.

In einem Begleittext schrieb Peter Brook: »Qualität ist der einzige Maßstab: Werturteile sind die einzigen Urteile von Wert.« Und die richtige politische Gesinnung? Die gesellschaftskritische Botschaft? Die dramaturgische Gebrauchsanweisung? Ideen, sagt Brook, interessieren ihn nicht mehr, »Ideen, die heftig umstritten sind, in verrauchten Nächten bekräftigt werden und wegen derer man Erschießungskommandos bildet und Kinder in die Schlacht schickt«. Es ist der Kontakt zwischen Menschen, der zählt, der Augenblick, die Begegnung von Spieler und Publikum.

Am nächsten Morgen fuhr ich nach Solingen, um wieder zum Gysi-Troß zu stoßen. Auch bei Gysi interessierten mich nicht in erster Linie seine Ideen, die Geschmeidigkeit seiner Argumente, die Austauschbarkeit politischer Positionen, sondern der Mensch, der dahintersteckte. Spätnachts kam es zu einem ersten echten Kontakt mit ihm. Wir saßen nach einer Wahlkampfveranstaltung mit Rio Reisers Musikern und den alternativen Fans in der Kantine hinter der Konzertbühne, und wir alberten und erzählten Geschichten, und plötzlich duzten wir uns. Doch nach einigen Minuten war ich es, der auf Distanz ging und wieder zurück zum »Sie« wechselte.

Es war nicht die Angst, den Überblick zu verlieren. Ich hatte nur Angst davor, zum Schwein zu werden. Denn ich war mir noch längst nicht klar über Gysi. Möglicherweise wäre ich in die Situation gekommen, sein Vertrauen zu gewinnen – und ihn dann in die Pfanne zu hauen. Denn den PDS-Verein fand ich unmöglich. Die seichten Sprüche auf der einen Seite und auf der anderen die Geldschiebereien, diese alternative Floskelsprache und die Unglaubwürdigkeit der Erneuerung.

Wieviel wußte Gysi von den Manövern seiner Finanzleute? Hatte er nicht die Auflösung der Alt-Partei und eine Neugründung verhindert, um die gigantischen Vermögenswerte zu sichern? Und das womöglich aus ganz unpolitischen, rein professionellen Motiven: die finanzielle Abwicklung einer Staatspartei als interessanter Fall für einen Anwalt. Und später wurden die Manöver mit politischer Tünche überpinselt. So etwa dachte ich. Bei den Wahlkampfplakaten der PDS ging mir das Messer in der

Tasche auf. Etwa der Spruch: »Vom Stasistaat zum Überwachungsstaat«. Mit welcher Unverfrorenheit ging dieser Verein gleich wieder zur Attacke über? Eine Bande, die vierzig Jahre lang für die lückenlose Durchleuchtung und Unterdrückung und Verkrüppelung ihrer Bürger gesorgt hatte, verglich ihr Denunziantennetz mit den paar Stümpern vom BND. Demagogisches Ablenkungsmanöver!

Doch in Gysis Troß und vor allem bei Gysi selbst spürte ich eine Aufrichtigkeit, die sie in ihrem smart-glatten Frischwärts-Wahlkampf nicht vermittelten. Und für alle, für die das Siegergrinsen der Bonner Parteien, auch das ihrer Neuzugänge aus dem Osten, nicht zu ertragen war, bedeutete PDS echte Opposition. Aber, und das blieb die Kardinalfrage: Hatte die PDS wirklich gebrochen mit ihrer SED-Vergangenheit?

Für Marxisten sicher eine »kleinbürgerliche« Fragestellung: Aufrichtigkeit ist eine moralische und keine politische Kategorie. Und doch drehte sich alles darum: Mit dem Marxismus-Leninismus war eine kollektive Lüge gescheitert. Die Koordinatensysteme waren gesprengt. Links oder Rechts als Positionsbestimmungen waren verbraucht. Übrig blieb das Bedürfnis nach Aufhellung, nach Wahrheit. Danach, selbst einzustehen für einen Lebensentwurf, ohne Absicherungen durch Theorien oder Ideologien.

Und genau hier nahm mich Gysi für sich ein. Selbst wenn dieser kleine Anwalt, der den Spagat zwischen Alt-Partei und Neu-Linken versuchte, selbst wenn er gewußt hatte von den Schiebereien, was ich annahm, so besaß er doch eine in der politischen Sache selbst überraschende Glaubwürdigkeit, ein aufrichtiges Engagement, beglaubigt durch seine Widerstandsbiographie im alten System. Gysi – ein Oppositioneller neuen Typs, der sich Sozialist nannte, aber etwas Neues versuchte, noch unsicher zwischen den Jargons und abgelegten Topoi, aber auf der Suche, im Kampf mit den eigenen Prägungen und den neuen Regeln des Westens.

Nicht alle konnten ihm dahin folgen. Am ersten Tag meiner Gysi-Recherche traf ich im Flur der Parteihochschule Hagen Koch. Schüttere, blonde Haare, die aussahen, als kämme er sie naß nach hinten. Blaukariertes Hemd, Jeans. Blaue Augen. Irrsinnsaugen. Und ein Lächeln, das so durchdringend war, als hätte er Drogen genommen. Hagen Koch stand stolz vor zwei Riesenmodellen, die die Mauer zeigten, einmal in Berlin, einmal irgendwo außerhalb. Hagen Koch war früher im Stasiwachregiment. Unter Modrow war er beauftragt worden, eine Dokumentation über die Mauer zu erstellen – »schließlich ist sie ein welthistorisches Monument«, sagte er stolz.

Die Modelle standen auf Tischtennisplatten und waren mit Häuschen und Bäumchen und kleinen Wegen aus Kies beklebt, und Hagen Koch erklärte sie so liebevoll, als handelte es sich um seine Lieblings-Spielzeugeisenbahn. »Hier ist der KFZ-Sperrgraben«, sagte er, »und das der Streckmetallzaun. Dazu gab es mehrere Varianten«, und er sagte das so, als wolle er gleich einen Katalog hervorziehen und mir die Bestellnummer angeben. »Hier ist der Signalzaun, und dort sind die Grenzmarkierungspunkte. Signaldraht mit geharkter Fläche, Hundezwinger, Postenturm mit Kolonnenweg.«

Hagen Koch erklärte und begeisterte sich, und er stand auf verlorenem Posten: Drei Tage zuvor war er als Mauer-Dokumentarist gefeuert worden. Und nun war die Mauer nur noch sein Hobby, war reine, tiefe Leidenschaft, ungetrübt durch Zwecke wie Broterwerb, und es war, als hielte er noch immer Wache an der Mauer, seiner Mauer, mit einem höheren Auftrag, den ihm keine Regierung, sondern das Schicksal selbst erteilt hatte.

Er zeigte mir topographische Karten, Banner der Grenztruppen, Fotos der Mauer in Nahaufnahme und Weitwinkel, und er präsentierte die Bilder mit einem liebenden Stolz, als zeige er Fotos von seiner Familie. Eine ganz besondere Aufnahme wollte er mir zeigen, und er war richtig enttäuscht, als er sie nicht fand. »Ich muß sie doch hier irgendwo haben«, murmelte er verzweifelt, als er in seinen Mappen wühlte.

Bis 1985 war Hagen Koch bei der Stasi. In den Wachregimentern an der Grenze war er für die »kulturelle Betreuung« zuständig, denn »jeder Soldat hatte Anspruch auf Kleidung, Nahrung, medizinische und kulturelle Betreuung«. Im Dezember, als die SED verendete, war Hagen Koch ausgetreten. In die PDS war er nicht eingetreten. »Ich wollte die nicht mit mir belasten.« Später sagte er es andersherum: »Mit mir will sich niemand belasten.«

Dort, wo er wohnt, ist er nach der Wende mehrmals überfallen worden, denn alle wußten, in welcher Funktion er dem alten Regime gedient hatte. Und irgendeine Schlägerbande hatte ihm vor der Volkskammerwahl Prügel angedroht, falls er sich am Urnengang beteiligen wollte. Er hatte dem Prügelkommando am Tag nach der Wahl seine Wahlberechtigung vorlegen können und damit den Beweis, daß er nicht wählen gegangen war – denn die hätte er abgeben müssen, um einen Stimmzettel zu erhalten. »Früher bin ich von den Roten gekloppt worden, jetzt werde ich von den Schwarzen geprügelt.«

In der Kantine der Parteihochschule, bei einer kalten Wiener Wurst und einem großen Becher Kaffee, erzählte er mir seine Leidensgeschichte. Nach der Wende lag er mehrere Monate im Krankenhaus. »Wissen Sie, was Autoaggression ist? Nein?« Er beugte sich verschwörerisch zu mir und durchbohrte mich mit seinen blauen Augen. »Auto«, flüsterte er, »heißt ›Selbst‹, und Aggression wissen Sie ja. Also Selbstaggression. Ich hatte eine autoaggressive Hepatitis.« Und er lächelte dabei so starr, daß mir unwohl wurde.

Durch seinen Krankenhausaufenthalt, setzte er hinzu, sei er wohl mit dem Leben davongekommen. In der Zwischenzeit hätten sich nämlich die Gemüter in der Nachbarschaft – dort, wo man ihn kennt – beruhigt. Seine Frau sei seine einzige Stütze gewesen in diesen schweren Zeiten, »eine ganz einfache Verkäuferin, aber ein Mensch wie Gold«. Auch das Verhältnis zu seinen beiden Kindern habe nicht gelitten.

Der Stasioffizier als Familienvater, in den Zeiten des Umbruchs, die für ihn die Hölle sein mußten. Mit einem Auftrag in der Tasche, der abgelaufen war. Er zeigte mir Briefe, einen Ministerratsbeschluß, der noch von Modrow unterzeichnet war und der ihn, Koch, mit der denkmalpflegerischen Aufgabe der Mauerdokumentation betraute. Doch nun arbeitete er weiter, ohne höhere Sendung. Er arbeitete an seinem Hobby: der Mauer.

Später am Tag marschierte ich gemeinsam mit Modrow noch einmal an seinem Modell vorbei. Modrow humpelte. Er hatte sich seinen Meniskus beim Yoga verletzt, was ihn mir sofort sympathisch machte: Menschen, die Yoga praktizieren, können nicht schlecht sein.
Ich sprach mit Modrow über die Vorstandsbeschlüsse, und plötzlich tauchte Hagen Koch auf und rief hinter mir her: »Ich hab' es, ich hab' es!« Glücklich wedelte er mit dem Foto. Er hatte die Aufnahme, die er am Vormittag vergeblich gesucht hatte, wiedergefunden.

ZWISCHEN MARX UND MARLBORO

ÜBER DIE SELBSTBEHAUPTUNG GREGOR GYSIS IM WAHLKAMPF

Bullenheiß ist der kleine Raum im Ostberliner Hauptquartier der PDS gleich gegenüber der Volksbühne – die Fenster lassen sich nicht öffnen. Ein Foto des Vorsitzenden klemmt in der Schreibmaschine, und gegenüber sitzt sein Pressesprecher, früher Moderator beim Jugendsender DT64, ein Hitparadentyp, lässig in Windjacke, Zahnstocher im Mund.
Ein vergrößerter Tausendmarkschein liegt auf dem Tisch. An der Wand hängt der Spruch »Links tut gut«, und auf einem Poster ist ein geschniegelter PDS-Jungwähler. »Linke Liste«, seichte Welle. Hitze, Spielgeld, flotte Sprüche, wie link ist linke Politik in diesen Tagen?
Windjacke ist keiner, der sich darüber den Kopf zerbricht. Die Popularität seines Arbeitgebers schmeichelt ihm: »Wir werden zugeschissen mit Angeboten.« Es scheint ihm völlig entgangen zu sein, daß sich das Medien-Interesse gedreht hat. Es ist nicht mehr wach, sondern lüstern. Man will den Vorsitzenden fallen

sehen. Gysi, der Lichtgott vom Herbst, der Medienstar des Frühjahrs – doch nur ein politscher Trickbetrüger? Spring doch, Gysi, rufen die Blätter.

Gregor Gysi sitzt in seinem Büro schräg gegenüber, klein in sein Sitzpolster geklemmt, ertrunken hinter Bergen von Akten und liest das Referat seines Vorstandskollegen Klaus Steinitz. Er ist gelb im Gesicht. Um seine rotgeränderten Augen liegen Schatten. Er hat die letzten 20 Stunden nicht geschlafen. Am Nachmittag war er beim Staatsanwalt, danach bei der unabhängigen Regierungskommission. Endlich raus aus diesem Finanzsumpf. Alles lief doch gut. Und dann kam der Putnik-Skandal, kamen die Millionen-Schiebereien, und seitdem steht er, Gysi, im Zwielicht.

»Die Kommission schien zufrieden zu sein«, sagt er erschöpft, »aber die Treuhand will uns auf Null bringen.« Und warum nicht einfach loslassen und bei Null anfangen? »Wir haben doch Verbindlichkeiten. Abfindungen für Mitarbeiter. Sozialpläne. Wir können uns doch nicht mit den Gewerkschaften anlegen.«

Gysi wirkt wie eingesperrt hinter seinen Argumenten. Ein unermeßlicher Druck scheint seine Schultern nach unten zu ziehen. Er erinnert an Barschel kurz vor seiner Ehrenwort-Konferenz. Im Theater gegenüber spielen sie Schillers »Räuber«, ein Stück über gesetzlose Idealisten. Gysi, der Intellektuelle, der Theaterliebhaber, Sohn des ehemaligen Kulturministers, Bruder einer Schauspielerin, war seit Monaten nicht mehr im Theater. Er wird gejagt, gehetzt, weit weggetrieben von sich selbst. Was er vor einem Jahr gemacht hat, am Tag des Mauerfalls? »Ich habe geschlafen«, sagt er sehnsüchtig und ringt sich ein resigniertes Lächeln ab.

Am nächsten Morgen ist Hochbetrieb in der ehemaligen Parteihochschule an der Ostberliner Spree. Im PDS-Devotionalienladen werden rote Plastikherzen verkauft, Fanpostkarten, Aufkleber mit dem Spruch »Mut zum Träumen«. »Mut zur Wirklichkeit wäre nicht schlecht«, sagt einer.

Der Vorstand will Bilanzen vorlegen, Sparbeschlüsse verkünden, und Gysi möchte sich mit einem Kahlschlag aus der tödlichen Finanzfalle befreien. Dazu braucht er freie Hand.

Delegierte aus allen Landesteilen stehen in den Fluren, dazwi-

Gregor Gysi auf Wahlkampftour in Solingen

schen versprengte Westlinke, etwa ein bärtiger Grüner aus Nordrhein-Westfalen, der bei der PDS eine »neue politische Heimat« und vor allem einen sicheren Listenplatz finden wollte und nun wohl wieder eine Niete gezogen hat.

Nun betonen die Westlinken, die für die PDS kandidieren, daß sie nicht Mitglied der Partei sind. Die linken Karrierepolitiker fürchten das Leichengift. »Mit diesen Finanzmanipulationen habe ich doch wirklich nichts zu tun«, sagt Christiane Reymann, Spitzenkandidatin in Bayern. Gibt es Wahres im Falschen?

Es war doch gerade diese Zwittererotik der PDS, die sie gelockt hat. Milliardenschwere Sozialisten: Geld ist eine Waffe, Geld ist Schutz. Eine starke Opposition im Kapitalismus braucht Geld, darin sind sich alle hier einig.

Die Schiebereien sind logische Konsequenzen eines ideologischen Szenarios, das bereits vorlag. Im Devotionalienladen der PDS liegt das Buch »Gregor Gysi: ›Ich bin Opposition‹« aus. Es stammt aus den Tagen vor dem Putnik-Skandal, vor Gysis überstürzter Moskau-Reise und den Geständnissen.

Gysi wird in dem Büchlein von zwei alten Freunden befragt, von Irene und Uwe, die ihn schon kannten, als er »noch ein gewöhnlicher Sterblicher war«. Uwe träumt davon, den Kapitalismus nicht mehr auf der Straße zu bekämpfen, sondern einfach aufzukaufen. Das Glück der Armen und Entrechteten über Nummernkonten erkämpfen und nicht aus Gewehrläufen erstreiten.

GREGOR: Ja, das ist ja nun die Idee von Karl Marx, daß die Rolle des Geldes so angelegt ist, daß man den Kapitalismus, wenn man will und das Geld hätte, aufkaufen kann.
UWE: Und warum tust du es nicht?
GREGOR: Tja! Und wie soll ich das bezahlen?
UWE: Das scheint aber allen Linken so zu gehen, weshalb sie wohl auch so ignorant sind und diese schöne Idee vom Aufkaufen verwerfen und statt dessen immer wieder die Machtfrage stellen.

Viele Uwes warten im Hörsaal, viele, die sich nicht vom Kapitalismus entwaffnen lassen möchten. Was soll das bürgerliche Gerede über mangelndes Unrechtsbewußtsein der PDS-Funktionäre? Hatten die Westparteien nicht auch ihre Parteispendenskandale? Kapital und Medienkonzerne wollen die PDS fertigmachen – das ist die paranoide Grundstimmung.
Wie an der Schnur gezogen, hastet Gysi durch den langen, dunklen Gang, der vom Präsidiumszimmer in den großen Hörsaal führt, trippelnd, die Augen leer und starr nach vorne gerichtet – am Ende des Tunnels ein Licht. Obwohl er, von Betreuern und Freunden eingekreist, die Menschenmenge teilt wie Moses das Meer, wirkt er völlig allein.
Genossen von der Basis wollen Autogramme, Reporter wollen Interviews, und ein kleines Mädchen, das ihm einen Teddybären schenkt, will ein Gedicht aufsagen. Gysi streicht ihr geistesabwesend über den Kopf, nimmt einen Blumenstrauß entgegen und sagt: »Laß man, heute wird noch genug geredet.«
Fahrig und umständlich leitet er die Vorstandssitzung, verzettelt sich in Verfahrensfragen. Er spricht mit belegter Stimme, nicht der kämpferische Parteivorsitzende, sondern wie der Buchhalter

eines Konkursbetriebes. Unten wollen sie Gefühl, Herz, Kampfesmut. Und oben liest Gysi Zahlen. Er will Vollmachten für seine Verhandlungen mit der Treuhand.
In der drittletzten Reihe sitzt eine Delegierte aus Mecklenburg. Eine ältere, freundliche Dame. Lehrerin für Deutsch. Sie hat das Kreuzworträtselheft »Troll extra« vor sich.
Schweinehack mit vier Buchstaben? »Mett«, schreibt sie, und Gysi spricht von »Rückschlägen«, und sie murmelt: »Das hat doch keinen Sinn mehr.«
Da schiebt ihr Nebenmann ihr einen Zettel zu, Brechts Gedicht »An den Schwankenden«. Er hat es korrigiert. Nun heißt es: »An die Schwankende«. Kampfmoral in Versen.
In einer Beratungspause hastet Gysi, gefolgt von seinem Troß, wieder zurück durch den Flur, vorbei an einem großen Modell der Berliner Mauer. Er wirft keinen Blick darauf. Auch nicht auf den blonden Mann, der davorsteht und das Modell liebevoll wie seine Spielzeugeisenbahn erklärt. Hagen Koch, ehemals Stasiwachregiment, heute Mauerspezialist. »Der hat's schwer«, sagt Koch und schaut Gysi hinterher. Er selbst ist nicht in die PDS eingetreten. »Ich wollte die nicht mit mir belasten.«
Am nächsten Tag, wieder im Westen, auf Wahlkampftour über die Dörfer, kann Gysi durchatmen. Der Vorstand hat ihn mit allen Vollmachten ausgestattet. Nun kann er die Ergebnisse testen in Feindesland, das er erobern will. Sein Ziel: Gysi im Bundestag, als linker Oppositionsheld, als Gegen-Lafontaine.
Im Solinger »Café Bistro«, einer Bar im Western-Stil, in der sich der örtliche PDS-Sympathisantenzirkel trifft, will der Kneipier ein Erinnerungsfoto. Er legt dem PDS-Vorsitzenden die Pranke aufs Kreuz und schaut scheu und bewundernd und stolz auf ihn herab, wie auf einen Sohn, der das Abitur geschafft hat. Eine Ibiza-Schönheit im engen Angorakleid überreicht Gysi einen Blumenstrauß. Gleich geht es los zur Diskothek »Getaway«, zu einer Podiumsdiskusion. Jede Stimme zählt.
Auf dem Weg dorthin folgt ein Mannschaftswagen der Polizei. Die Straße führt durch einen herbstlichen Wald, und an einer Lichtung bremst die Kolonne. Der Polizeiwagen überholt. »Sie macht uns den Weg frei«, sagt einer, »die Polizei, dein Freund

und Helfer.« Gysi: »Bei denen weiß ich nie, ob die mich beschützen oder verhaften wollen.«
»Aber verhaften tun die doch erst, wenn sie rausgekriegt haben, daß Sie von den Schiebereien wußten.«
»Nee, selbst dann nicht«, sagt Gysi, »der Staatsanwalt hat erklärt, daß ich nicht gegen strafrechtliche Bestimmungen verstoßen würde, wenn ich Parteigelder auf Konten transferiere. Ich bin ja schließlich Vorsitzender der Partei. Aber wenn er das laut genug sagt, könnte er Pohl und Langnitschke einen Floh damit ins Ohr setzen.« Pohl und Langnitschke, die Finanzsoldaten der Partei, sitzen in U-Haft, seit sie die Putnik-Schiebereien gestanden haben. Bisher bestreiten sie eine Beteiligung Gysis. Nach einer nachdenklichen Pause sagt Gysi, wie zu sich selbst: »Also, bei dem Pohl bin ich mir sicher, daß er nichts dergleichen behauptet. Aber bei dem Langnitschke bin ich mir überhaupt nicht sicher.«
»Haben Sie's gewußt oder nicht?«
»Nein«, sagt Gysi ruhig, und sein Gesicht ist so faltenlos wie das Statement, das er folgen läßt. »Es wäre einfach nicht logisch, wenn ich da mitgemacht hätte. Erstens hätte ich es raffinierter angestellt. Zweitens würde ich nie etwas tun, was der KPdSU schadet.« Er schaut hinaus auf die Herbstbäume, die vorbeifliegen, und seine klugen, dunklen Augen sind wieder die eines Gefangenen. Worauf hat er sich mit dem Vorsitz dieser Partei nur eingelassen?
Rund 200 Jugendliche aus dem Umkreis sind zur Diskothek hinausgekommen. In einer Wohnküche im Obergeschoß sitzt der langhaarige Hilmar und weiht Gysi in die Kommunalpolitik ein: »Wir sind hier die wichtigste linke Struktur in der Gegend.«
Unten kurbeln ein paar Schüler am Fußballautomaten, und einer von ihnen trägt den PDS-Button »Links tut gut«. Genau weiß er nicht, was die PDS will, aber irgendwie findet er die in Ordnung, und die Sache mit dem Geld findet er nicht schlimm, eher wie bei Robin Hood, weil es ja für einen guten Zweck sei. »Besser, als wenn das Geld bei Mercedes landet, ey.«
Auf diese »Irgendwie«-Sprache hat die PDS ihren Wahlkampfprospekt ausgerichet, auf die goldene Mitte zwischen Marx und

Marlboro: schmuseweiche Tautologien wie »Solidarisch gegen Existenzunsicherheit und gemeinsam füreinander«, fett darunter »PDS«, weiß auf rot. Der Schrifttyp erinnert an die SPD, die heimliche, enttäuschte Liebe des kleinen Anwalts. Die SPD hat ihn ausgegrenzt. Nun ist er unter die Alternativen gegangen und sucht dort neue Bündnispartner.
Auf der Tanzfläche in der Landdisco, wo »jeden Donnerstag 60's Musik läuft«, deckt Gysi alle alternativen Hits ab, die in den letzten 20 Jahren im Westen diskutiert wurden. Hier in Solingen ist die Zeit genauso stehengeblieben wie im Osten. Er ist Feminist und Gewerkschafter, er ist gegen die Abholzung der Regenwälder und gegen die Gentechnologie sowieso. Irgend etwas vergessen? Ach ja, die Schwulenfrage, Paragraph 175, natürlich dagegen.
Gysi kommt gut an: Er ist der brillante Strafverteidiger linker Politik, der Perry Mason der Alternativen. Ob Gysi glaubwürdig ist oder nicht, ist den Jugendlichen egal. Er ist gegen die ewigen Gewinner in Bonn, obwohl er in seinem Anzug selber wie einer aussieht.
Einige Stunden später gibt Gysi in der Bundeshauptstadt eine Pressekonferenz. Er erläutert die Sparbeschlüsse der Partei. 80 Prozent sollen abgegeben werden. »Uns bleiben vom ursprünglichen Vermögen nur noch fünf Prozent.« Das Pressekorps bleibt reserviert, aber alle bewundern seine Rhetorik, seine »Cleverneß«. Früher nannten sie es »Intelligenz«. Gysi, der Anwalt, ist in Hochform. Denn hier geht es wie bei jedem Plädoyer nicht um Wahrheiten, sondern darum, ob dem Angeklagten Schuld nachgewiesen werden kann. Freispruch, sagt Gysi.
Aus dem Foyer dringt der Wahlkampfschlager der PDS: »Don't worry, be happy«. Als Gysi vorbeischlendert, die Hand in der Hosentasche, lächelnd, elegant, da klopfen ihm alle auf den Rücken, und der finnische Fernsehmann sagt: »Ein Politiker von Format«, und alle denken das gleiche: Warum muß er nur diesen Schrott verkaufen?
Auf der Wahlveranstaltung singt Rockstar Rio Reiser, »das alles und noch viel mehr würd' ich machen, wenn ich der König von Deutschland wär'«. Gysi steht im Dunkeln hinter der Bühne und

klopft mit dem Fuß den Takt, und dann schubst ihn die blonde Angela vom parteieigenen Konzertbüro hinaus ins Scheinwerferlicht. Schlechtes Timing! Die Jugendlichen wollen Rio Reiser. So verpatzt Gysi die Überraschung des Abends, als er sagt: »Rio, du hast heute einen Entschluß gefaßt, der wichtig für deine außermusikalische Zukunft ist.« Sofort spürt er, daß seine Worte zu pathetisch klangen, fast wie bei der Jugendweihe, und schnell drückt er dem Rocker den rosa Parteiausweis in die Hand.
Lange hat Rio Reiser mit seinem Manager über den Parteieintritt gestritten – der war dagegen, weil er die Verkaufszahlen nach unten kippen sah. Nun bedankt sich der Rockstar bei Gysi und setzt ihm eine Pappkrone auf und sagt: »Mein Anliegen wär, daß jeder König wär, aber du, Gregor, sei der Erste.« Das ist abenteuerlich peinlich, doch Gysi fängt sich. Er hat die Parteivorstandsbeschlüsse längst ins Jugendflotte heruntergefiltert: »Wir werden viel Knete loswerden, aber ich fühl' mich wohler dabei.« Wahlkampf ist Sprachhurerei – das ist bei den anderen nicht anders.
Nachts an der Hotelbar, bei einem Glas Riesling im Kreise seiner Freunde, den Fans aus dem Osten und den Feministinnen aus dem Westen, die ihn bemuttern, fühlt er sich zum ersten Mal sicher, entspannt, beschützt. »Die Verlogenheit in der DDR war so klar, so eindeutig. Hier ist alles viel undurchsichtiger«, sagt er, und er läßt seine Unsicherheiten ahnen, die auch die eines DDRlers sind, der in die Höllengesetze des Medienspiels, des Politikspiels des fremden Westens geraten ist.
Er läßt seine Kalauerdialektik, seine rhetorischen Schablonen für einige Momente fallen und spricht über die Prozesse für Havemann und Bahro, die er geführt hat, und über seinen Kampf gegen den Schwulenparagraphen in der DDR, den er gewonnen hat, über sein Gerechtigkeitsgefühl, und kein Mensch der Welt könnte in diesem Moment an seiner Glaubwürdigkeit zweifeln.
Findet er nicht, daß die PDS der Linken mehr schadet als nützt? Warum löst er sie nicht auf und gründet eine neue Partei? Gysi nimmt einen Schluck, zündet sich eine weitere »Cabinet« an und erzählt von der DDR, dem verschwundenen Land.

Kein einziger Schuß sei in der Herbstrevolution gefallen, dabei habe es zigtausend bewaffnete Stasileute gegeben. »Wenn wir denen nun auch noch jede Zukunftsperspektive genommen hätten – was hätten die wohl gemacht, mit ihren Waffen?« Und für die alten Genossen sei die PDS als Heimat wichtig. Der Anschluß habe schließlich nicht nur die Eigenständigkeit der DDR, sondern auch die Identität ihrer Bewohner liquidiert. Die PDS: letzte Zuflucht.
Viele im Osten, sagt Gysi, glauben an ihn. Er sei eine Art Symbolfigur geworden, und er könne sich dieser Verantwortung nicht entziehen. Und das sei der eigentliche Zwang.
Am Morgen darauf ist Gysi wieder in seine Kampfmaske gekrochen. Die Sparbeschlüsse der Partei haben keineswegs für Ruhe gesorgt – die Presse feuert aus allen Rohren. CSU-Chef Theo Waigel schreibt einen Kommentar in der »Welt«, die »Frankfurter Allgemeine« bilanziert nüchtern und kommentiert »ätzend«. Versteinert liest Gysi, und seine Hand zittert. Sein Blick sagt: Wird das denn nie aufhören?
Dann prescht der schwarze Citroën mit der Ostberliner Nummer zum Flughafen. In Hamburg-Fuhlsbüttel stößt Gysi auf Günther Krause von der Ost-CDU. Krause, der adoptierte Musterschüler der Marktwirtschaft, der mittlerweile in Fernsehhearings für die CDU als aufgeblähter Neu-Bonner posiert, klopft dem Anwalt mit der leutseligen Geste des Siegers auf die Schulter: »Na, Herr Gysi, gehen Sie wieder Geld verkaufen?« – »Ach, Herr Krause«, sagt Gysi und lächelt kalt, »wie wär's denn, wenn Sie sich an uns ein gutes Beispiel nähmen und die CDU-Immobilien herausrückten.«
Auf einer Kundgebung in Hamburg-Harburg baut sich Gysi wieder auf. Rund 30 Rechtsradikale empfangen ihn mit Spruchbändern wie »Gysi go home«. Hier sind die Fronten eindeutig: Links gegen Rechts. Und am Abend in der Alsterdorfer Sporthalle, wo die »Spartakisten« die »sofortige Freilassung von Pohl/Langnitschke« fordern und Gysi als »Knierutscherkapitulanten« brandmarken, hält er die witzigste und feurigste Rede der letzten Tage. Der kleine Anwalt auf der Riesenbühne, selbstbewußt und schlagfertig auf dem entschlossenen Marsch durch die Luft.

Spätnachts ist Gysi wieder der positive Medienstar. Ein Fotograf der Action press hat ein kleines Studio im Flur hinter der Bühne aufgebaut. Der Anwalt sitzt auf einem Stuhl im eleganten Zweireiher. Im Blitz des Fotografen wird ein kluges, nachdenkliches Gesicht fixiert, ein weicher Mund und Augen hinter den Brillengläsern, die auf ein Ziel gerichtet sind, das nicht mehr weit ist. »Alle meine Kräfte sind auf den 2. Dezember gerichtet«, sagt er. »Bis dahin halte ich durch. Wenn die Bundestagswahl auch nur um eine Woche verschoben wird, habe ich Pech gehabt.«

EPILOG

Ein paar Wochen zuvor hatte ich über eine Podiumsdiskussion in der Ostberliner Akademie der Künste polemisiert, über Syberberg und Sontag und die ratlosen linken und rechten Priester, und nun, einige Tage vor der Wahl, saß ich selbst dort oben mit der blödsinnigen Hoffnung, tatsächlich ins Gespräch zu kommen. Es wurde das eklige alte, eitle, dumme Hickhack. Stefan Heym beschwerte sich über ein Pressekomplott, das der »Spiegel« gegen ihn geschmiedet habe, um mit ihm die kritische DDR-Intelligenz aus dem Wege zu räumen und dem Großkapital die Eroberung des Ostens zu erleichtern. Hartmut Lange, seit Jahren glücklos im Westen, sah sich ebenfalls boykottiert. Und Helga Königsdorf sah mit Christa Wolf eine »Königin« guillotiniert. Ulrich Greiner von der »Zeit« und ich saßen auf der Anklagebank. Greiner versuchte mit feiner hanseatischer Sachlichkeit die Verschwörungstheorien aus der Welt zu schaffen und resignierte schließlich. Und ich stammelte nur noch vor Wut.
Hartmut Lange sprach davon, daß die Journalisten nach dem Mauerfall erst einmal »eine dreijährige Trauer- und Betroffenheitspause« hätten einlegen sollen. »Was erwarten Sie vom Journalismus?« fragte ich ihn. »Kritik in homöopathischen Dosen?« – »Nee, sondern daß Sie die Schnauze halten!« sagte Lange, und der Saal toste Beifall, und dann sprach Lange wiederum sehr betroffen und bewegt davon, daß die Westfeuilletons und besonders der »Spiegel« ihn schnitten.
Irgendwann hatte ich die Nase voll. Da unten saßen 300 Ostintellektuelle und Westalternative, die mich haßten, und ich rief: »Euer Journalismus-Verständnis stammt aus dem ›Neuen Deutschland‹. Aber ich habe keine Lust, den Flakhelfer für irgendwelche Scheißideen zu spielen.« Das war nicht besonders elegant. Aus dem Publikum rief einer: »Lüg mal schön weiter.« Ein anderer brüllte wütend: »Gossenjournalist.« Ich wurde zerpflückt.
Interessanterweise kamen die verhetztesten Angriffe aus dem Auditorium von alten Westberliner Bekannten, die sich als

DDR-Sympathisanten ausgaben. Und die nach der Diskussion zu mir kamen und sagten, sie hätten es nicht so gemeint. Ein Alptraumnachmittag, ein Erstickungsanfall. Die Zeit war irgendwo in den siebziger Jahren stehengeblieben. Berliner Luft. Ich schwor mir, nie wieder an einer öffentlichen Diskussion mit ihrem Gekreische und Gerede teilzunehmen. Den wichtigsten Beitrag zur Lage der Intellektuellen hatte ohnehin schon Hans Magnus Enzensberger einige Monate zuvor im »Kursbuch« veröffentlicht – eine florettleichte, funkelnde Attacke auf die altlinken Eliten, auf ihr Privileg, »im Namen aller anderen Probleme zu definieren und zu lösen«, auf ihren »projektiven Größenwahn, den Anspruch auf Totalität, Endgültigkeit und Neuheit«. Mit allergrößter Gelassenheit sieht Enzensberger am Schluß seines Essays einen »Alltag angebrochen, der ohne Propheten auskommt«. Mehr war zu diesem Thema nicht zu sagen.
Während die Propheten und die Kaffeesatzleser der Weltrevolution unter sich bleiben wollten, um recht zu behalten, ging der Alltag ohne sie weiter – in der Mainzer Straße in Ost-Berlin brannten Barrikaden. Die bis dahin friedfertige Ostberliner Hausbesetzerszene hatte Zulauf von Westprofis erhalten. Bürgerkriegsspezialisten und Soziopathen, die mit ihren Straßenschlachten dafür sorgten, daß Berlin zwei Wochen später eine CDU-Regierung bekam.
Ein 23jähriger Polizist zeigte mir einige Tage nach den Krawallen die abgesperrte, »bereinigte« Krawallzone. Die vergitterten Fenster über »Erichs Sportheim«, die Drahtrollen mit dem »Tuntentower«. Die Kommandozentrale der Besetzer mit den Falltüren, durch die Stromstöße gejagt werden konnten. »Die Kloschüsseln waren in allen Stockwerken entfernt, um direkt vom einen Stockwerk ins andere zu kommen. Die Treppen waren rausgeschlagen worden.«
Der junge Polizist war selber auf Wohnungssuche. Er hatte »vollstes Verständnis« für Hausbesetzungen, einfach, um das »Problem ins öffentliche Bewußtsein zu rücken«. Doch in dieser Nacht, als die Straße brannte, kämpfte er um sein Leben.
Die Straße war zweigeteilt. Links lag die buntbemalte, schwerbefestigte Hauszeile der Besetzer. Gegenüber graue, verfallene

Bürgerhäuser. Einige von ihnen trugen Schilder mit der »goldenen Hausnummer«, die im alten Staat für besonders reinliche Treppenhäuser vergeben wurde. Rentnerinnen und Familien, die zitterten vor Angst. Dazwischen die Straße – ein aufgerissener Graben.
Verglichen mit dieser Schlacht, war der Umsturz des totalitären Systems ein Jahr zuvor ein disziplinierter Spaziergang. Damals marschierte das Volk. Nun hielt eine kleine Gruppe von kriminellen Idioten die Stadt in Bann und schuf das Klima für einen überwältigenden Wahlsieg der CDU.
Die erste gesamtdeutsche Wahl wurde eine klare Angelegenheit für CDU und F.D.P., und die SPD schmierte vor allem in den »fünf neuen Bundesländern«, wie die einstige DDR nun genannt wurde, empfindlich ab.
Thomas Krüger fungierte während der Senatsbildung als Übergangs-OB im Roten Rathaus und versuchte, seine ostwestdeutsche Crew zusammenzuhalten. Er wurde Senator für Jugend. Ugorski hat Abbado immer noch nicht getroffen. Gerrit verlegte sich wieder aufs Malen. Minetti und Bordel und Doreen hatten sich auch im neuen Deutschland zurechtgefunden, einem Land, das längst nicht mehr raste, sondern ganz pragmatisch den Neuaufbau ansteuerte. Wolf Biermann hatte im Laufe des Jahres seine Wehleidigkeiten abgestreift und war als Essayist – böse, witzig und präzise – zu Hochform aufgefahren. Das Kartenhaus DDR war zusammengefallen, das ideologische Zeitalter war auch für die Deutschen zu Ende. Natürlich gab es Phantomschmerzen über den Verlust von »Idealen«, die in der DDR gleichzeitig hochgehalten und mit Füßen getreten wurden. Allmählich jedoch dämmerte, sowohl im Osten wie im Westen, die Einsicht, daß Systemideen Terror bedeuten. Und daß sich die individuelle Verantwortung nicht deligieren läßt.
An das neue Deutschland hatten sich die Nachbarn gewöhnt – nur »Saturday Night Life« war es noch ein paar alberne Sketche wert, aber die Show war seit Joe Belushis Ableben ohnehin nichts mehr wert. Die Weltkarte lieferte neue Brennpunkte. Containerzüge mit Hilfs- und Lebensmitteln rollten nach Leningrad, und russische Militärs putschten in Wilna. PanAm hatte

tatsächlich Konkurs angemeldet. Und mit lähmendem Entsetzen verfolgte man am Fernseher, wie die Großmächte und die arabischen Staaten wegen Kuweit auf eine mögliche globale Katastrophe zurasten. Paradoxerweise rächte sich das Ende des politischen Dogmatismus durch eine Aufflackern des religiösen – da die Sowjetunion als Kalter-Kriegs-Gegner ausfiel und die alte Abschreckungsbalance nicht mehr funktionierte, geriet die geopolitische Ordnung im Nahen Osten ins Rutschen. Die Friedensdemonstranten marschierten in kollektiver Verwirrtheit vor amerikanischen statt vor irakischen Konsulaten auf. Die deutschen Betroffenheitsweltmeister tremolierten, und deutsche Industrielle rüsteten unterderhand Saddam auf, der Israel vernichten wollte.

Das größte Rätsel des Menschen, sagt Krishna zu Arjuna, sei seine Fähigkeit zu vergessen, daß er sterblich ist. Und dazu gehört wohl auch die Fähigkeit, drohende Katastrophen zu verdrängen. Die Verdauungsbeschwerden heute sind ihm wichtiger als die Klimakatastrophe morgen oder der Krieg in einem fernen Land.

Die für mich wichtigste Frage des Jahres hatte nichts mit Krieg oder Frieden und den großen Schicksalsfragen der Menschheit zu tun. Ich stellte sie kurz vor Silvester in einem Hotelzimmer in Paris. Und ich habe darauf die schönste aller Antworten bekommen. Doch das ist eine andere Geschichte.

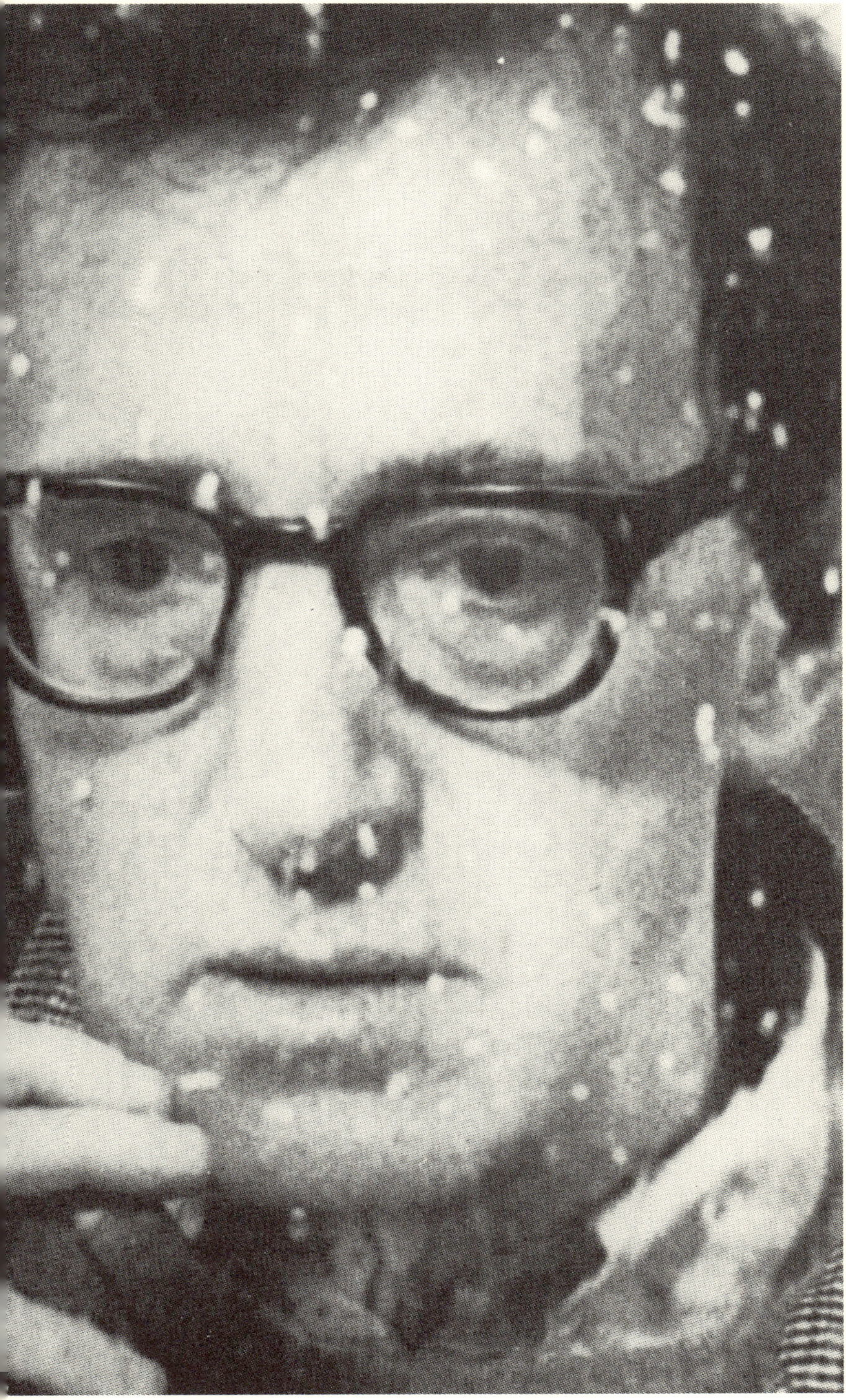